우리 사이를 거닐던 사랑

우리 사이를 거닐던 사랑

지은이_ 폴 밀러 | 옮긴이_ 마영례

펴낸이_ 김혜정 | 마케팅_ 윤여근, 정은희 | 디자인_ Gnalendesign
초판1쇄 펴낸날_ 2002년 10월 16일 | 초판5쇄 펴낸날_ 2025년 7월 14일
등록번호_ 제395-3070000251002001000021호 (2001.06.21) | 펴낸곳_ 도서출판 CUP
(10594) 경기도 고양시 덕양구 동축로 70, B동 6층 A604호 (동산동, 현대프리미어캠퍼스 지축역)
T. (02)745-7231 F. (02)6455-3114 | www.cupbooks.com | cupmanse@gmail.com

Love Walked Among Us, Korean
This edition issued by contractual arrangement with NavPress
a division of The Navigators, U.S.A.
Originally published by NavPress in English
as *Love Walked Among Us*, Copyright ⓒ 2001 by Paul Miller.
All rights reserved.

Korean edition ⓒ 2002 by CUP, Seoul, Republic of Korea.

본 저작물의 한국어판 저작권은 알맹2를 통해 NavPress사와 독점 계약한 도서출판 CUP에 있습니다.
신저작권법에 의하여 한국 내에서 보호 받는 저작물이므로 무단 전재와 무단 복제를 금합니다.

값 10,000원
ISBN 978-89-88042-33-6 03230 Printed in Korea.

파손된 책은 구입하신 서점에서 교환해 드리며, 책값은 뒤표지에 있습니다.

우리 사이를 거닐던 사랑

폴 밀러 지음 ― 마영례 옮김

CUP

Love Walked Among Us

Learning to love like Jesus

Paul E. Miller

아내 질(Jill)에게 이 책을 바칩니다.

감사의 글

예수 그리스도를 내게 부각시켜 준 아내 덕에 이 책이 나올 수 있었다. 또 내게 글쓰기를 가르친 론 맥크래(Ron McRae)와 아니타 마티아스(Anita Mathias)의 덕분이기도 하다. 리즈 해네이(Lis Heaney)는 이 책을 편집하고 교정하면서 내게 많은 것을 가르쳐 주었다. 그리고 내 동료 키이스 호우랜드(Keith Howland)의 편집과, 내 좋은 친구 데이비드 폴리슨(David Powlison)의 지혜 역시 큰 도움이 되었다. 원고를 읽고 제안해 주었던 모든 이들에게 감사의 마음을 전한다. 마지막으로, 그저 한 아이디어에 불과했던 생각을 책으로 펴낼 수 있도록 격려해 준 밥 알룸(Bob Allum)에게 깊은 감사의 뜻을 전한다.

추천의 글

예수님 삶과 사랑의 명료한 그림같은 책

 우리 그리스도인들의 가장 큰 열망이 있다면 예수님을 따르는 것이고 예수님을 닮아가는 일입니다. 그리고 할 수만 있다면 예수님처럼 살고 싶다는 것입니다. 그러나 구체적으로 예수님처럼 산다는 것이 어떻게 사는 것일까? 라는 물음 앞에서는 우리는 아직도 명료한 대답을 얻지 못하고 있습니다. 물론 복음서의 여기저기에 그분의 삶의 모습이 단편적으로 소개되어 있기는 하지만 그것을 하나의 큰 그림으로 모으는 것이 결코 쉽지 않기 때문입니다.

 그런데 여기에 우리는 하나의 명료한 그림을 갖게 되었습니다. 폴 밀러는 자신의 삶의 경험을 반추하면서 복음서에 나타난 예수님의 삶과 사랑의 방식을 놀라운 통찰력으로 조명하고 있습니다.

 저는 지금까지 예수님의 삶을 접근하여 제시하는 책 가운데 이처럼 분명하고 감동적이면서도 실제적으로 그분의 삶을 설명한 책을 접해본 적이 없습니다. 이 책을 손에서 놓는 순간 우리는 전과 같은 방식으로 인생을 살 수는 없을 것입니다. 이 책은 여러분과 저를 사랑으로 다시 태어나게 할 것입니다.

이동원(지구촌교회 목사)

추천의 글

인생에서 가장 중요한 일은
사랑 받고 사랑하는 법 배우기

1997년에 출간된 「모리와 함께 한 화요일」이 다음 해 한국어판으로 번역되어 80판이 넘게 재판되면서 꾸준히 사람들의 관심을 끌고 있다. 루게릭병에 걸려 시한부 인생을 살아가는 노스승 모리로부터 저자 미치가 '인생의 의미'에 대해 배운 교훈을 나눈 책이다. 죽어가는 노교수는 병실을 찾은 제자에게 "이 병을 앓으며 배운 가장 큰 것이 뭔지 아나?"라고 자문하고는 낮은 목소리로 대답한다. "사랑을 나눠 주는 법과 사랑을 받아들이는 법을 배우는 것이 인생에서 가장 중요하다는 거야."

심리학자들은 인간의 가장 기본적인 욕구를 '사랑하고 사랑받고 싶은 욕구'라고 말한다. 사랑은 우리 모두의 관심사이다. 사랑하지 않고 행복한 사람은 없다. 세상에서 가장 행복한 사람은 사랑하는 일에 성공한 사람이다. 우리 모두는 사랑받기를 원한다. '당신은 사랑받기 위해 태어난 사람'이라는 가사의 복음성가가 유행하는 것을 보면 이를 알 수 있다. 그러나 이 노래는 진리의 절반만을 강조하고 있다. '당신은 사랑하기 위해 태어난 사람'이기도 하다.

우리 문화는 우리에게 사랑을 제대로 가르쳐 주지 않았다. 우리 문화는 유교 문화라 해도 과언이 아니다. 유교의 삼강오륜은 윗사람 중심의 수직 윤리라 할 수 있는데, 온통 아랫사람이 윗사람을 사랑하고 기쁘게 하는 것만을 강조하였다. 유교는 효의 도리를 통하여 부모를 사랑하는 법을 가르쳤지만 아랫사람을 사랑하고 서로 사랑하는 법을 가르치지 않았다.

가부장적인 가정문화가 수평적이고 우애적인 가족문화로 발전하고 있다. 일방적인 권위가 통하던 시대에서 상호권위의 시대로 옮겨가고 있다. 윗사람 중심의 일방적인 권위가 통하지 않는 시대가 되면서 갈등은 증폭되고 있고 가출과 가정폭력과 이혼이 급증하고 있다. 사랑의 공동체여야 할 가정이 스트레스의 온상이 되어 서로 사랑하는 일에 실패하고 있다는 증거가 드러나고 있다.

지금 우리에게 필요한 것은 무엇인가? 사랑하는 법을 배우고 가르치는 일이다. 사랑하려면 지식과 기술이 필요하다. 사랑은 배워야 하는 기술이다. 이 책의 저자 폴 밀러는 세계 역사상에 사랑의 화신이었던 예수님보다 우리에게 사랑을 더 잘 가르쳐준 분은 없다고 힘주어 말한다. 그리고 사복음서에 기록된 예수님의 행적을 중심으로 우리에게 구체적으로 여러 인간관계 속에서 어떻게 사랑을 주고받아야 하는지를 보여 주고 있다.

예수님은 사랑의 화신이셨다. 그는 이 세상이 알고 있는 사랑과는 다른 차원의 사랑을 보여 주셨다. 그는 동정적이고, 솔직하며, 강하고, 겸손하며, 희생적인 사랑을 하셨다. 그는 지금도 살아 계셔서 우리 사이를 걸어 다니시는 사랑의 화신이시다. 그분은 어떻게 사랑하셨으며, 우리는 어떻게 그런 사랑을 할 수 있는가? 밀러 자신의 이야기와 함께 소개된 마태, 마가, 누가, 요한의 기록들은 사람들을 사랑하신 예수님을 본받도록 격려해 줄 것이다.

사랑을 주고받는 것보다 큰 기쁨은 없다. 우리 나라 사람들은 심지어 교회에서도 사랑을 받는 데만 익숙해져 있고 주는 기쁨이 얼마나 큰지를 깨닫지 못하는 경우가 많다. 이제 교회는 예수님처럼 사랑을 행하도록 가르쳐 주는 일에 앞장 설 때가 되었다. 한국사회병리연구소 소장 백상창 박사는 "기독교의 참사랑을 실천하게 되면 남을 증오하고 시기하여 생겨나는 병을 고칠 수 있을 뿐만 아니라 가정도 평화롭게 되고 사회병리도 극복될 수 있을 것"이라고 하였다.

이 책이 독자에게 참사랑을 가르치는 교과서 역할을 하리라 확신하며 기쁨으로 추천한다.

정동섭 (가족관계연구소 소장, VIEW 교수)

이 책은 감동을 주고 소망을 새롭게 해줄 것이다. 나는 이 책에서 손을 뗄 수 없었다.

트렘퍼 롱맨 3세 (웨스트몬트대학 성경신학 교수)

영혼을 씻어주고 우리가 상상할 수 있는 것보다 훨씬 더 우리를 사랑하시는 분께로 당신을 다시 이끌어 줄 것이다.

스티브 브라운 (작가, <Key Life>의 성경 교사)

하나님과 다른 사람들과의 관계에서 자라기 원하는 사람은 누구나 이 책을 통해 유익을 얻게 될 것이다.

제리 브리지 (*The Pursuit of Holiness* 저자)

예수님을 보는 것은 사랑이 어떤 것인지를 보는 것이다. 이 책은 우리에게 새로운 시야를 갖게 해준다.

조니 에릭슨 타다 (장애우 단체 <조니와 친구들> 설립자)

폴 밀러는 예수님의 모습을 다채롭고 풍성하게 그려주어 예수님에 대해 우리가 잘못 생각하고 있는 것들을 분명히 드러내 줄 뿐만 아니라 삶을 변화시켜 주고 예수님을 우리의 친구와 하나님으로 부를 수 있는 자유를 얻게 해준다.

댄 B. 알렌 (Mars Hill대학원 원장)

폴 밀러는 타고난 이야기꾼이며, 명료하고 세련된 글을 쓰며, 무엇보다 사랑을 소중하게 여기고, 예수 그리스도로 철저하게 무장하고 있다. 이 책에서 당신은 인생의 가장 위대한 진리를 발견할 것이다.

브라이언 맥클라렌 (Cedar Ridge Community교회 목사,
*A New Kind of Christian*의 저자, 테라노바 신학 연구 프로젝트 코디네이터)

차례

들어가는 말 _ 예수님은 어떤 분이신가? • 17

사랑은 동정심이다   1부

누군가로 꽉 찬 마음_ 사랑은 본다 그리고 행동한다 • 27
보는 것에 따라 달라지는 마음_ 사람들을 어떻게 볼 것인가? • 37
"네게 가장 좋은 것이 뭔지 알아"_ 동정심을 가로막는 판단 • 47
"내가 너보다 나아"_ 동정심을 가로막는 독선 • 59
"이렇게만 해야 해"_ 동정심을 가로막는 율법주의 • 70
황금률_ 상대방의 입장에서 사랑하라 • 82

사랑은 솔직하다   2부

말해야 할 때_ 솔직함과 균형을 이루는 동정심 • 95
정직한 분노_ 다른 사람들을 배려하는 동정어린 경고 • 108
침묵할 때_ 동정심과 균형을 이루는 솔직함 • 121
"얼마나 힘든지 알아 나도 그렇거든"_ 솔직하면서도 함부로 판단하지 않기 • 128

사랑은 신뢰한다 　　　　　　　　　　　　　　**3부**

사랑의 비밀_ 하나님을 신뢰하는 믿음 • 143

사랑하는 사람에게 "아니오"라고 말하기_ 다른 사람의 요구에 반응하기 • 156

자만심을 거부하고 "아니오"라고 말하기_ 순수한 사랑 • 167

적절한 간섭에 "예"라고 말하기_ 어둠 속에 빛을 비추는 사랑 • 179

　　　　　　　　　　　　　　　　　　　　　4부
사랑은 믿음으로 강해진다

사랑할 수 있는 힘을 주는 믿음_ 사랑할 수 있는 힘은 어디서 오나? • 195

주도권을 내어 드리는 믿음_ 필요를 가지고 하나님께 나아감 • 208

친근하게 다가온 낯선 사람_ 사랑의 직물 짜기 • 222

연합_ 친밀감을 불러오는 사랑 • 233

사랑은 죽음을 이긴다 　　　　　　　　　　　**5부**

겸손해지는 길_ 낮은 자리를 취하는 사랑 • 249

슬픔을 포용하는 사랑_ 사랑이 큰 슬픔을 불러올 때 • 262

사랑의 심포니_ 곤경 속에서 드러나는 사랑 • 272

우리를 위한 예수님의 생명_ 사랑하기 위해 지불한 대가 • 282

희망의 탄생_ 사랑하는 삶의 최후 • 293

열린 문_ 어떻게 할 것인가? • 305

들어가는 말

예수님은 어떤 분이신가?

1991년, "여보, 당신 나 사랑해요?" 아내가 물었다. 그 당시 우리는 상당히 어려운 시기를 보내고 있었다. 그러나 어려움을 겪는 것이 그 때가 처음은 아니었다. 그 당시 우리 여섯 아이들은 각각 두 살, 다섯 살, 여덟 살, 열두 살, 열네 살, 열여섯 살이었다. 여덟 살 짜리 킴(Kim)은 말을 하지 못했고 그 나이 또래의 다른 아이들은 다 할 수 있는 여러 가지 일들을 혼자 할 수 없는 장애가 있었다. 아내는 너무 피곤해서 저녁을 먹다가 잠에 떨어지는 경우도 간혹 있었다.

그날도 힘겨운 하루를 보냈다. 그래서 아내가 그저 확인하고 싶어 하는 것이려니 생각하며 "물론이지. 당신을 사랑해"라고 대답했다. 그런데 아내는 다시 같은 질문을 했다. "여보, 당신 나 사랑해요?" 아내가 세 번이나 묻는 바람에 짜증을 내고 말았다. 물론 나는 아내를 사랑했다. 아이들 돌보는 일을 도와 주지 않았던가? 아침에는 아이들 옷을 챙겨 입혔고 아침 밥상까지 차려 주었으며, 저녁에는 책을 읽어주고 잠자리에 드는 것까지 다 돌봐 주었다. 항상 이렇게 아내를 도와 주었다. 그날 밤은 그렇게 끝이 났다. 그러나 나는 여전히 아내에게 내가 베푼 사랑을 조목조목 되새기면서 화를 삭이지 못한 채 잠자리에 들었다.

그러나 아내에게 말하지는 않았지만 그 질문이 계속 나를 괴롭혔다. 누군가를 사랑한다는 것은 무슨 뜻일까? 사랑이란 어떤 것일까?

사랑에 대해 생각하면서 예수님을 생각하기 시작했다. 어쨌거나 예수님은 이 세상에서 가장 자비롭고 희생적인 삶을 사신 분으로 알려져 있다. 그래서 나는 그분이 다른 사람들을 어떻게 대하셨는지 알아보기 위해 그분의 삶을 연구하기로 했다. 그는 어떤 분이셨는가? 사람들을 어떻게 대하셨는가? 그리고 진실로 사랑이 무엇을 의미하는지를 서서히 이해하기 시작했다.

예수님은 어떤 분이신가?

어떤 배경을 가진 사람이건 예수님을 외면하기는 어렵다. 20억에 달하는 그리스도인들이 그분을 따른다고 말하고 있으며 10억에 달하는 모슬렘 신자들이 그분을 선지자로 여기며 존경을 보낸다. 손꼽히는 유대인 신학자들도 위대한 스승으로 그분을 존경한다. 그분 형상은 힌두교 사원에서도 볼 수 있다. 여러 이단종파 지도자들은 자신이 예수 그리스도의 화신이라고 주장한다.

예일대학의 역사학 명예 교수인 야로슬라브 펠리칸(Jaroslav Pelikan)

은 다음과 같이 썼다.

사람들이 어떻게 생각하건 나사렛 예수는 거의 20세기를 이어온 서양 문화 역사 속에서 가장 두드러진 인물이 되어 왔다. … 거의 모든 인종이 그분의 탄생을 기준으로 연대를 표시한다. 수백만의 사람들이 그분의 이름을 걸고 저주하고 또 그분의 이름으로 기도한다.[1]

예수님께서 받으시는 이 모든 주목에도 불구하고 대부분의 사람들은 그분이 인격적으로 어떤 분인지 잘 모른다. 그분을 숭배하는 사람들조차 그렇다. 나는 종종 그리스도인들에게 이렇게 물어본다. "천국에 가면 성경에 나오는 사람들 중 누구를 만나보고 싶습니까?" 수백 명 중의 한 사람 정도가 예수님이라고 대답했다. 아마도 '사람'이라는 단어 때문이 아니었나 싶다. 사람들은 예수님을 사람으로 생각하는데 별로 익숙하지 않다.

예수님을 그린 초상화를 보면 종종 이상하게 보일 때가 있다. 헐리우드 영화는 천천히 움직이는 예수님을 그려낼 때가 자주 있다. 대부분의 영화 속에서 예수님은 천천히 말하고 천천히 걸으며 천천히 움직인다. 또 물끄러미 응시한다. 열 살인 우리 딸 에밀리(Emily)와 나는 그래도 좀 잘 만들어졌다고 알려진 영화를 보면서 예수님의 역할을 맡은 배우가 전혀 눈을 깜빡이지 않는다는 것을 알게 되었다. 다른 배우들은 눈을 깜빡였지만 예수님의 역할을 맡은 배우는 전혀 눈을 깜빡이지 않았다. 그래서 카메라가 그 사람의 얼굴에 집중될 때마다 우리 눈이 피곤해졌다.

나는 예수님에 관해 내가 이미 안다고 생각하는 것들을 다 제쳐놓고 새로운 시각으로 예수님을 공부해 보기로 했다. 아인슈타인이 복음서를 읽으면서 경험한 것들을 나도 경험해 보고 싶었다. 아인슈타인은 다음과 같이 말했다.

"나는 유대인이다. 그러나 나사렛 예수의 빛나는 모습에 내 마음이 끌린다. … 예수님은 매우 뛰어난 기교를 가진 사람들이 있는 힘껏 미사여구를 늘어놓아도 모두 묘사할 수 없을 만큼 너무나 엄청난 분이시다. … 누구라도 복음서를 읽게 되면 그 속에서 살아 숨쉬는 실존으로 예수님을 느끼지 않을 수 없다. 그 한마디, 한마디 속에 그분의 인격이 고동치고 있기 때문이다."[2]

아인슈타인은 그리스도의 제자는 아니었지만 많은 사람들이 놓치고 있던 실존한 인물로서의 예수님의 모습에 경이로움을 느꼈다. 성경을 읽고 공부하면서 나는 아이슈타인이 경험했던 경이로움을 느끼기 시작했다. 당신도 그렇게 되길 바란다.

복음서란 무엇인가?

예수님의 생애를 기록한 마태복음, 마가복음, 누가복음, 요한복음을 사복음서라 부른다. 이 사복음서는 각각 저자의 이름을 따서 제목을 붙였으며 1900년 전 로마 제국의 언어로 사용되었던 헬라어로 기록되었다. 현대의 전기들처럼 이들 각 저자는 자신의 독특한 관점을 가지고 글을 썼으며 다른 저자들이 다루지 않은 독특한 정황이나 세부적인 내용들을 포함시켰다. 이 저자들의 기록을 종합해서 살펴보면 예수님의 모습이 입체적으로 풍성하게 드러난다. 그 당시의 배경, 상황, 사람들, 그 사람들을 대하시는 예수님이 마치 기록영화처럼 자세하고 생생하게 묘사되어 있어서 그 광경들을 정확하게 그려볼 수 있다.

마태는 세리였으며 예수님의 열두 제자 중의 한 사람으로 자신이 직접 보고 들은 일을 기록했다. 로마 제국 당시 세리들은 일반적으로 교육을 잘 받은 사람들로, 자신의 모국어와 헬라어 둘 다를 유창하게 구사했다. 로마 정부는 세리직을 경매에 부쳐 최고 입찰자에게 넘겼고, 그 경매에서 승리를 거둔 사람은 정해진 세액 이상을 부과함으로 자신이 투자한 경비를 만회하려 했기 때문에 보통 사람들의 미움을 샀다. 마태를 수완 좋은 중고차 판매원과 같은 사람으로 생각해도 될 것이다. 그는 예수님을 만난 후 달라지긴 했지만 그래도 여전히 사람들의 마음을 꿰뚫어볼 수 있었다. 그의 이런 모습은 예수님을 배신한 유다를 자세하게 묘사하고 있는 그의 기록 속에서 엿볼 수 있다.

마가복음은 예수님께서 죽음에서 부활하신 후 약 35년 가량 지난 후에 기록되었는데 어부였으며 열두 제자의 주장 격이었던 베드로의 증거를 기초로 하고 있다. 베드로의 성격처럼 마가복음의 이야기는 빠른 속도로 진행되며 열정에 차 있다. 그리고 사람들의 마음을 움직였던 예수님의 강렬하고도 충격적인 영향력을 잘 포착하고 있다.

의사였으며, 초대 교회 지도자 중의 한 사람이었던 바울과 함께 전도 여행을 다녔던 누가는 목격자들의 증거를 기초 자료로 하는 연대기를 기록했다. 그가 기록한 책에는 소외된 사람들과 여자들과 아이들과 가난하고 불구가 된 힘없고 '보잘 것 없는' 사람들에 대한 동정심이 배어 있다.

요한은 또한 어부였으며 예수님의 가장 가까운 친구였다. 그가 쓴 요한복음은 사복음서 중 맨 나중에 기록되었다. 예수님과 특별히 가까웠던 그는 예수님에 관한 상세한 묘사를 독특하게 그려내고 있다.

복음서는 믿을 만한 역사적 기록인가? 각자의 판단에 맡긴다. 다만, 아인슈타인처럼 열린 마음으로 사복음서를 읽어 보기 바란다. 아인슈타인은 복음서에 대해 다음과 같이 말했다.

그런 생애를 산 사람의 이야기를 보여 주는 신화는 없다. 예를 들면 테세우스와 같이 고대 전설에 나오는 영웅들과는 판이하게 다르다! 테세우스와 또 그런 유형의 영웅들에게는 예수님께 있는 진정한 생명력이 결핍되어 있다.[3]

옥스퍼드대학 교수이며 신화 전문가로 손꼽히는 C. S. 루이스는 다음과 같이 썼다.

복음서를 어떤 문학으로 분류하건 전설 문학이 아닌 것만은 확실하다. 전설 문학을 나는 상당히 많이 읽어 보았다. 그리고 복음서가 그 부류에 속하지 않는다는 것을 분명히 말할 수 있다. 복음서는 전설 문학이라 하기에는 그 예술성이 너무 떨어진다.[4]

신화나 전설을 읽을 때 우리는 꾸며낸 이야기가 우리 앞에 펼쳐지고 있다는 사실을 본능적으로 알 수 있다. 그래서 기어를 바꾸고 영국 시인 콜리지(Coleridge)의 말대로 '의혹을 잠시 보류해 둔다.' 그러나 복음서에는 술이 떨어진 결혼식장, 먹을 것이 부족한 배고픈 무리들, 빈 그물을 끌어올리는 고기잡이, 세금도 낼 수 없는 빈 주머니 등의 딱한 현실이 그 배경을 이루고 있다. 그리고 그런 세상 속으로 일종의 소요처럼 평범해 보이는 기적이 조용히 뚫고 들어온다. 신화에서는 이상한 나라에서 범상치 않은 사람들이 색다른 일을 벌인다. 그러나 복음서에서는 비범한 한 사람의 놀라운 사랑과 연민이 평범한 세상에 방사되며 그 세상을 밝혀 준다.

사랑을 연구하기 위하여

예수님의 사랑을 배우기 위하여 우리는 예수님께서 사람들을 어떻게 대하셨는지를 살펴볼 것이다. 그것은 우리들 대부분이 가족이나 친구들과 함께 보내는 '평범한 시간들' 속에서 우리의 진정한 모습을 드러내는 것처럼 예수님도 예외는 아닐 것이기 때문이다.

인도의 국가 지도자였으며 힌두교도였던 간디는 사랑하라고 말씀하신 예수님의 명령을 진지하게 따르지 않는 그리스도인들을 책망하기 좋아했다. 그러나 사랑보다 더 배우기 어려운 것이 또 어디 있겠는가? 어떻게 하면 사랑을 되돌려 주지 않는 배은망덕한 사람들도 사랑할 수 있겠는가? 어떻게 하면 다른 사람들에게 이용당하거나 그들의 계책에 말려들지 않고 사랑할 수 있겠는가? 자기 문제도 해결하지 못하면서 어떻게 다른 사람들을 사랑할 수 있겠는가? 자기 자신은 언제 돌봐야 하는 것인가? 어떻게 하면 동정심을 품고 솔직하게 사랑할 수 있을 것인가? 동정심을 보이면 사람들은 이용하려 든다. 또 솔직하게 행동하는 사람에게는 화를 낸다. 도대체 사랑이란 어떤 것인가?

우리에게 진정한 사랑의 모범을 보여 주는 사람을 만나는 것은 어렵다. 그리고 어떤 것이 정상인지조차 잘 모르고 있다. 그러나 예수님께서 이런 우리의 삶을 정돈하는 데 필요한 다림줄이 되신다. 이 세상을 변화시킬 수 있는 훌륭하고 강력한 영웅을 찾고 싶어하는 우리의 목마름을 해갈해 주신다.

예수님은 친구 나사로가 죽은 후 며칠이 흐른 뒤에 그 누이 마리아와 마르다가 살고 있는 집에 도착하셨다. 마리아는 열정적인 고대 근동 사람들의 풍습대로 예수님의 발아래 엎드려 눈물을 흘렸다. 민망히 여기신 예수님께서도 그녀와 함께 눈물을 흘리셨다. 그 모습을 옆에서 지켜보고 있던 사람들은 이렇게 말했다. "보라. 그를 어떻게 사랑하였는가!"(요 11:36) 이 책에서 우리는 예수님 주변에서 그분이 어떻게 사랑했는지를 보았던 사람들과 자리를 함께 할 것이다.

1부 사랑은 동정심이다
Love shows compassion

누군가로 **꽉찬** 마음

사랑은 본다
그리고 행동한다

 예수님은 2000년 전에 사셨다. 그 때는 우리가 살고 있는 지금 세대와는 판이하게 달랐다. 복음서에 이따금씩 나타나는 이방인을 제외하고는 대부분 유대인으로 구성된 사회 속에서 사셨다. 그 곳은 가족 관계가 두터운 곳이었으며 가족 관계를 떠난 개인은 생각할 수도 없었다. 가족과 일가 친족이 한 개인에게 있는 전부였다. 그들을 잃게 되면 모든 것을 잃었다.

 예수님은 서른 살 경에 제자들을 모으고 사람들을 가르치면서 이스라엘의 마을들을 찾아다니기 시작하셨다. 하루는 제자들과 함께 나인성으로 들어가시려다 장례 행렬과 마주치셨다. 누가는 그 때 일을 다음과 같이 기록했다.

그 후에 예수께서 나인이란 성으로 가실새 제자와 허다한 무리가 동행하더니 성문에 가까이 오실 때에 사람들이 한 죽은 자를 메고 나오니 이는 그 어미의 독자요 어미는 과부라. 그 성의 많은 사람도 그와 함께 나오거늘 주께서 과부를 보시고 불쌍히 여기사 "울지 말라" 하시고 가까이 오사 그 관에 손을 대시니 멘 자들이 서는지라.
예수께서 가라사대 "청년아, 내가 네게 말하노니 일어나라" 하시매 죽었던 자가 일어 앉고 말도 하거늘 예수께서 그를 어미에게 주신대 모든 사람이 두려워하며 하나님께 영광을 돌려 가로되 "큰 선지자가 우리 가운데 일어나셨다 하고 또 하나님께서 자기 백성을 돌아보셨다" 하더라. 예수께 대한 이 소문이 온 유대와 사방에 두루 퍼지니라(눅 7:11~17).

나인성은 유대 잇사갈 지파가 정착한 갈릴리 남부의 아름다운 계곡에 자리잡고 있다. 구약성경은 그 땅이 쉬기에 좋고 아름다운 곳이라고 말하고 있다(창 49:15). 나인이란 히브리어 단어는 유쾌하게 들리지만 아들을 잃은 어미에게 그날은 전혀 그렇지 못했다.

아들이, 그것도 독자가 숨을 거두었다. 사랑하는 사람을 떠나 보내야 하는 것이 이번이 처음도 아니었다. 과부였다. 유대인 여자에게는 아들을 낳는 것이 가장 큰 기쁨인 반면 아들을 잃는 것은 가장 큰 슬픔이었다. 남편과 독자를 잃었다는 것은 곧 가난한 생활을 뜻했다. 그들과 함께 퇴직금과 연금과 의료보험금에 해당하는 것까지 모두 다 잃었다. 아들의 때이른 죽음은 죄에 대한 형벌로 여겨졌기 때문에 어미의 슬픔은 죄책감으로 가중되었다.[1] 무슨 잘못을 저질렀기에 모든 것을 다 잃게 되었는지를 의아해하는 소문이 이미 꼬리에 꼬리를 물고 온 동네에 퍼지고 있었을지도 모른다.

유대인은 보통 하루 일과를 마친 저녁 6시경 장례식을 거행했다. 낮에 과부는 아들의 시신을 마루바닥에 놓고 머리를 빗긴 다음 집에 있던 가장 좋은 옷으로 갈아 입혔다. 그리고 버들가지로 만든 관에 똑바로 눕힌 다음 두 팔을 포개어 주었다. 마을 사람들이 그 집 앞에 모여 아들의 장례 준비를 도와 주었다. 유대인들은 여자의 죄 때문에 이 세상에 죽음이 들어오게 되었다고 믿고 있었기 때문에 여자들이 앞장서서 슬픔에 수치심을 더하며 장례 행렬을 이끌어야 했다. 장례 행렬이 거리를 따라 진행하는 동안 사람들이 돌아가면서 관을 짊어 짐으로 그 어미의 고통을 함께 나누었다. 돈을 받고 피리를 부는 사람들과 "마음이 슬픈 이들이여, 함께 울라"를 외치며 장송곡을 부르는 사람들이 행렬 맨 뒤에 이어졌다. 500명 가량 되는 나인성 주민들이 대부분 다 따라나왔다. 그만큼 의미심장한 죽음이었다.[2]

묘지는 예수님의 본거지였던 가버나움으로 이어지는 굽은 길이 나 있는 성 동편에 있었다. 헬라어 원문은 나인성에서 나온 사람들보다 더 많은 무리가 예수님을 따르고 있었음을 보여준다. 거의 1,000여 명의 사람들이 예수님과 함께 있었던 것으로 보인다. 장례 행렬이 막 성문을 빠져 나오고 있을 때 예수님도 그 곳에 도착하셨다. 따라서 큰 두 무리의 사람들이 그 자리에 모이게 되었다.

과부가 느낀 대로 느끼셨다

예수님은 가장 먼저 그 과부를 보셨다. 주께서 과부를 보셨다. 모인 무리나 죽은 아들이 아니었다. 서로 마주 친 두 무리가 섞여 구별이 되지 않는 혼란 속에서 주님은 과부를 골라 내셨다. 그녀를 보시고 불쌍히 여기셨다(눅 7:13).

동정심은 예수님의 성품 중 가장 자주 언급되는 감정이다. 누군가에게 동정심이 있다는 것을 어떻게 알 수 있는가? 이런 상황 속에서 사람들이 본 예수님의 특성은 무엇인가? 분노나 두려움에 비해 동정심은 상당히 미묘하다. 동정심에 대해 사람들에게 물어 보면 동정심은 사람의 눈을 통해 전해진다고 말한다. 그 눈길은 부드럽고, 온화하고, 친절하며, 근심어린 빛을 띄고 있다. 모든 일을 멈추고 상대방의 감정에 주목하며 귀를 기울인다. 예수님께서는 말을 다 맺지 못한 채 꼼짝도 않고 과부를 바라보시며 침묵하셨는지도 모른다. 아니면 눈에 고인 눈물이 뺨을 타고 흘러내렸을지도 모른다.

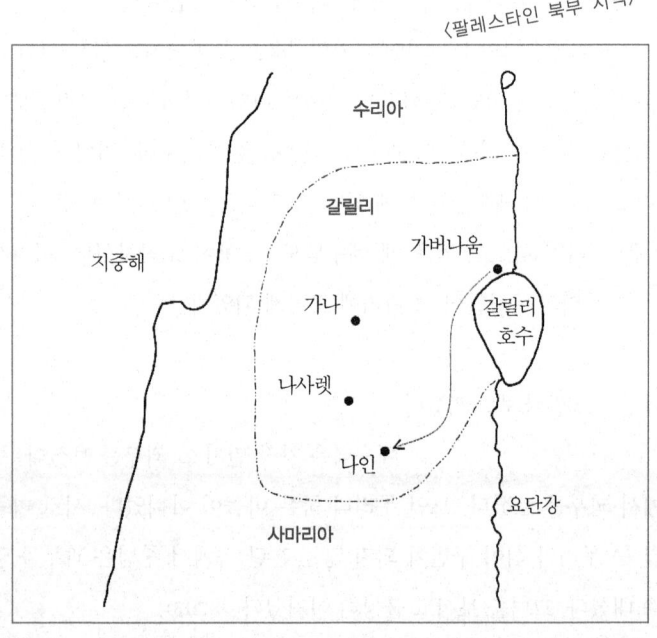

〈팔레스타인 북부 지역〉

예수님의 반응이 어떤 모양이었든지 간에 그 반응은 서로 밀치는 수백 명의 사람들로 인한 혼란과 동요 속에서도 눈에 띄는 두드러진 것이었다.

예수님은 거의 죽어가고 있는 여자를 바라보셨다. 우리는 삶과 죽음을 두 개의 분리된 별개의 것으로 본다. 그러나 히브리인들은 삶과 죽음 사이에 놓인 중간 상태가 있다고 생각한다. 구약성경을 보면 남편과 두 아들을 잃고 고향으로 돌아간 나오미가 고향 사람들에게 이렇게 말하는 장면이 나온다. "나를 나오미('즐겁다')라 칭하지 말고 마라('쓰다')라 칭하라. 이는 전능자가 나를 심히 괴롭게 하셨음이니라"(룻 1:20). 나오미는 살아 있었지만 마치 죽은 사람처럼 느껴졌다. 이 과부 역시 나오미처럼 희망을 잃고 삶에서 단절된 채 살아 있지만 죽은 것이나 다를 바 없었다.

예수님은 그것을 아시고 그녀의 고통을 이해하셨다. 그리고 불쌍히 여기셨다. 예수님은 그녀의 입장에서 그녀가 느끼는 세계 속으로 들어가셨다. 소망을 갖게 해주셨다. "울지 말라"고 말씀하셨다. 그녀의 고통을 함께 느끼셨지만 그 속에 휘감기지는 않으셨다. 그녀가 느끼는 대로 느끼셨지만 또한 그녀의 감정에 휩싸이지는 않으셨다.

그녀가 슬픔을 극복하기 위해 거쳐야 할 일련의 과정을 예수님께서 방해하셨다고 말하는 사람들도 있을 것이다. 현대 심리학은 다른 사람들에게 어떻게 생각해야 할지를 조언해서는 안 된다고 주장한다. 그러나 무릎을 깬 우리 딸이 마치 죽을 듯이 울면서 집으로 들어오면 나는 이렇게 말한다. "울지마, 괜찮아질거야." 정말 괜찮아질 것을 알고 있기 때문이다. 예수님은 이 여자가 소망을 가지고 울지 말아야 할 이유가 있음을 알고 계셨다.

죽은 사람에게 경의를 표하기 위해 달리던 차들이 길을 비켜주듯이 예수님과 함께 있던 무리들도 길 한편으로 비켜서면서 과부와 그녀의 숨진 아들이 지나갈 수 있게 해주었을 것이다. 그 때 예수님께서 관에 조용히 손을 대시며 장례 행렬을 멈추게 하셨다. 대부분의 사람들은 소리를 지르거나 두 팔을 휘저으며 많은 무리를 멈추게 한다. 부모가 정해놓은 귀가 시간 때문에 문을 꽝 닫으며 시위하는 사춘기 아이들처럼 힘이 없는 사람일수록 더 크게 허풍을 떠는 경향이 있다. 그러나 손가락 하나를 까딱하는 가벼운 제스처만으로 사람을 죽이기도 하고 살리기도 했던 로마 황제처럼 정말 힘있는 사람들은 그 힘을 별거 아닌 것처럼 표현하는 경향이 있다. 예수님의 행동에는 고대 제왕의 미묘한 위엄이 서려 있었다. 그리고 곧이어 선을 이루는 절대적인 능력을 보여 주셨다. "청년아, 내가 네게 말하노니 일어나라!"고 말씀하시자 숨진 청년이 그 말씀대로 일어나 앉아 말을 하기 시작했던 것이다.

모였던 사람들은 두려워하며 하나님께 영광을 돌리며 "큰 선지자가 우리 가운데 일어나셨다!"고 말했다. 400년 간 이어온 침묵을 깨고 드디어 선지자가 오셨다. 800년 전 엘리야 선지자가 3마일도 채 떨어지지 않은 가까운 곳에서 한 과부의 숨진 외아들을 살렸다. 엘리야는 여러 차례에 걸친 시도로 기적을 일으킬 수 있었지만 예수님은 손쉽게 과부 아들을 살려내셨다. 엘리야보다 더 위대한 분이 오셨다.

예수님에 관한 소문이 멀리까지 두루 퍼졌다. 사람들은 그 하신 일을 보고 하나님의 능력을 상기하며 하나님께 경배를 드렸다. 그리고 예수님 안에서 그들을 찾아오신 하나님을 보았기 때문에 어려움 속에서도 이제 다시는 혼자가 아니라는 사실을 알게 되었다.

과부에게서 눈을 떼지 않으셨다

장례 행렬에 가담한 사람들의 합세로 모인 무리의 숫자는 거의 두 배로 늘어났다. 그들 모두 예수님을 주목하고 있었다. 이런 일을 본 적이 없었다. 예수님께도 색다른 일이었다. 이런 기적은 딱 두 번 더 행하셨을 뿐이다.

예수님의 시선은 그 과부를 떠나지 않았다. 청년의 손을 잡아 관에서 나오게 도와 주신 다음 그의 어머니에게 데려가셨다. 자신에 대해서는 전혀 생각지 않으셨다. 또 이 놀라운 능력을 드러냄으로 자신에게 어떤 혜택이 돌아오는지도 전혀 고려하지 않으셨다. 자신이 일으킨 기적 때문에 마음이 흩어지지도 않았다. 그 속에서도 사람들을 기억하셨고 아들의 육체적인 필요와 어머니의 심적 필요를 돌보셨다.

예수님은 능력 있는 분이셨으며 또 친절하셨다. 보통 친절한 사람은 그리 강하지 못하고, 강한 사람은 또 그리 친절하지 못하다. 그러나 예수님은 능력과 친절을 함께 보여 주셨다.

중요한 것은 효율성이 아니다

찰스 스펄전이 런던에서 유명한 설교자로 활동한 것은 이미 100년 이상이나 지난 오래 전 일이 되었다. 자상한 남편이고 훌륭한 신사였지만 그에게도 흠은 있었다. 그의 아내 수지는 남편이 설교를 하게 된 커다란 강당으로 함께 가던 때를 다음과 같이 이야기했다.

"우리는 택시를 타고 같이 갔어요. 계단을 올라가는데 사람들이 얼마나 많았던지 남편 옆에서 멀리 떨어지지 않으려고 애를 써야 했던 일이 기억나요. 그

런데 층계참에 올라선 남편은 제가 동행하고 있다는 사실을 깜빡 잊어버린 것 같았어요. 설교를 해야 한다는 부담을 느끼고 있었던 남편은 제가 거친 사람들 속에서 빠져나가려고 안간힘을 쓰고 있다는 사실을 전혀 생각하지 못한 채 임원들이 기다리고 있던 방으로 난 작은 쪽문 뒤로 사라져 버렸어요."3)

익숙한 얘기로 들리는가? 많은 군중, 당황한 여자, 종교 지도자. 다른 점이 있다면 종교 지도자가 자신이 하고 싶은 말에 골몰하느라 여자를 잊어버리고 있었다는 점이다. 예수님은 한 사람을 위해 설교를 보류해 두었다. 그러나 스펄전은 설교를 위해 한 사람을 도외시했다. 그 후에 벌어진 일은 더 심각했다.

"처음에는 정말 황당했어요. 그런데 나중에는 화가 나더라구요. 그래서 집으로 돌아오자마자 인자한 어머니에게 속상한 마음을 털어 놓았어요. 어머니는 제 남편은 평범한 사람이 아니며 하나님께 그의 전 생애를 헌신했기 때문에 절대로 남편에게 방해가 되어서는 안 된다는 현명한 조언을 해주셨어요."

나중에 집으로 돌아온 스펄전은 아내를 찾을 수 없었던 것 때문에 화가 나 있었다.

"사랑하는 어머니께서 남편에게 그날 있었던 일을 다 얘기해 주셨어요. 그러자 남편은 제가 얼마나 화가 났었는지를 말할 수 있게 해주었어요. 그런 다음 무엇보다 자신은 하나님의 종이라는 사실을 일깨워 주면서 어머니가 하셨던 것과 똑같은 조언을 해주더군요."4)

하나님을 어떻게 끌어들이는지 볼 수 있을 것이다. 스펄전이 아내를 도외시한 것은 하나님 때문이었다. 그래서 마음이 상한 그의 아내는 남편과 어머니 모두에게 설교까지 들어야 했다. 이 일을 통해 스펄전은 하나님을 전혀 보여 주지 못했다. 대신 하나님을 아내를 돌보지 못한 자신의 잘못을 무마시키기 위한 핑계거리로 삼았다.

스펄전과 내게는 공통점이 많다. 아내가 마음을 털어놓을 때 나는 아내를 '고쳐' 주려 한다. 한번은 아내가 킴 때문에 힘들어하는 것을 보고 나는 "왜 그냥 하나님께 맡기지 못하는 거요?"라고 꾸짖듯 말했다. 그러자 아내는 "그렇게 해요. 매일 그렇게 한다구요."라고 대답하며 내 입을 막아버렸다.

또 한번은 아내의 기분을 종잡을 수 없었다. 장애를 가진 아이를 돌보는 일이 아내의 우정과 미래와 꿈에 어떤 영향을 미치고 있는지 나는 잘 모르고 있었다. 그래서 내가 잘 도와 주는데도 불구하고 아내는 내 사랑을 확신할 수 없었다. 나는 '숨진 아들을 살려내는 일'은 잘해냈지만 아내를 바라보고, 아내가 느끼는 것처럼 느끼고, 아내와 함께 걷는 일에는 시간을 내지 못했다. 대신 또다른 '죽은 아이'를 찾고 있었다. 내가 일에 몰두할 때 아내는 소외감을 느꼈던 것이다. 예수님의 친절은 내게 새롭고 '덜 효율적인' 방식으로 사람들을 대해야 한다는 사실을 깨닫게 해주었다. 사랑은 효율성이 아니라는 사실을 알게 되었다.

엑손 발데즈(Exxon Valdez)가 알래스카 해안을 따라 수천 갤론의 원유를 유출했을 때 그 회사 대표는 피해를 살펴보러 가야 한다는 제안을 거절해버렸다. 시간을 낭비하는 일로 보였기 때문이었다. 그에게는 힘이 있었다. 그러나 친절하지는 않았다. 쓰레기 더미가 된 그 곳을 찾아가 거위 시체를 좀 거두어 냈더라면 그 마음이 좀 달라질 수도 있었을 것이다.

예수님은 어떻게 사랑해야 하는지를 보여 주셨다. 보고 느끼고 도와 주는 것이다. 누군가를 도와 주면서 그 사람을 바라보고 그 사람이 느끼는 대로 느끼기 위해 시간을 내지 않는다면 그것은 냉랭한 사랑이 될 것이다. 그리고 바라보고 느낀다 해도 도와 줄 수 있는 일을 하지 않는다면 그것은 값싼 사랑이 될 것이다. 사랑은 이 두 가지를 함께 한다.

보는 것에 따라 달라지는 마음

사람들을 어떻게 볼 것인가?

  퇴근 후 집으로 돌아오면 나는 아내가 하는 말을 들으면서 편지들을 하나 하나 살펴볼 때가 가끔씩 있다. 그럴 때 내 반응은 이렇다. "어, 그랬어. 그거 재밌네. 으응, 으응." 그러면 아내는 내가 자기보다 편지 꾸러미를 더 중요하게 생각한다고 느끼기 때문에 짜증을 내기 시작한다. 이야기할 때 아내는 자기를 보아 주기를 바란다. 그리고 내가 그렇게 할 때 아내는 관심을 기울여 준다는 것을 느낀다.

  예수님께서 어떻게 사랑했는지를 공부하면서 예수님께서 사람들을 바라보신 횟수에 놀라지 않을 수 없었다. 복음서에는 예수님께서 사람들을 바라보셨다는 기록이 모두 40번 가량 나온다. 그리고 종종 동정심을 갖기 전에 먼저 사람들을 바라보셨다는 사실이 특히 인상적이다. 다음은 그 예를 보여주는 대표적인 구절들이다.

무리를 보시고 민망히 여기시니 이는 저희가 목자 없는 양과 같이 고생하며 유리함이라(마 9:36).
예수께서 그를 보시고 사랑하사(막 10:21).
예수께서 그 모친과 사랑하시는 제자가 곁에 섰는 것을 보시고 … 그 제자에게 이르시되 "보라 네 어머니라" 하신대 그 때부터 그 제자가 자기 집에 모시니라(요 19:26~27).

무엇을 봐야 하는지를 가르쳐 주신 예수님

비유를 말씀하실 때도 같은 패턴을 묘사하셨다(비유는 듣는 사람들의 생각에 변화를 주기 위한 간단한 이야기들이다. 예수님의 행동처럼 비유 역시 종종 우리를 깜짝 놀라게 한다).

'선한 사마리아인의 비유'는 여리고에서 예루살렘으로 뻗어있는 위험하기로 소문난 길에서 강도의 습격을 당한 한 사람을 구해 주는 사마리아인의 이야기다. 이 이야기가 유대인들에게 얼마나 충격적이었는지를 이해하려면 누군가 우리에게 '선한 나치'에 대해 이야기한다고 생각하면 될 것이다. 유대인과 사마리아인은 서로 미워하는 앙숙이었다.

선한 사마리아인의 비유에 나오는 두 종교 지도자(레위와 제사장)는 두려움을 느끼며 궁지에 몰린 사람을 외면하고 지나쳐 가버렸다. 그 후 한 사마리아인이 가던 길을 멈추고 그에게 약을 발라주고 붕대로 싸맨 다음 주막으로 데려가 돌봐주고 그 비용까지 대신 지불해 주었다. 강도 만난 사람을 돌봐준 사마리아인이 한 일은 예수님께서 사람들을 대하는 방식과 똑같았다. "어떤 사마리아인은 여행하는 중 거기 이르러 그를 보고 불쌍히 여겨 가까이 가서 기름과 포도주를 그 상처에 붓고 싸매고."(눅 10:33~34). 사마리아인은 먼저 보았고, 동정심을 가지고 행동했다.

사마리아인은 '그 사람'을 보았다. 그러나 제사장과 레위인은 '문제'를 보았다. 그리고 그 사람의 입장이 되기에는 너무 정신이 없었고 자기 일에 몰두해 있거나 아니면 분주했다. 어쩌면 누군가의 문제에 참견할 만한 시간과 에너지가 없었을지도 모른다.

탕자의 비유에 나오는 작은 아들은 아버지가 아직 살아 계심에도 불구하고 자신이 물려받게 될 유산을 미리 요구했다. 사실 그것은 아버지가 돌아가시기를 바란다는 뜻이었다.[1] 그 후 아들은 집을 떠나 방탕한 생활을 하며 재산을 다 날려버렸다. 결국 굶주린 채 갈 곳이 없게 된 그는 집으로 돌아가 아버지의 용서를 구하기로 했다. "아직도 상거가 먼데 아버지가 저를 보고 측은히 여겨 달려가 목을 안고 입을 맞추니"(눅 15:20). 멀리서 돌아올 아들을 알아보기 위해 아버지는 열심히 먼 곳을 내다보며 기다리고 있었다. 더구나 아들이 언제 돌아올지 몰랐기 때문에 더욱 그랬을 것이다.

어려운 상황에 부딪히면 우리는 혼란에 빠지거나 당황하게 된다. 그리고 어디부터 시작해야하는지 모르는 경우도 종종 있다. 그러나 우리는 볼 수 있다. 동정심이 생기지 않을 수도 있지만 다른 사람들에게 관심을 집중시킬 수는 있다. 다른 사람을 자신보다 먼저 생각함으로 동정심이 생기는 문을 여는 것이다. 나환자들을 위한 집을 짓는 일에 반대하던 사람에게 마더 테레사는 이렇게 말했다. "그 사람들도 일단 보면 이해하게 될 거예요."[2] 사랑은 보는 것으로 시작한다.

보는 것은 위험하다

우리 중에 레위인이나 제사장 같은 사람이 많은 이유는 무엇인가? 고통 당하는 사람들을 외면하는 이유는 무엇인가? 많은 이유가 있다. 귀찮다. 수고가 따른다. 위험하다. 돈이 들어간다. 헌신해야 한다.

죽은 청년의 관에 손을 대셨을 때 예수님은 관례대로 부정하게 되셨다. 시체에 손을 대었기 때문에 부정해진 것이다. 탕자를 환영하는 아버지는 우습게 보일 것을 각오해야 했을 뿐 아니라 다음 장에서 보게 되겠지만 집에 머물러 있던 '착한' 아들의 분노와 거절을 사기도 했다. 강도 맞은 사람이 죽은 상태였다면 제사장과 레위인은 2주 동안 부정하게 되었을 것이다. 그러니 그저 지나쳐 가는 게 상책이었을 것이다.

그러나 사마리아인은 자신의 일정을 뒤로 하고 주머니를 털었다. 그는 외부인이었기 때문에 강도 맞은 사람을 주막으로 데려갈 경우 그 사람의 가족들에게 발각되어 보복을 당할 위험에 처할 수도 있었다. 사마리아인이 무릅쓴 이 위험에 대해 한 학자는 이렇게 말했다. "1875년, 머리가죽이 벗겨진 목동을 말에 태우고 다져 시내로 걸어 들어가 호텔 방을 구한 다음 목동을 간호하면서 그날 밤을 보낸 한 플레인즈 인디언은 미국의 문화적 상황 속에서 볼 수 있는 선한 사마리아인이었다." [3]

사랑에는 헌신이 요구된다는 사실을 우리는 본능적으로 알고 있다. 그래서 구걸하는 사람과 마주치게 되면 고개를 돌리고 외면한다. 관심을 가지고 자세히 보게 되면 그 대가를 지불해야 할지도 모르기 때문이다. 사랑을 행하려면 우리의 계획과 돈과 시간에 대한 통제권을 포기해야 함을 뜻한다. 사랑할 때 우리는 주인의 자리에서 내려와 종의 자리에 선다.

예수님은 좋은 조언을 하는 것으로만 그치지 않으셨다. 사람들을 보고, '우리'라는 좁은 렌즈를 버릴 수 있도록 우리의 '안전한' 세상을 붕괴시키기 위해 이 비유를 말씀하셨다. 그렇게 하지 않는 한 사랑할 수 없을 것이다.

자기 자신을 벗어나는 사랑

예수님께서 사람들을 어떻게 보시는지를 공부하면서 나는 아내가 킴을 어떻게 보는지를 자세히 살펴보았다. 킴은 명랑하고 영리하지만 몸을 잘 움직일 수 없고, 또 말을 할 수 없기 때문에 자신의 뜻을 전달하는 데 많은 어려움이 따른다. 그리고 친구들도 별로 없다. 킴이 다니는 학교는 가파른 계단으로 된 건물이라 계단을 오르내리기가 킴에게는 상당히 어렵다. 아내는 킴의 하루 일정을 기억하면서 킴이 힘겨워하게 될 부분들을 생각하며 매일 기도한다. 킴이 계단을 오르내릴 때 안전할 수 있도록 기도한다. 식당에서 혼자 점심을 먹고 있을 킴을 생각한다. 킴에 대한 생각으로 가득 찬 마음을 안고 하루 종일 킴을 위해 기도한다. 함께 있지 않을 때에도 킴을 보고 킴에게 주의를 기울인다. 킴을 바라볼 때는 속도를 늦추고 집중한다. 자신의 세계를 벗어나 킴의 세계로 들어간다.

예수님께서 사람들을 어떻게 사랑하셨는지를 생각하는 동안 '소중히 여기다'라는 말이 생각났다. 누군가를 소중히 여길 때 우리는 그 사람을 바라보고 동정심을 갖게 된다. 그 사람을 주시하면서 관심을 가진다. 그 사람을 밀어내지 않는다.

일, 성공, 투자, 자동차, 섹스 등 기분을 좋게 해주고 가치 있다고 생각하는 것들을 우리는 소중히 여기지만 그러나 사람들, 심지어는 우리에게 가까운 사람들까지도 별로 소중하게 여기지 않는 경향이 있다. 한 잡지의 기고가는 그런 사람들의 모습을 이렇게 묘사했다.

지난 해, 버지니아 중부에서 더할 나위 없이 아름다운 어느 여름날 밤 나는 딸아이의 라크로스 게임(하키와 비슷한 구기)을 관람하고 있었다. 내 옆에는 경기하는 자기 딸을 지켜보는 것보다 핸드폰을 들고 통화하는 데(별로 긴급한 일도 아닌 것처럼 들리는) 더 신경을 곤두세우는 한 사람이 있었다. 그 사람의 딸아이는 기대에 찬 눈으로 계속해서 아버지를 바라보았지만 아버지는 딸아이를 전혀 보지 않았다. 또다른 아이의 어머니는 들고 온 노트북을 두드려대는 일에 푹 빠져 자기 딸아이가 경기하는 것은 전혀 보지 않았다.[4]

이런 부모에게는 자녀를 소중히 여기는 것이 어려운 일이다. 소중히 여기는 마음은 사랑으로 설렌다. 그리고 종일 소중히 여기는 사람에게 눈길이 가 머문다. 우리는 누군가가 매순간 관심을 가지고 그 마음에 우리를 가득 담고 있어 주기를 바란다. 그러나 우리는 자신이 소중하게 생각되길 바라면서도 다른 사람들을 소중히 여기는 일은 잘하지 못한다.

내가 아내나 아이들을 보고 주목하지 않을 때 나는 그들을 거칠게 대하거나 잘 참지 못하고 일을 그르친다. 나의 관심은 사람들보다 내가 해야 할 일과 내 생각과 기분에 맞추어져 있다. 사람들을 사랑하려면 그들에게 시선을 맞추어야 한다. 예수님처럼 그들을 보아야 한다. 예수님처럼 우리도 서서, 보고 들어야 한다.

보는 것에 따라 달라지는 마음

예수님은 돈을 사랑하지 말라고 경고하시며 보는 것으로 우리의 마음이 어떻게 달라질 수 있는지를 지적해 주셨다. "네 보물 있는 그 곳에는 네 마음도 있느니라. 눈은 몸의 등불이니 그러므로 네 눈이 성하면 온 몸이 밝을 것이요"(마 6:21~22). 돈에 관심을 집중시키면 결국 돈에 따라 마음이 정해질 것이다. 우리는 우리가 관심 가지는 것을 닮아가기 시작한다. 일에 관심을 가지고 헌신하면 딸아이의 라크로스 게임에서 마음이 멀어진다.

그래서 아마도 예수님께서 눈을 잘못 사용하는 것에 대해 그렇게도 엄중한 경고를 하셨을 것이다. 정욕에 따르는 위험을 이야기하시면서 "네 오른 눈이 너로 실족케 하거든 빼어 내버리라"(마 5:29)고 과장해서 말씀하신 것은 강조하기 위해서였다. 다시 말해서 마음을 사랑으로 채우는 도구가 되어야 할 눈을 성적 욕구를 만족시키기 위해 다른 사람의 가치를 떨어뜨리는 데 사용한다는 것은 생각조차 해서는 안 된다는 것이다. 눈이 마음의 등불이라면 예수님의 마음은 사람들로 가득차 있었다.

사랑의 눈길

코리 텐 붐은 제2차 세계대전 중 유대인들을 숨겨 주었던 네덜란드 사람이었다. 그 때문에 코리는 아버지와 여동생과 함께 체포되어 나치 수용소에 감금되었다. 아버지는 감옥에서 숨을 거두었고 여동생은 강제 노동 수용소에서 숨을 거두었다. 살아남은 코리는 자신의 지난 시절을 다음과 같이 이야기했다.

십대 후반에 내게 영향을 준 사람은 인도에서 온 사람이었다. 어린 시절 그 사람은 예수님을 미워했고 하나님에 대해서는 알고 있었지만 그리스도인들이 가지고 있는 성경은 엄청난 거짓이라 생각했다. 한번은 성경을 불태우며 그것이 거짓을 담고 있는 책에 대한 자신의 경멸을 공개적으로 선언하는 행동이라 생각했다. 선교사들이 그에게 성경을 건네주면 그는 진흙탕 속에 던져버렸다. 그러나 그 마음 속에서 심한 불안이 일고 있었다. 하나님을 알고 싶은 마음이 간절했다. 그는 자신의 마음을 이렇게 이야기했다.

"성경을 불태운 것은 아주 훌륭한 일이었다고 생각했지만 왠지 마음이 편하지 않았다. 사흘 후 나는 더 이상 참을 수 없게 되었다. 아침에 일찍 일어나 하나님께서 정말 계신다면 나타나 보여 주시기를 기도했다. 천국은 있는 것인지 그리고 죽은 후에는 어떻게 되는 것인지를 알고 싶었다. 그것을 알 수 있는 유일한 길은 말할 것도 없이 죽는 것이다. 그래서 죽기로 결심했다. 우리 집 앞으로 지나가는 열차 속으로 뛰어들기로 다짐했다. 그 때 갑자기 이상한 일이 벌어졌다. 방안이 아름다운 빛으로 가득찼고 한 사람이 보였다. 부처나 아니면 또다른 성인일 것이라 생각했다. 그 순간 목소리가 들려왔다.

"네가 언제까지 날 부인하려느냐? 내가 널 위해 죽었다. 널 위해 내 목숨을 바쳤다."

그리고 그의 손을 보았다. 못자국 난 예수 그리스도의 손이었다. 한때 팔레스타인에서 살았던 성인이었지만 죽은 후에는 사라져버린 것으로 알고 있던 그리스도였다. 그런데 그분이 내 앞에 서 계셨다. … 살아 있는 모습으로! 사랑스럽게 나를 바라보고 계셨다.

사흘 전에 내가 성경을 불태웠는데도 화를 내지 않으셨다. 내 마음이 갑자기 달라졌다. … 그분을 그리스도로, 살아 계신 분으로, 이 세상의 구세주로 보게 되었다. 나는 무릎을 꿇었고 전에는 그 어느 곳에서도 찾을 수 없었던 놀라운 평안을 알게 되었다. 그것은 내가 그렇게도 오랫동안 찾았던 행복, 바로 그것이었다." 나는 사두(Sadhu)의 말을 들으며 감탄했지만 또 한편으로는 혼란스러웠다. 그는 예수님을 믿지 않았던 자신이 어떻게 환상을 통해 예수님을 보게 되었는지를 이야기했다. 그 때 한 어린 소년이 우리 모두 알고 싶어 하는 질문을 과감하게 던졌다. "선생님, 예수님은 어떻게 생기셨어요?" 그러자 그는 두 손을 자기 눈에 대고 이렇게 대답했다. "아, 그분의 눈, 그 눈 … 정말 아름다운 눈이었단다." 그 이후 나는 예수님의 눈을 보고 싶은 마음으로 간절해졌다.[5]

또 인생 중 매우 어려운 시기를 겪고 있던 내 친구는 한밤중에 자신을 바라보고 있는 두 개의 눈과 마주치는 환상을 보고 깨어났다고 했다. 그 눈이 어떻게 생겼는지를 물어 보았더니 눈물이 고여 있는 예수님의 눈이라고 대답했다. 그 눈은 내 친구가 어려움을 피하지 않고 감당할 수 있는 용기를 주었다.

나는 환상에 얼마나 관심을 쏟아야 하는지 잘 모른다. 그러나 이 두 환상은 모두 사람들을 사랑스럽게 바라보시는 예수님께 초점이 맞추어져 있다. 우리가 사랑 받고 있다는 것을 안다면, 즉 누군가 우리를 보고 있다는 것을 안다면 우리는 사랑을 줄 수 있다. 그리고 다른 사람들을 볼 수 있다.

예수님을 보는 것은 우리를 사랑하시는 하나님을 보는 것이라고 복음서는 말하고 있다. 탕자의 비유에 나오는 아버지처럼 하나님은 애타게 기다리면서 우리를 찾으시려고 먼 곳에 시선을 맞추고 둘러보고 계신다. 하나님은 위엄 있는 분이시지만 우리를 발견하면 옷을 걷어부치고 부끄러움도 잊은 채 우리를 향해 달려오신다. 죄책감과 실망의 짐을 지고 그분을 향해 터덜터덜 나아가는 우리를 향해 달리신다. 그리고 두 팔로 우리를 얼싸 안으시고 입을 맞추신다.

이런 일은 하나님께 전혀 새로운 일이 아니다. 수세기에 걸쳐 동정심을 갖고 사람들을 보셨다. 이스라엘 백성들이 노예가 되었을 때 하나님은 이렇게 말씀하셨다. "애굽에 있는 내 백성의 고통을 정녕히 보고 … 그 우고를 알고(출 3:7). 예수님의 눈은 하나님의 얼굴에 표정을 실어준다.

"네게 가장 좋은 것이 뭔지 알아"

동정심을 가로막는 판단

　근위축증 때문에 휠체어를 타고 다니는 내 친구가 어느 날 다른 사람들과 함께 한 음식점에 가게 되었다. 그 친구가 주문할 차례가 되자 접대원은 다른 사람들을 보며 "이분은 어떤 걸 원하시나요?"라고 물었다. 그녀의 생각은 이랬다. '휠체어를 타고 있는 사람은 정상이 아니다. 이상한 사람과는 말할 수 없다. 그러니까 그 친구들과 말해야겠다.' 그래서 그는 더 이상 사람이 아니라 휠체어의 한 부분을 이루는 단순한 물체처럼 되었다. 접대원은 전기 기사인 내 친구를 한 개인으로 보는 대신 특정한 한 부류로 취급했다.

　사람을 물건처럼 취급하기가 쉽다. 나는 부엌 바닥을 쓸고 있었고 아내는 설거지를 하고 있었다. 아내가 서 있는 곳에 가까이 가게 되었을 때 나는 아내가 서 있는 자리를 쓸기 위해 빗자루로 아내의 발목을 툭툭 쳤다. 아내는 아무 말도 하지 않고 그저 자리를 조용히 비켜 섰다. 그제서야 나는 내가 실수했다는 걸 알았다. 청소하기 위해 물건들을 툭툭 칠 수는 있다. 그러나 사람들에게는, 특히 배우자에게는 말로 하는 것이 정상이다!

문제인가 아니면 사람인가?

일 세기 당시 신체에 장애가 있는 사람들은 길에서 구걸을 하며 살았다. 보통 성문 가까운 곳에서 구걸을 했는데 그것은 사람들의 눈에 잘 띄기 위해서였다. 그러나 약한 사람들에게 관심을 가지는 사람은 거의 없었다. 알렉산더대왕처럼 힘이 세고 건장한 영웅들은 사람들에게 자신의 뜻을 따르도록 강요했다. 그러나 예수님은 달랐다.

예수께서 길 가실 때에 날 때부터 소경 된 사람을 보신지라. 제자들이 물어 가로되 "랍비여, 이 사람이 소경으로 난 것이 뉘 죄로 인함이오니이까? 자기오니이까? 그 부모오니이까?" 예수께서 대답하시되 "이 사람이나 그 부모가 죄를 범한 것이 아니라 그에게서 하나님의 하시는 일을 나타내고자 하심이니라. 때가 아직 낮이매 나를 보내신 이의 일을 우리가 하여야 하리라. 밤이 오리니 그 때는 아무도 일할 수 없느니라. 내가 세상에 있는 동안에는 세상의 빛이로라." 이 말씀을 하시고 땅에 침을 뱉아 진흙을 이겨 그의 눈에 바르시고 이르시되 "실로암 못에 가서 씻으라" 하시니 (실로암은 번역하면 보냄을 받았다는 뜻이라) 이에 가서 씻고 밝은 눈으로 왔더라(요 9:1~7).

예수님은 조용히 그 사람을 보셨다. 아마도 그 행동을 본 제자들은 사랑하기 위해 어떻게 의도적으로 멈추어야 하는지를 배울 수 있었을 것이다. 제자들이 소경에 대한 이야기를 시작할 만큼 예수님은 한동안 그를 주시해 보셨다. 제자들은 "누구 죄 때문입니까?"라고 물었다. 그 사람이 소경이었기 때문에 제자들은 기계적으로 죄 때문이라는 판단을 내렸다. 그 사람이 소경으로 태어난 것은 그나 그 부모가 죄를 지었기 때문이라고 생각하는 것이 일 세기 당시 사람들의 사고방식이었다. 그래서 제자들은 그를 그런 부류의 사람으로 취급하기 위해 그저 예수님의 도움이 필요했다. 그러나 예수님은 제자들이 생각하는 그런 틀 속에 그 소경을 끼워 맞출 수 없다고 말씀하심으로 문제의 핵심을 찌르셨다.

지금은 질병의 원인을 '죄'에서 찾는 일은 거의 없지만 다른 사람들을 판단하는 자세까지 다 없어진 것은 아니다. 심리학의 발달로 사람이나 사람의 행동을 분석하는 판단 능력이 증대되었다. 그래서 우리는 '죄'를 본다! 늘 서로를 분석하고 판단한다. '저 사람 자란 환경에 문제가 많나? 아니면 그냥 원래 저런 사람인가?' 누군가를 잘 알지도 못하면서 정해진 틀 속에 끼워 맞추고 '저 사람 치료를 좀 받아야 해' 또는 '저 사람 문제 있어'라는 결론을 내린다.

분석은 제자들에게 모든 것이 제자리에 있는 안전하고 정돈된 세상을 만들어 주었다. 그래서 바로 그 자리에서 소경에 대한 이야기를 꺼냈다. 그러나 예수님은 그에게 다가가 진흙을 이겨 그 눈에 바르셨다. 제자들은 그 사람을 판단하기 위해 자신들을 높은 자리에 올려놓은 반면 예수님은 그 사람을 돌보기 위해 자신을 낮추셨다.

제자들은 소경이 된 상태를 보았지만 예수님은 소경이 된 사람을 보셨다. 제자들은 이야기거리를 보았지만 예수님은 사람, 자신과 같은 인간을 보셨다. 제자들은 인간 행동의 대가인 죄를 보았지만 예수님은 하나님께서 일하실 수 있는 기회가 되는 인간의 필요를 보셨다. 제자들은 더할 수 없는 불행을 보고 그 불행의 범인이 누구인지를 알아내려 했지만 예수님은 가장 좋은 일이 아직 남아 있는 미완성의 이야기로 보았다.

소경을 그저 보고 지나가는 것과 그 앞에 서서 그와 이야기하는 것은 분명 다르다. 후자는 두려운 일이 될 수 있다. 돈이 들어가는 일이 될 수도 있고 또는 일정에 방해가 될 수도 있다. 앞을 보지 못하는 사람의 상태가 우리에게 어떤 영향을 미치게 될 것을 두려워한다. 동정심을 가지고 멈추게 되면 다른 사람의 문제가 우리의 문제가 되기 때문이다. 그 사람의 고통을 우리가 느끼게 된다. 그리고 멈추어 서서 누군가를 주목한다는 것은 적어도 최소한 시간이 걸리는 일이다.

동정심은 우리에게 영향을 미친다. 그래서 우리는 성급하게 다른 사람을 판단하는 것인지도 모른다. 판단을 하게 되면 다른 사람의 문제에 감염되는 것을 쉽게 막을 수 있기 때문이다. 판단은 이렇게 아주 효율적이다.

내가 소경에게 동정심을 보였다면 아마도 나는 제자들을 무정하다고 판단하면서 나를 은근히 칭찬했을 것이다. 무심한 제자들을 보면서 느끼는 만족은 나를 우쭐하게 만들었을 것이다. 그러나 예수님은 제자들을 부드럽게 대하셨다. 그들을 책망하거나 창피를 주지 않으셨다. 그저 그들의 질문에 대답하셨을 뿐이다.

기대치 않은 곳에서 보게 된 영광

소경이 제자들이 예수님께 한 질문

을 들었다면 어떤 기분이었을까? 갇힌 듯한 비참한 심정이었을 것이다. 그리고 죄책감이나 분노를 느꼈을 것이다. 그리고 '내가 도대체 무슨 잘못을 했단 말인가? 우리 부모님의 잘못이었을까? 내 잘못인가?'라고 의아해 했을 것이다. 또 역으로 제자들을 판단했을지도 모른다. '저 멍청한 녀석들은…' 제자들의 말에 화가 나면서도 여전히 불안과 절망감을 느꼈을 것이다. '내가 도대체 뭘 어쨌길래…?'

일 세기 당시 사람들은 고통 당하는 사람을 보게 되면 그 사람이 하나님께 어떤 잘못을 범했기 때문이라 생각했다. 그래서 고통 당하는 사람은 자신에게 화를 냈다. 21세기 현재 우리는 하나님 때문에 고통을 당한다고 생각한다. 그래서 하나님께 화를 낸다. 제자들의 질문에 대답하신 예수님의 말씀을 그 소경이 들었다면 아마도 엄청나게 놀랐을 것이다. "이 사람이나 그 부모가 죄를 범한 것이 아니라 그에게서 하나님의 하시는 일을 나타내고자 하심이니라." 소경을 책망하는 대신 그의 눈이 먼 것은 그의 삶 속에서 하나님께서 하시는 일을 드러내기 위해서라고 말씀하셨다. 그의 어두움은 하나님의 빛을 향한 문이었다. 고통을 통해 우리는 하나님을 보게 될 것이다. 예수님은 그의 눈을 치유해 주시기 전에 이미 추하고 깨진 것처럼 보이는 것을 취하셔서 아름답고 완전한 것으로 만들기 시작하셨다.

아내와 나는 하나님께서 그 일을 우리에게도 시작하셨음을 보았다. 킴을 임신했을 때 아내는 "여호와께서 너를 지켜 모든 환난을 면케 하시며"(시 121:7)라고 한 시편 말씀을 묵상했다. 그러나 하나님께서 우리에게 '환난을 당한' 아이를 주셨다. 왜 그렇게 하셨는지 우리는 이해하지 못했고, 그 약속을 생각하면서 아내는 더 심한 혼란에 빠졌다. 그것은 희망을 꺾어 놓았다.

킴을 주신 것은, 우리가 매우 사랑하지만 통제할 수 없는 상황에 직면하게 하신 것이었다. 킴은 우리에게 남아 있는 것을 계속해서 고갈시켰다. 아내와 나는 재빠르고 확신에 차 있었고 판단도 잘했다. 킴이 태어나기 전에 한번은 아내가 차도에서 우리 차를 청소하고 있을 때 이웃에 사는 아이 엄마가 지나가며 이렇게 말했다. "어떻게 그렇게 많은 일을 다 할 수 있는지 궁금해요." 아내는 "일을 계획적으로 하면 많은 일을 할 수 있어요"라고 대답했다.

나는 일상 생활 속에서 우리의 모습을 드러내기 위해 하나님께서 하시는 일과, 하나님의 유머 감각에 미소를 짓게 된다. 아내와 나는 분명치 않은 발음을 교정해 주는 킴의 언어 치료에 수도 없이 많은 시간을 쏟아 부었다. 지금은 킴이 능숙하게 다루는 컴퓨터 언어 학습 프로그램을 만드는 데 수백 시간을 사용했다. 질에게는 더 이상 계획적으로 일할 수 있는 그런 여유가 없었다. "돈이 없어진 것 같은데 어디 있는지 아느냐"고 물으면 아내는 씩 웃으며 모른다고 할 정도가 되었다. 계획적으로 일하는 것을 아주 그만두었다. 더 이상 그렇게 할 수 없기 때문이다.

하나님께서 모든 환난을 면케 하시려고 우리에게 킴을 주셨다. 너무 독선적이고 지나치게 '침착한' 사람들이 되지 않도록 킴을 주셨다. 우리를 한계에 부딪히게 하시고, 사랑을 가르치시고, 하나님을 알게 하시려고 킴을 사용하셨다. 우리의 생활은 더 이상 뜻대로 되지 않았다. 하나님은 우리가 어떻게 밑바닥으로부터 솟아오르는 삶을 살아야 하는지를 가르쳐 주셔야 했다. 소경처럼 우리는 전혀 기대할 수 없었던 곳에서 하나님의 영광을 보았다.

활기를 띠게 된 소경

소경의 이야기가 알려지면서 그 당시 정치적인 인정을 받고 있던 '도의심이 강한 경찰'이라 할 수 있는 바리새인들도 그 소식을 접하게 되었다. 그리고 소경이었던 사람을 불러다 조사하기 시작했다. 예수께서 안식일에 소경의 눈을 고쳐 주었다는 사실을 알게 된 그들은 혼란에 빠졌다. 훌륭한 관리들이 다 그렇듯이 정작 중요한 것은 보지 못하고 자기들이 잘못이라고 생각하는 것에만 신경을 썼다. 안식일을 지키는 것은 유대인이라는 사실을 가장 잘 보여주는 한 표시였다. 따라서 안식일 규정을 범한 예수님은 고유한 민족적 상징을 짓밟아버린 것이었다.

소경은 빈틈없는 입회인이었다. 가장 영리한 사람들 중의 하나였다. 첫 조사를 마친 후 바리새인들은 예수님의 잘못을 찾아내기 위해 그를 다시 심문했다. 그들은 어찌할 바를 몰랐다. 예수님은 계속해서 하나님께서 근원이 되심을 보여주는 듯한 놀라운 기적들을 행하는 반면 또 계속해서 종교적 규정들을 어기며 그들을 짜증나게 만드셨기 때문이다.

이에 저희가 소경 되었던 사람을 두 번째 불러 이르되 "너는 영광을 하나님께 돌리라. 우리는 저 사람이 죄인인 줄 아노라." 대답하되 "그가 죄인인 줄 내가 알지 못하나 한 가지 아는 것은 내가 소경으로 있다가 지금 보는 그것이니이다." 저희가 가로되 "그 사람이 네게 무엇을 하였느냐? 어떻게 네 눈을 뜨게 하였느냐?" 대답하되 "내가 이미 일렀어도 듣지 아니하고 어찌하여 다시 듣고자 하나이까? 당신들도 그 제자가 되려 하나이까?" 저희가 욕하여 가로되 "너는 그의 제자나 우리는 모세의 제자라. 하나님이 모세에게 말씀하신 줄을 우리가 알거니와 이 사람은 어디서 왔는지 알지 못하노라"(요 9:24~29).

바리새인들은 공손한 척하면서, 이제 보게 된 사람에게 자유롭게 생각하는 대로 대답할 수 있는 질문을 했다. 예수님을 판단하는 데 자기들과 한 편이 되어주길 바랬다. 바리새인들이 예수님을 실제로 경멸하고 있다는 사실을 잘 알고 있는 그는 예수님의 제자가 되고 싶어서 다 아는 얘기를 다시 들으려 하는 것이냐고 순진한 얼굴로 물었다. 빈정대는 듯한 반어적인 그의 질문은 공정해 보이는 듯한 바리새인들의 모든 겉치레를 벗겨 버렸다. 그는 명민하고 용감할 뿐 아니라 유머 감각까지 있었다![1]

그에게서 자기들이 원하는 것을 얻어내지 못한 바리새인들은 그와 예수님을 둘 다 맹렬하게 공격했다. "이 사람은 어디서 왔는지 알지 못하노라"고 한 그들의 마지막 대답은 아마도 예수님이 동정녀 마리아에게 잉태된 것을 넌지시 말하려는 의도였을 것이다. 그렇다면 그들은 예수님을 사생아라 말한 것이다.

그러나 소경이었던 사람은 신속하게 대응했다. 수많은 사람들 밑에서 살아온 긴 세월 덕분에 그는 선명하게 볼 수 있었다.

그 사람이 대답하여 가로되 "이상하다. 이 사람이 내 눈을 뜨게 하였으되 당신들은 그가 어디서 왔는지 알지 못하는도다. 하나님이 죄인을 듣지 아니하시고 경건하여 그의 뜻대로 행하는 자는 들으시는 줄을 우리가 아나이다. 창세 이후로 소경으로 난 자의 눈을 뜨게 하였다 함을 듣지 못하였으니 이 사람이 하나님께로부터 오지 아니하였으면 아무 일도 할 수 없으리이다." 저희가 대답하여 가로되 "네가 온전히 죄 가운데서 나서 우리를 가르치느냐" 하고 이에 쫓아 내어 보내니라(요 9:30~34).

그의 대답은 점점 더 눈이 멀어가는 바리새인들을 화나게 했다. 태어나면서부터 죄에 빠져 있던 사람이 힘있고 교육받은 선한 그들을 어떻게 감히 가르치려 들 수 있단 말인가? 얄궂게도 바리새인들은 "누가 죄를 지었는가?"라고 물었던 제자들의 질문에 "소경이 죄를 지었다"라고 대답하고 있다. 격분한 그들은 회당에서 그를 쫓아내었다. 일 세기 당시 그것은 그 사람을 사회적으로 추방시키는 것이었다. 그러나 그에게는 별 문제될 것이 없었다. 이미 평생을 길에서 구걸하며 살아온 그였다. 건달과 거지가 그의 친구들이었다. 바리새인들은 자신들이 고용하지 않은 사람을 해고시킨 격이 되었다.

예수님께서 그 소식을 듣고 그를 찾아가셨다. 처음 만났을 때는 예수님께서 그 사람을 보았고 그 사람도 예수님을 눈으로 볼 수 있었다. 그러나 이번에 그는 예수님을 마음으로 볼 수 있었다. 외적인 치유가 먼저 이루어진 다음 내적인 치유도 이루어졌다.

예수께서 저희가 그 사람을 쫓아냈다 하는 말을 들으셨더니 그를 만나사 가라사대 "네가 인자를 믿느냐?" 대답하여 가로되 "주여, 그가 누구시오니이까? 내가 믿고자 하나이다." 예수께서 가라사대 "네가 그를 보았거니와 지금 너와 말하는 자가 그이니라." 가로되 "주여, 내가 믿나이다." 하고 절하는지라. 예수께서 가라사대 "내가 심판하러 이 세상에 왔으니 보지 못하는 자들을 보게 하고 보는 자들은 소경 되게 하려 함이라" 하시니 (요 9:35~39).

예수님은 그 사람과 관계를 맺으심으로 치유를 마치셨다. 하나님만을 예배하던 일 세기 당시의 유대인에게 그 관계는 충격적인 것이었다. 그의 경배를 받으심으로 예수님은 자신이 심판할 수 있는 권위를 가진 하나님이심을 단언하셨다. 그리고 스스로 보고 있다고 생각하는 눈먼 재판관들을 심판하시며 마무리를 지으셨다.

동정심의 비결

사람들을 대할 때 가장 먼저 생각하는 것은 그들을 구원하는 것이지 판단하는 것이 아니라고 예수님은 말씀하셨다. "내가 온 것은 세상을 심판하려 함이 아니요, 세상을 구원하려 함이로라." (요 12:47) 이 말씀은 예수님의 생애 전체를 묘사할 뿐 아니라 소경을 만났던 때와 같은 각각의 순간들을 묘사해 주기도 한다. 나는 그런 순간들이 내게 어떤 의미가 있는지를 조금씩 배워나가고 있다.

여덟 사람이 하나의 화장실을 사용하고, 아침을 급히 먹고, 일곱 개의 도시락을 챙긴 다음 칭얼거리고 불평하면서 각자 세 개의 다른 버스를 향해 달려나가는 상황, 즉 잠시 동안 정신을 쏙 빼놓는 상황이 거의 매일 아침 우리 집에서 볼 수 있는 광경이다. 하루는 아내가 넌덜머리를 내며 식구들 모두에게 분풀이를 했다.

내 방식대로라면 아내에게 그럴듯한 조언을 해주었겠지만 예수님을 관찰하면서 나는 사람들의 행동을 고쳐 주려고 급하게 나서는 것은 일종의 판단과 같은 것임을 보기 시작했다. 그래서 멈추어 서서 아내의 기분이 어떤지를 물으며 아내의 세계 속으로 들어갔다. 아내는 거의 한 시간 가량 감정을 쏟아 놓았다. 마침내 큰 아이들이 도와주지 않는 것 때문에 아내가 힘들어하고 있다는 사실을 알게 되었다. 일단 진짜 문제가 무엇인지를 이해하게 된 나는 아내를 어떻게 도와주어야 할지 알 수 있었다.

그날 밤 나는 큰 아이들을 불러 엄마가 무엇을 힘들어하고 있는지를 설명해 주고, 아이들이 도와 주어야 할 집안 일을 분담해준 다음 각자 맡아서 해야 할 내용을 종이에 적어 냉장고에 붙였다. 그리고 각자 맡은 일을 제대로 하지 않을 경우 아빠가 집안에서 고약한 사람의 역할을 하게 될 것이라고 말해 주었다. 아내의 어려움을 나의 어려움으로 떠맡았다. 사랑은 짐을 없애는 것이 아니다. 다만 그 짐을 다른 어깨, 곧 우리의 어깨 위로 옮겨 놓는 것이다.

몇 개월 후, 그 당시 열일곱 살이었던 우리 집 큰딸 커트니(Courtney)가 어느 날 친구들과 함께 나갔다가 밤늦게 집으로 돌아왔다. 뒷문을 통해 들어온 커트니는 곧 내게 신경질을 부렸다. 부엌 바닥 청소를 해야 했기 때문이었다. 나는 아무 말도 하지 않았지만 자기가 맡은 일을 해야 했기 때문에 그저 불평을 늘어놓기 시작했던 것이다. 나는 대가족인 우리 식구 모두 각자 맡은 일을 해야 하며, 한 공동체의 일원이라면 맡은 일을 해야 한다는 사실을 상기시켜 주고 싶었다. 부모들이 늘 하는 그런 판에 박힌 설교 말이다.

그러나 다른 사람을 판단하려는 내 성향을 자제하면서 입을 다물었다. 그리고 커트니에게 하고 싶은 말이 있는지 물어보았다. 커트니는 말하고 싶어하지 않았다. 그래서 부엌 바닥 쓰는 일을 도와 주겠다고 했더니 싫다고 했다. 결국 손해볼 것 없다는 생각을 하며 "커트니, 잠깐 앉아 봐"라고 말했다. 커트니는 자리에 앉았고 나는 무슨 일이 있었는지를 물었다. 그러자 친구들 중 한 아이가 자신을 어떻게 무시하고 판단했는지를 쏟아놓았다. 함께 이야기하는 동안 커트니는 마음이 편안해졌고 분노는 모두 가라앉았다. 커트니가 이야기를 다 끝낸 후 나는 부엌 바닥 쓰는 일을 도와 주었다. 내가 처음에 하고 싶었던 대로 몰아 부치며 커트니를 판단했더라면 내 딸을 사랑해 주고 딸의 눈을 통해 세상을 보게 되는 기회를 가질 수 없었을 것이다.

판단은 반사적이며 급하고 이성을 앗아가는 반면, 동정심은 서두르지 않고 사려 깊다. 한발 늦춤으로 나는 동정심을 느낄 수 있었고 아내와 커트니 두 사람 모두와 더 가까워질 수 있었다. 내가 급하게 판단했더라면 두 사람 모두와 멀어지게 되었을 것이다. 판단은 사람 사이를 갈라놓고 그 결과 공동체를 파괴한다. 그러나 동정심은 연합하게 하고 공동체를 세운다.

장애인들을 돕기 위해 하버드대학에서 가르치는 일을 뒤로 한 헨리 나우웬(Henri Nouwen)은 이렇게 말했다.

다른 사람들을 섬기기 위해 우리는 그들을 향해 죽어 있어야 한다. 즉 우리 취지대로 평가하기를 포기하고 다른 사람들의 기준을 중시해야 한다. 우리 이웃을 향해 죽어 있다는 것은 그들을 판단하고 평가하는 일을 멈추고 자유롭게 동정심을 베풀 수 있게 된다는 뜻이다. 다른 사람들을 판단하면서 동시에 동정심을 가질 수는 없다. 왜냐하면 판단은 사람 사이를 갈라놓고, 다른 사람들과 함께 하지 못하게 만드는 차별 의식을 갖게 하기 때문이다. "비판을 받지 아니하려거든 비판하지 말라"고 하신 예수님의 말씀을 실천하기는 정말 어렵다. 그러나 그 말씀에는 동정심을 베푸는 사역을 할 수 있는 비결이 들어 있다. 동정심과 판단은 각기 서로 다른 방식으로 '본다.'[2]

판단을 멈출 때 우리는 다른 사람들을 끊임없이 분석하는 일을 멈추고 쉬게 된다. 하나님의 작품인 사람들에게서 잘못을 찾아내려 할 필요는 없다. 이해하려고 노력하는 것이 우리가 해야 할 일이다.

"내가 너보다 나아"

동정심을 가로막는 독선

 헝클어진 머리는 그 모습 그대로 드러나 자신을 포함해 모든 사람이 볼 수 있다. 그러나 입 냄새는 다르다. 다른 사람들은 그 냄새를 맡지만 자기는 맡을 수 없다. 자신이 다른 사람보다 더 낫다고 생각하는 독선은 입 냄새와 같다. 다른 사람들은 알아채지만 자신은 알아채지 못한다.

 이런 독선을 탕자의 비유에서 엿볼 수 있다. 아들이 집으로 돌아오자 아버지는 기쁨에 넘쳤지만 아버지가 동생을 위해 잔치를 베풀었다는 소식을 들은 큰아들은 격분했다.

저가 노하여 들어가기를 즐겨 아니하거늘 아버지가 나와서 권한대 아버지께 대답하여 가로되 "내가 여러 해 아버지를 섬겨 명을 어김이 없거늘 내게는 염소 새끼라도 주어 나와 내 벗으로 즐기게 하신 일이 없더니 아버지의 살림을 창기와 함께 먹어버린 이 아들이 돌아오매 이를 위하여 살진 송아지를 잡으셨나이다!"(눅 15:28~30)

작은아들과 비교해 볼 때 큰아들은 정말 착한 아들이었다. 그러나 그는 자신의 업적만을 보았다. 자신이 잘한 일만을 생각했기 때문에 아버지가 동생을 보듯 그렇게 볼 수 없었다. 그가 잘한 일이 그를 얼어붙게 만들었고 그래서 동생을 환영할 수 없었다. 판단과 마찬가지로 독선 역시 동정심을 막는다.

독선에 대한 공부

복음서 전체를 통해 예수님은 독선적인 사람들, 특히 바리새인들을 엄하게 대하셨다.

한 바리새인이 예수께 자기와 함께 잡수시기를 청하니 이에 바리새인의 집에 들어가 앉으셨을 때에 그 동네에 죄인인 한 여자가 있어 예수께서 바리새인의 집에 앉으셨음을 알고 향유 담은 옥합을 가지고 와서 예수의 뒤로 그 발 곁에 서서 울며 눈물로 그 발을 적시고 자기 머리털로 씻고 그 발에 입맞추고 향유를 부으니 예수를 청한 바리새인이 이것을 보고 마음에 이르되 "이 사람이 만일 선지자라면 자기를 만지는 이 여자가 누구며 어떠한 자 곧 죄인인 줄을 알았으리라" 하거늘(눅 7:36~39).

예수님은 잘 알려진 랍비였다. 그래서 한 바리새인의 집에 초대받은 소식이 온 동네에 퍼졌을 것이다. 이 이야기에 나오는 사람들은 모두

예수님께서 회당에서 가르치는 것을 들었을 것이다.[1]

유대인들은 식탁을 바라보며 다리를 옆으로 뻗고 비스듬히 앉아 식사하는 헬라인들의 잔치 문화를 받아들였다. 그리고 잔치를 베푸는 주인은 샌들을 신고 먼지 나는 길을 걸어온 손님들이 발을 씻을 수 있게 해주었다. 그러나 이 사건에서는 죄인인 한 여자가 예수님의 발을 씻어 주었다.

그것을 본 시몬은 예수님께서 그녀를 모르고 있다고 생각했다. 바리새인들은 외관을 매우 중시했다. 그래서 외관을 개념치 않으시는 예수님이 시몬에게는 상당한 충격이었다. 그러나 시몬은 좋은 사람으로 보이고 싶었기 때문에 솔직하게 예수님을 대면하기보다는 혼자 속으로 이렇게 생각했다. '이 여자가 … 죄인인 줄을 알았으리라.' 여기서 '죄인'이란 단어는 그 여자가 간음죄를 지었다는 회당의 판결을 받았거나 아니면 창기였음을 뜻했다. 시몬은 예수님이 선지자가 아니라 가짜라는 결론을 내렸다. 그 여자를 알아보지 못하는 것처럼 보였기 때문이었다. 그러나 예수님은 그 여자가 어떤 사람인지 잘 알고 계셨을 뿐 아니라 시몬이 정말로 어떤 사람인지 알고 계셨다.

시몬에게 확신을 주기라도 하듯 예수님은 깜짝 놀랄만한 행동을 하셨다. 그 상황을 생각해 보자. 식탁에 기대어 앉아 있는데 매력적인 여자가 들어와 발 앞에서 눈물을 흘리고 있는 장면을 상상해 보라. 눈물에 젖은 발을 닦기 위해 긴 머리를 풀어 내렸다(그 당시 여자들은 남편 앞에서만 머리를 풀어 내렸다). 그리고 머리로 예수님의 발을 닦고 발에 입을 맞추었다. 그리고는 마침내 목에 걸고 온 작은 향수병을 꺼내어 그것을 발에 부었다. 사람들이 모두 바라보고 있었다. 잘 알려진 창기가 발을 만지고 거기다 입을 맞추었다. 아마도 상당히 불편하게 느껴졌을 것이다. 매우 사적이고 친밀한 행동이 공개적으로 행해졌다! 어느 문화에서나 이런 상황에 처하게 되면 대부분의 남자들은 굉장히 당황할 것이다.

그러나 예수님은 다른 사람들에게는 별로 개의치 않으시는 듯했다. 여인이 가까이 다가가는 것을 허락해 주셨을 뿐 아니라 여인의 관심을 기분 좋게 받아들이시는 것처럼 보였다. 예수님의 사랑을 느끼며 그녀는 발 앞에서 눈물을 흘렸다. 자신의 죄 때문에 마음이 찢어지는 듯했다. 사람들을 사랑하는 이 자비롭고 은혜로운 사람과 비교해 볼 때 사랑을 얻으려 했던 자신의 지난날은 모두 헛된 것이었다. 예수님은 시몬에게 주의를 돌리셨다.

예수께서 대답하여 가라사대 "시몬아, 내가 네게 이를 말이 있다" 하시니 저가 가로되 "선생님, 말씀하소서." 가라사대 "빚 주는 사람에게 빚 진 자가 둘이 있어 하나는 오백 데나리온을 졌고 하나는 오십 데나리온을 졌는데 갚을 것이 없으므로 둘 다 탕감하여 주었으니 둘 중에 누가 저를 더 사랑하겠느냐?" 시몬이 대답하여 가로되 "제 생각에는 많이 탕감함을 받은 자니이다." 가라사대 "네 판단이 옳다" 하시고 여자를 돌아보시며 시몬에게 이르시되 "이 여자를 보느냐? 내가 네 집에 들어오매 너는 내게 발 씻을 물도 주지 아니하였으되 이 여자는 눈물로 내 발을 적시고 그 머리털로 씻었으며 너는 내게 입맞추지 아니하였으되 저는 내가 들어올 때로부터 내 발에 입맞추기를 그치지 아니하였으며 너는 내 머리에 감람유도 붓지 아니하였으되 저는 향유를 내 발에 부었느니라. 이러므로 내가 네게 말하노니 저의 많은 죄가 사하여졌도다. 이는 저의 사랑함이 많음이라. 사함을 받은 일이 적은 자는 적게 사랑하느니라"(눅 7:40~47).

예수님은 그 여인 못지 않게 시몬 역시 죄 사함을 받아야 한다는 사실을 깨닫게 해주시려고 그에게 이 비유를 말씀하셨다. 시몬은 잘 알려진 랍비를 물과 입맞춤과 감람유로 맞이해야 하는 환영 인사를 제대로 하지 못했다. 이런 예의를 갖추지 않은 것은 예수님을 자신보다 하위에 두는 처사였다. 시몬은 예수님께서 집안으로 들어오기 전부터 예수님을 판단하고 있었다.[2] 그의 독선이 예수님과 여인, 자신의 시야를 흐려 놓았다. 그의 자만심은 창기만큼이나 역겨운 것이었다.

비유를 말씀하신 후 예수님은 여인을 보셨다. 여인을 보시며 시몬에게 말씀하셨다. "이 여자를 보느냐?" 예수님은 시몬이 판단을 멈추고 보게 되기를 원하셨다. 시몬은 그녀의 과거를 알 뿐이었다. 그러나 예수님은 현재의 그녀를 보고 계셨다. 시몬은 한 부류를 보았지만 예수님은 변화된 한 사람을 보셨다. 시몬은 소경은 볼 수 없고 죄인은 회개하지 않는다는 일정한 틀을 가지고 그 틀에 사람들을 끼워 맞추는 경직된 시야를 가지고 있었다.

자신은 훌륭한 사람이라는 생각으로 꽉 차 있었기 때문에 시몬은 그 여자를 볼 수 없었다. 이상하게 보이겠지만 그의 만족스런 자아상이 사랑하지 못하도록 그를 막고 있었다. 그 여자를 보고 놀란 그의 충격은 1)나는 이 여자가 한 그런 나쁜 짓은 결코 하지 않았을 것이다. 그러므로 2)나는 이 여자보다 낫다. 따라서 3)내게는 예수님께서 주시는 것이 아무 것도 필요하지 않다는 생각에 그 뿌리를 두고 있다. 예수님의 둔탁한 비유와 책망은 내가 너보다 낫다라고 생각하는 시몬의 자세를 깨우치기 위한 것이었다.

독선은 시몬에게서 볼 수 있는 경직된 시야로 우리를 둘러쌀 뿐 아니라 우리의 세상이 흐릿해지는 것을 막아준다. 훌륭한 사람들인 우리는 모든 것을 분명하게 규정할 수 있고 모든 사람이 제자리에 있을 때 편안함을 느낄 수 있다. 바리새인들은 죄인들을 보며 자기들은 아무 이상 없다는 위안을 받으려 했다.

예수님은 시몬을 책망하심으로 그 여자에게 힘을 주셨다. 그녀를 공개적으로 변호해 주고 높여 주셨다. 일 세기 당시 멸시받던 사람을 (일반적으로 모든 여성들, 그리고 특히 창기들) 높여 주고, 존경받던 사람을(종교 지도자들) 낮추신 것을 생각해 볼 때 그 여인에 대한 칭찬은 중요한 의미를 갖게 된다. 공개석상에서 자신에게 가까이 다가온 여자에게 돌을 던진 한 랍비는 그 행동에 대한 찬사를 받았다!

예수님은 여자에게 동조함으로 시몬의 경멸을 받을 수도 있는 가능성을 열어 놓으셨다. 그녀를 죄에서 떠나게 하셨지만 그 과정에서 그녀의 평판에 따르는 오명을 떠안으셨다. 그녀의 죄를 용서하기 위해 대가를 지불하셨다.

이에 여자에게 이르시되 "네 죄 사함을 얻었느니라" 하시니 함께 앉은 자들이 속으로 말하되 "이가 누구이기에 죄도 사하는가?" 하더라. 예수께서 여자에게 이르시되 "네 믿음이 너를 구원하였으니 평안히 가라" 하시니라.

(눅 7:48~50)

예수님께서 그녀의 죄를 용서하심으로 그녀에 대한 '치료'를 마치셨다. 무언가 잘못을 저지르게 되면 그 잘못에서 벗어나고 싶다. 상처를 준 사람과 이야기하는 것이 도움은 되지만 때로는 그렇게 할 수 없을 때도 있다. 예수님의 용서는 그녀를 죄에서 벗어나게 해주었다.

시몬은 자신의 교만한 마음과 용서받아야 할 필요를 보지 못하는 불구였다. 그러나 죄 때문에 한때 불구가 된 자신의 모습을 보고 죄 용서를 받아야 한다는 사실을 깨달은 여자는 환영받는 일만 남아 있었다. 죄를 용서받고 과거의 잘못이 잊혀지고 인간의 존엄성을 되찾게 된 그녀는 평화로운 마음으로 떠날 수 있었다. 죽은 아들의 부활로 공동체를 회복할 수 있었던 과부처럼 예수님은 용서를 기초로 한 새로운 공동체에 속할 수 있도록 그녀를 환영해 주셨다.

시몬의 초대를 받았던 손님들은 충격을 받았다. 우리는 우리에게 상처를 준 사람을 용서해 줄 수는 있지만 모르는 사람의 죄를 용서해 주면서 돌아다니지는 않을 것이다. 예수님께서 다른 한 사람의 죄를 용서해 주신 일이 있었을 때 사람들은 이렇게 말했다. "이 사람이 어찌 이렇게 말하는가? 참람하도다. 오직 하나님 한 분 외에는 누가 능히 죄를 사하겠느냐?"(막 2:7) 자신을 하나님이라고 선언하는 것과 같은 예수님의 죄 사함은 손님들을 화나게 만들었다. '저 사람 자기를 도대체 누구라고 생각하는 거야? 어떻게 자기가 저 여자를 용서할 수 있다는 거야?'라고 그들은 생각했다. 그들의 이런 반응은 이해할 만하다. 수(Sue)가 조(Joe)에게 상처를 주면 조는 수에게 "널 용서할께."라고 말할 수 있다. 그러나 제삼자인 어떤 사람이 수에게 "조에게 상처 준 거 내가 용서해 줄께"라고 말할 수 있겠는가? 말도 안 되는 소리다. 그러나 모든 죄는 궁극적으로 하나님을 대적하는 것이다. 따라서 예수님이 하나님이라면 예수님의 이 말씀은 당연히 일리가 있는 말이다.

예수님은 동정심 때문에 여자의 죄를 무마시키려 하지는 않으셨다. 여인의 죄를 심각하게 다루셨다. 그 어떤 독선의 실마리도 보이지 않으면서 여자에게는 자비의 메시지를 전해 주셨고 시몬에게는 책망의 메시지를 전하셨다. 일반적으로 우리는 동정심을 보이는 사람들을 친절한 간호사처럼 좋은 사람들이라 생각한다. 그러나 그들은 야비한 수금원들일 수도 있다. 그러나 예수님은 시몬과 여인 모두에게 동정심을 가지셨을 뿐 아니라 그들을 정직하게 대하셨다.

우리는 엉망진창이다

다음 비유에서 예수님은 독선을 집중적으로 겨냥하셨다.

또 자기를 의롭다고 믿고 다른 사람을 멸시하는 자들에게 이 비유로 말씀하시되 "두 사람이 기도하러 성전에 올라가니 하나는 바리새인이요, 하나는 세리라. 바리새인은 서서 따로 기도하여 가로되 '하나님이여, 나는 다른 사람들 곧 토색, 불의, 간음을 하는 자들과 같지 아니하고 이 세리와도 같지 아니함을 감사하나이다. 나는 이레에 두 번씩 금식하고 또 소득의 십일조를 드리나이다' 하고 세리는 멀리 서서 감히 눈을 들어 하늘을 우러러보지도 못하고 다만 가슴을 치며 가로되 '하나님이여, 불쌍히 여기옵소서. 나는 죄인이로소이다' 하였느니라." 내가 너희에게 이르노니 "이 사람이 저보다 의롭다 하심을 받고 집에 내려갔느니라. 무릇 자기를 높이는 자는 낮아지고 자기를 낮추는 자는 높아지리라" 하시니라(눅 18:9~14).

이 비유는 듣는 사람들을 놀라게 했을 것이다. 바리새인은 사실상 재활용을 잘하고, 공과금을 기간 내에 잘 납부하고, 잔디를 깎고, 기부금을 내고, 아이들에게 야구를 가르치고, 아내를 때리거나 바람을 피우는 일이 없는 좋은 사람이다. 그는 전성기를 보내는 훌륭한 시민을 대표하는 사람이다.

한편, 세리는 돈을 위해 로마 정부에 조국을 팔아먹은 사람이다. 그는 환경을 도외시한 상가를 계획하는 택지 개발업자이며 처녀림을 마구 베어내는 벌목꾼이며, 구전을 챙기기 위해 주식을 팔라고 조언해 주는 증권 중매인이다. 그는 법을 어기기보다는 오히려 자기 주머니를 채우기 위해 법을 이용하는 편이다. 어느 사회에나 '세리들'이 있고 누구나 그들을 싫어한다.

바리새인은 자기 자신을 속인 반면 세리는 엉망이 된 자기 자신의 진정한 모습을 보았기 때문에 예수님은 바리새인보다 세리를 더 좋아하셨다. 비유의 핵심은 분명하다. 모든 것을 다 갖춘 사람은 아무도 없다. 모든 사람의 삶이 상당히 뒤죽박죽이다. 우리 모두는 도움이 필요하다.

바리새인은 교만 때문에 자기 자신을 선명하게 볼 수 없었다. 그러나 시몬의 집에서 보았던 여자처럼 세리는 자신의 삶이 잘못되어 가고 있음을 알고 있었다. 하나님과 내기를 하면서 사람들을 함부로 대하는 자기 중심적인 삶을 살고 있는 자신을 알고 있었다. 그는 그런 자신을 알았고 그런 자신이 싫었다. 그래서 도움을 구했다. 그저 단순한 도움이 아니라 완전한 정밀 검사가 필요했다. 그래서 "하나님이여, 불쌍히 여기옵소서. 나는 죄인이로소이다"라고 외쳤다. 그는 환경이 아니라 자신이 바로 인생을 엉망진창으로 만들어버린 장본인이라는 극히 중대한 결론에 도달했다. 그의 마음은 몸짓으로도 나타났다. 멀리 서서 감히 눈을 들어 하늘을 우러러보지도 못하고 가슴을 쳤다. 더 이상 혼자는 인생을 감당할 수 없었다. 예수님은 바리새인의 자랑스런 업적보다 이 사람의 솔직함을 더 사랑스럽게 보셨다.

엉망진창이 된 자신을 인정함

자신이 엉망진창이라는 사실을 인정하

게 되면 커다란 위안을 얻을 수 있게 된다. 자신의 내면을 들여다보면 직관적으로 자신의 필요를 먼저 돌보게 될 것이다. 간단하게 자신을 점검해 보기 위해 다음 바리새인의 기도를 완성해 보라. 이 점검은 우리 내면의 바리새인을 접해 보는 간단한 방법이 될 수 있다.

"하나님이여, 나는 다른 사람들 ＿＿＿＿＿ 곧 (귀찮고 못살게 구는 사람들)과 같지 아니하고 ＿＿＿＿＿ (귀찮고 못살게 구는 특정한 한 사람)와도 같지 아니함을 감사하나이다. 나는 ＿＿＿＿＿ (다른 사람들이 하지 않는 착한 일)을 하였나이다."

자신이 엉망진창이라는 사실을 안다는 것은 더 이상 모든 일이 잘 되어가고 있는 것처럼 가장하지 않는다는 것을 의미한다. 예수님께서 "좀 쉬게나. 자네는 자네가 생각하는 것보다 훨씬 더 엉망이야!"라고 말씀하신다.[3] 이 방향으로 나아가는 것은 좀 두려운 일이다. 왜냐하면 다른 사람들에게 우리 이미지를 좋게 보이도록 가장하는 것을 포기해야 하기 때문이다.

예수님은 그의 청중들이 뒤죽박죽인 채로 살아가는 것을 원치 않으신다. 세리처럼 하나님께로 돌아와 "하나님이여, 불쌍히 여기옵소서. 나는 죄인이로소이다"라고 말하게 되길 바라신다. 자기 내면에 있는 세리를 접하는 것은 하나님의 능력이 우리 삶 속에서 드러나게 될 여지를 마련하는 것이다. 예수님은 "이 사람이 저보다 의롭다 하심을 받고 집에 내려갔느니라. 무릇 자기를 높이는 자는 낮아지고 자기를 낮추는 자는 높아지리라"고 말씀하시며 비유를 결론지으셨다. 하나님을 향해 나아가는 첫걸음은 자신이 잘못된 길을 가고 있다는 사실을 인식하는 것이다. 잘 생각해 보면 이 인식은 실제로 우리를 자유롭게 한다. 가면을 벗어버리고 자신의 본래 모습으로 돌아가 편안함을 얻을 수 있기 때문이다.

자신이 완전하지 않다는 사실을 인식할 때 우리는 다른 사람들을 돌볼 수 있게 된다. 더 이상 다른 사람들보다 도덕적으로 우월하다고 생각하지 않기 때문이다. 그리하여 충고하기보다는 도와주는 일을 먼저 하며, 설교를 늘어놓기보다는 들어줄 수 있게 된다. 여자가 보여준 친절한 행동을 보시며 예수님은 시몬에게 이렇게 말씀하셨다. "이는 저의 사랑함이 많음이라." 또한 시몬의 냉담함을 보시고 이렇게 말씀하셨다. "사함을 받은 일이 적은 자는 적게 사랑하느니라."

예수님에 의하면 우리는 모두 용서받아야 한다. 하나님과 다른 사람들에게 자신이 부적격하다는 것을 알 때 동정심을 가질 수 있다. 그러나 하나님과 다른 사람들 앞에서 자신을 의롭게 생각할 때 우리는 다른 사람들과 함께 어울려 살기 어려운 자기 중심적인 사람이 된다. 자신을 더 낫다고 생각하면 할수록 자신을 덜 사랑하게 된다. 그러나 자신의 필요를 더 많이 보면 볼수록 더 많은 도움을 구하게 되며, 다른 사람들의 필요도 볼 수 있기 때문에 그들을 더 많이 도와 주게 될 것이다.

"이렇게만 해야 해"

동정심을 가로막는 율법주의

아직도 펜실베니아에서는 일요일날 낚시하는 데 사용할 손전등을 사서는 안 되지만 인후염을 들여다보는 데 사용하는 손전등은 살 수 있다는 '엄격한 규정'을 따르고 있다. 내가 어렸을 때 우리 집에도 비슷한 규정이 있었다. 일요일에는 종교 서적만을 읽을 수 있었다. 일요일은 하나님에 관한 생각만 하면서 쉬는 날이었다.

율법주의는 '일 주일에 하루 쉬는 날'과 같은 좋은 규칙을 도입하여 사람들을 배려하지 않는 엄격한 체제를 만들어 낸다. 판단과 독선이 동정심을 막는 것처럼 율법주의 역시 동정심을 막을 수 있다. 규율을 잘 지킴으로서 자신의 선함을 부각시킬 수 있기 때문에 율법주의는 독선을 강화하며, 또한 맞는지 틀리는지 애매한 상황을 제거해 주고 판단을 조직화 하기 때문에 율법주의를 따르게 되면 사랑에 대해서는 생각할 필요가 없게 된다.

율법주의가 작용하는 방식

한 바리새인의 집에서 예수님이 하신 일을 살펴보면서 율법주의가 어떻게 작용하는지를 알아볼 수 있다.

예수께서 말씀하실 때에 한 바리새인이 자기와 함께 점심 잡수시기를 청하므로 들어가 앉으셨더니 잡수시기 전에 손 씻지 아니하심을 이 바리새인이 보고 이상히 여기는지라. 주께서 이르시되 "너희 바리새인은 지금 잔과 대접의 겉은 깨끗이 하나 너희 속인즉 탐욕과 악독이 가득하도다. 어리석은 자들아, 밖을 만드신 이가 속도 만들지 아니하셨느냐? 오직 그 안에 있는 것으로 구제하라. 그리하면 모든 것이 너희에게 깨끗하리라. 화 있을진저, 너희 바리새인이여. 너희가 박하와 운향과 모든 채소의 십일조를 드리되 공의와 하나님께 대한 사랑은 버리는도다. 그러나 이것도 행하고 저것도 버리지 아니하여야 할지니라. 화 있을진저, 너희 바리새인이여, 너희가 회당의 높은 자리와 시장에서 문안 받는 것을 기뻐하는도다"(눅 11:37~43).

바리새인이 예수님께 바란 것은 그저 식사하기 전에 먼저 손을 씻는 것이었다. 그런데 예수님은 왜 그렇게 화를 내신 것일까? 예수님은 율법에 얽매여 사랑하지 못하는 유대인 사회에 깊이 배어 있는 율법주의에 반대하신 것이다. 바리새인들은 매번 손을 씻을 때마다 '손을 씻지 않는 사람들보다 내가 낫지'라고 생각하며 흐뭇해 했다.

예수님은 겉과 속이 다른 바리새인들을 꾸짖으셨다. 그들은 박하와 운향과 모든 채소의 십일조는 정확하게 계산해 드렸지만 가난한 사람들은 외면했다. 사람들의 평판에만 관심을 쏟았기 때문에 사람들 앞에서 하는 행동과 사적으로 하는 행동이 서로 달랐다. 예수님께서 그런 그들에게 이렇게 말씀하셨다. "회당의 높은 자리를 좋아하는도다." 또 한번은 바리새인들을 이렇게 묘사하셨다. "저희 모든 행위를 사람에게 보이고자 하여 하나니"(마 23:5). 사랑을 행하는 사람들은 다른 사람들을 보는 반면 율법주의자들은 다른 사람에게 보여지기를 원한다.

율법주의자는 자신의 가치를 사람들의 평가에서 찾기 때문에 율법주의가 정체성과 조직체를 갖게 해주는 하나의 우상처럼 작용하게 된다. 고대 근동 사회는 로마나 헬라 또는 유대인 등 특별한 그룹의 관습에 부합하는지에 따라 사람들을 평가하는, 체면과 면목을 중시하는 문화였다. 그 사회의 규율과 관례를 알아야 사람들에게 인정받을 수 있었다. 그래서 바리새인들은 자기들의 규율과 관례를 집요하게 고수하려 했다. 우리 사회 역시 같은 방식으로 규율을 고수하고 있다. 여자들은 아이들을 완벽하게 양육하고 멋지게 보이면서 또한 직장인으로 출세를 해야 한다. 남자들 역시 여자들과 마찬가지로 이 모든 것을 다 감당하면서 또한 섬세하고 매력적이기까지 해야 한다. 우리 문화의 한 형태가 된 이 율법주의가 우리를 지칠 대로 지치게 만들고 있다.

예수님께서 이 문제의 핵심을 지적하시며 이렇게 말씀하셨다. "너희 바리새인은 지금 잔과 대접의 겉은 깨끗이 하나 너희 속인즉 탐욕과 악독이 가득하도다." 이 말씀은 의식 절차에 따라 깨끗한 잔과 대접만을 사용했던 바리새인들의 관례를 지적하시며 율법주의의 잘못을 보여 주기 위한 비유로 하신 말씀이다. 잔의 속이 더럽다면 겉을 아무리 깨끗하게 한들 무슨 소용이 있단 말인가? 사람들에게 보이기 위해 외적인 선을 강조하는 것은 내적인 악을 가리기 위한 가면이다. 즉 행동뿐 아니라 그 마음까지 악한 것이다.

율법주의는 악한 동기를 해결하려 하지 않기 때문에 사랑을 낳을 수 없다. 잔의 속은 기본적으로 깨끗하다고 전제한다. 그래서 그저 옳게 행동하기만 한다면 아무 이상 없다고 생각한다. 그리고 스스로 규율을 지킬 수 있을 것처럼 보이기 때문에 규율 그 자체가 상당한 위안을 가져다 준다. 그러나 예수님께서는 바로 그런 우리의 자세가 문제였다. 인간 '자아'의 문제는 그대로 두고 규율에만 초점을 맞추는 것은 바다 속에 빠져 들어가는 타이타닉의 갑판 위에 의자를 정리하려는 것과 같다.

진짜 문제

바리새인들의 식사에 관련된 율법적인 관례를 비난하신 후 예수님은 율법주의가 왜 잘못된 것인지를 더 분명하게 보여 주셨다. 그것은 바로 우리 속에 있는 악한 성향 때문이다.

무리를 다시 불러 이르시되 "너희는 다 내 말을 듣고 깨달으라. 무엇이든지 밖에서 사람에게로 들어가는 것은 능히 사람을 더럽게 하지 못하되 사람 안에서 나오는 것이 사람을 더럽게 하는 것이니라 … 속에서 곧 사람의 마음에서 나오는 것은 악한 생각 곧 음란과 도적질과 살인과 간음과 탐욕과 악독과 속임과 음탕과 흘기는 눈과 훼방과 교만과 광패니 이 모든 악한 것이 다 속에서 나와서 사람을 더럽게 하느니라"(막 7:14~16, 21~23).

예수님께서 하신 이 평가의 정확성을 시험해 보기 위해 종이를 한 장

꺼내 놓고 동료들이나 가족들에 대한 자신의 생각을, 좋은 것이건 좋지 않은 것이건 적어 내려가 보라. 모든 비난, 염려, 동정심, 시기심 등등. 자신이 정말로 생각하고 있는 것을 모두 다 솔직하게 적으라. 그런 다음 갈기갈기 찢어 버려라!

예수님은 세상이 아름답긴 하지만 파괴된 상태에 있다고 생각하셨다. 사람들은 사랑하는 삶을 살도록 지어졌지만 상한 상태가 되었다. 우리는 정교하고 우아하지만 산산조각 나버린 도자기와 같다. 각각의 파편 속에서 여전히 그 아름다움을 엿볼 수 있지만 어딜 봐도 모두 다 깨진 조각들뿐이다. 그렇다. 어디에서나 우리는 아름다움과 상처를, 사랑과 미움을, 관대함과 욕심을 함께 본다. 모든 것이 보다 더 나은 것을 소리쳐 요구하고 있다.

악이 한번의 침입에 불과하다면 그 해결은 가능하다. 그리고 소망을 가질 수 있다. 그러나 잘못된 세상을 '자연스런' 것으로 받아들인다면 문제가 심각하다. 고물 자동차가 교차로에서 말썽을 피워 소동을 일으킬 때처럼 우리는 아주 어려운 곤경에 빠지게 된다. 우리가 원래 잘못되었다면, 마치 고물 자동차와 같은 불량품이라면 우리는 쓰레기로 처리되어야 한다. 이것이 프로이드의 관점이었다. 그는 이렇게 말했다. "전반적으로 나는 인간에게 '선한' 것을 거의 찾아보지 못했다. 내 경험에 의하면 대부분이 쓰레기에 불과했다."[1] 그는 인간에게 거의 아무런 희망도 가질 수 없었다. 그러나 예수님은 좋은 소식을 선포하셨다. 즉 예수님을 통해 하나님께서 악을 멸하실 것이라는 소식이었다.

예수님은 사람들이 좋은 소식을 들을 수 있도록 나쁜 소식을 말씀하셨다. 세리(세리와 바리새인의 비유에서)는 자신에 대한 나쁜 소식을 접하게 되었을 때 더 이상 자신을 가장할 수 없게 되었고 그래서 하나님께서 그를 용서하셨다. 그러나 자신의 선행에 대한 율법주의에 빠진 바리새인은 자신이 용서받아야 한다는 사실을 깨닫지 못했고 그래서 그는 용서받지 못했다. 우리의 절망은 하나님을 알게 되는 문을 열어 준다. 마음은 그대로이면서 규율에만 얽매이는 것은 스프레이 페인트를 뿌려 겉만 깨끗하게 만들어 놓은 쓰레기와 같다.

눈앞의 일밖에는 생각하지 않는 율법주의

예수님의 친한 친구였던 마리아와 마르다의 이야기 속에서도 우리는 교묘한 율법주의를 엿볼 수 있다.

저희가 길 갈 때에 예수께서 한 촌에 들어가시매 마르다라 이름하는 한 여자가 자기 집으로 영접하더라. 그에게 마리아라 하는 동생이 있어 주의 발아래 앉아 그의 말씀을 듣더니 마르다는 준비하는 일이 많아 마음이 분주한지라. 예수께 나아가 가로되 "주여, 내 동생이 나 혼자 일하게 두는 것을 생각지 아니하시나이까? 저를 명하사 나를 도와 주라 하소서." 주께서 대답하여 가라사대 "마르다야, 마르다야, 네가 많은 일로 염려하고 근심하나 그러나 몇 가지만 하든지 혹 한 가지만이라도 족하니라. 마리아는 이 좋은 편을 택하였으니 빼앗기지 아니하리라" 하시니라(눅 10:38~42).

일 중심적이었던 마르다는 일에 마음을 두었다. 마르다가 그녀의 집으로 예수님을 초대해 식사 대접을 하고 있는 것으로 보아 아마도 마르다는 언니였던 것으로 보인다. 마르다는 유능하고 책임감이 강하고 주도권을 행사하는 등 맏이들이 보이는 전형적인 성품을 지니고 있었다. 마르다의 원칙은 단순했다. 귀한 손님께 존경을 표하기 위해 식사 대접을 잘해 드린다.

그런데 동생 마리아는 사람 중심적인 사람이었다. 마리아는 예수님께서 하시는 말씀을 듣고 싶었다. 마리아는 모든 일을 언니 마르다에게 맡겨 놓았을 뿐 아니라 아무것도 하지 않고 그저 앉아서 얘기를 즐기고 있었다. '발아래 앉아'라는 말은 랍비의 제자를 묘사할 때 사용되는 표현이었다(남자들만을 위한 자리. 랍비들은 여자를 가르치는 것은 죄라고 생각했).[2]

마르다는 마리아가 제자들 중의 한 사람처럼 행동해서는 안 된다고 생각했다. 남자들이랑 같이 있을 것이 아니라 부엌일을 도와야 했다. 점점 더 열을 받게 된 마르다는 이런 사실을 너무나 잘 알고 있어야 하는 랍비인 예수님이 사실 더 큰 문제라고 생각했다. 어떻게 마리아를 저렇게 두고 보실 수 있단 말인가? 지금이 일 세기라는 사실을 모르시는 것도 아닐텐데 말이다. 모든 관례를 다 잊으신 건가?

예수님의 가까운 친구였던 다른 사람들처럼 마르다 역시 자기 생각을 솔직하고 직선적으로 드러내는 사람이었다. 베드로처럼 마르다도 자신의 생각을 혼자 품고 있지 않았다. 또 "생각지 아니하시나이까?"라고 물으며 동정심이 없다고 탓하는 그녀를 예수님께서 어떻게 생각하실지에 대해서도 별 관심이 없었다.

서로 도와야 한다는 훌륭한 '나눔'의 원리가 마르다의 마음을 지배하고 있었다. 그러나 율법주의가 그 훌륭한 나눔의 원리의 한 조각을 떼내어 무기로 사용했다. 마르다는 원리를 보았을 뿐 사람은 보지 않았다. 혼란을 느낀 것이 아니라 상당히 확신에 차 있었다. 그러나 사실 그녀는 자신의 독선 때문에 혼란에 빠져 있었다. 시몬은 간음한 여인의 과거만을 보았고 마르다는 쌓인 설거지거리만을 보았다. 좋은 규칙에 충실하려다 마리아와 예수님을 보지 못하는 소경이 되었고 문제를 일으키는 사람이 되었다. 율법주의는 독선에서 나오고 또 독선을 만족시켜 준다. 사전에 미리 모든 결론을 내리기 때문에 '보지' 않는다.

간음한 여인과 소경을 보호하셨듯이 예수님은 자상하게 그러나 분명하게 마르다의 분주함을 지적하시며 마리아를 변호해 주셨다. 해야 할 일들을 앞에 놓고 바쁘고 분주한 마르다는 평온한 중심을 잃었다. 예수님은 곧 그 발 앞에 앉아 있는 것 그것만이 필요하다고 조용히 일러 주셨다. 거기 그분의 발 앞에서만이 내면의 휴식을 얻을 수 있기 때문이다.

율법주의는 이기심을 가리기 위한 것이다

예수님이 돌아가시기 엿새 전에 우리는 마리아를 다시 만날 수 있다. 마르다, 마리아와 그 오라비 나사로가 예수님을 저녁 식사에 초대했다.

유월절 엿새 전에 예수께서 베다니에 이르시니 이곳은 예수께서 죽은 자 가운데서 살리신 나사로의 있는 곳이라. 거기서 예수를 위하여 잔치할새 마르다는 일을 보고 나사로는 예수와 함께 앉은 자 중에 있더라. 마리아는 지극히 비싼 향유 곧 순전한 나드 한 근을 가져다가 예수의 발에 붓고 자기 머리털로 그의 발을 씻으니 향유 냄새가 집에 가득하더라. 제자 중 하나로서 예수를 잡아 줄 가룟 유다가 말하되 "이 향유를 어찌하여 삼백 데나리온에 팔아 가난한 자들에게 주지 아니하였느냐?" 하니 이렇게 말함은 가난한 자들을 생각함이 아니요. 저는 도적이라 돈 궤를 맡고 거기 넣는 것을 훔쳐 감이라. 예수께서 가라사대 "저를 가만두어 나의 장사할 날을 위하여 이를 두게 하라. 가난한 자들은 항상 너희와 함께 있거니와 나는 항상 있지 아니하리라" 하시니라.

(요 12:1~8)

향유는 아마도 마리아의 결혼 지참금이었을 것이다. 그렇다면 예수님께 아낌없는 사랑을 표현하기 위해 향유를 쏟아 부은 그 순간 마리아는 결혼과 아이들을 포기한 것이었다. 그 선물의 비용은 사랑의 정도를 보여준다. 복음서에서 마리아는 항상 예수님 발 앞에서 말씀을 듣거나, 울거나, 예배를 드리고 있음을 볼 수 있다. 마르다는 자신의 리듬을 놓치지 않고 여기서도 여전히 섬기고 있다. 그리고 앞에서 투덜대던 그녀의 역할을 가룟 유다가 대신 떠맡고 있다.

유다 역시 '가난한 자들에게 주라' 는 훌륭한 원리 뒤에 자신을 숨기고 있었다. 데나리온은 하루 임금이었다. 따라서 마리아는 25,000 달러를 예수님께 쏟아 부으며 낭비를 하는 것처럼 보였다. 유다의 율법주의는 자신의 탐욕과 미움을 자신에게까지 숨기고 자신을 선한 사람이라고 생각하게 만들었다. 가난한 사람들에게 돈을 주어야 한다고 주장하는 것은 영적이고 이타적인 얘기처럼 들린다. 그러나 사실 유다는 잘 관리해야 할 돈을 착복하고 있었다.

예수님은 평소 하시던 대로 유다의 가혹하고 율법적인 가식을 탓하시며 열정적으로 쏟아 붓는 마리아의 사랑을 변호해 주셨다. 유다를 책망하심으로 마리아를 보호하셨다. 시몬의 집에서 '죄인' 이었던 여인을 높여 주셨던 것처럼 마리아 역시 높여 주셨다.

누가 비디오 값을 지불할 것인가?

우리는 유다와 마르다의 율법주의를 쉽게 지적해 낼 수 있지만 우리 자신도 그들과 같다는 사실을 인정하기는 그리 쉽지 않다.

우리 집에서는 아내가 돈을 관리한다. 그러나 외식을 할 수 있을 정도의 여분의 돈은 나도 가지고 있다. 토요일 저녁 아내와 나는 영화 비디오 테이프를 빌려다 보았다. 그저 평범한 일이었다. 그러나 그 당시 우리는 경제적으로 쪼들리고 있었다. 그래서 아내는 생활비가 아니라 내 개인 용돈에서 테이프 빌린 돈을 내라고 했다. 나는 아내가 좀 욕심스럽다고 생각했다. 그래서 테이프 빌린 3달러를 누가 지불할 것인지를 놓고 다툼을 벌였다.

우리가 벌였던 말다툼을 생각해 보면서 나는 욕심스러워서는 안 된다는 훌륭한 내 원칙과 내 주장이 옳다는 생각 때문에 3달러를 놓고 싸움을 벌였다는 사실을 인식하게 되었다. 처음에 내가 비디오 빌리는 값을 내겠다고 한 사실을 잊고 있었다. 그러나 어쨌거나 모든 율법주의가 그렇듯이 내 율법주의는 아내보다 비디오 빌리는 데 든 돈이 더 중요하다고 말하고 있었다.

나는 가진 돈이 별로 없고 서로 나누는 것이 좋다고 주장하는 내 원칙이 너무나 훌륭하고 옳은 것처럼 보였기 때문에 나를 율법주의자로 보는 것이 쉽지 않았다. 옳고 훌륭한 것들이 율법주의자들의 눈을 멀게 한다. 유다처럼 나누자고 한 내 주장은 자신의 욕심을 가리기 위한 것이었으며 죄책감을 미덕의 이름으로 덮으려 했던 것이다.

율법주의자 특유의 무분별

이 각각의 사건들 속에서 다른 사람을 비난하는 사람 역시 그가 비난하는 상대방의 문제점을 똑같이 지니고 있다는 사실을 발견했는가? 독선적인 율법주의자는 다른 사람들에게 화를 내지만 자신도 같은 잘못을 범한다.

마르다는 바쁜 자기 사정을 생각해 주지 않는다고 예수님을 탓하면서도 자기 역시 예수님과 동생 마리아를 배려하지 않고 있었다. 그녀는 자신이 일을 함으로 마리아가 방해받지 않고 예수님께 배울 수 있다는 사실을 좋아할 수 없었다. 조용히 도움을 청하는 대신 마리아 때문에 예수님까지 판단하고 있었다. 시몬은 경솔하고 무심한 사람은 바로 자기 자신이었음에도 불구하고 예수님을 무감각하고 보지 못하는 소경이라고 판단하고 있었다. 그리고 마르다처럼 나는 나 자신을 피해자라고 생각했다. "아내가 우리 돈을 다 관리하고 나는 그저 약간의 용돈만을 만져볼 수 있을 뿐이다." 그러나 내가 비난했던 아내의 '인색함' 이 바로 내 속에서 나를 유도하는 주범이었다. 우리는 다른 사람들의 잘못이나 흠은 놀랍게 잘 들추어 내면서도 우리 자신의 잘못은 신기할 정도로 잘 보지 못한다. 다른 사람들의 문제는 보고 엄격하게 대하지만 자기 자신의 문제는 쉽게 무마해 버리려 한다. 예수님은 이 모든 악한 것이 다 속에서 나온다(막 7:23)고 말씀하셨다. 그래서 우리는 다른 사람들이 우리를 보는 것을 싫어한다. 그들이 우리 속에 있는 것을 들추어 내게 될 것이 두렵기 때문이다.

프랑스 철학자 싸르트르는 우리에게 일어날 수 있는 가장 실망스런 일은 작은 구멍으로 다른 사람을 들여다 보려다 결국 그 사람이 자신을 바라보고 있다는 사실을 알게 되는 것이라고 말했다.[3]

예수님은 사람들을 꿰뚫어 보신다. 예수님을 연구해본 많은 사람들에게 이 사실은 진리로 드러났다. 그것은 경이로운 일이면서도 동시에 두려운 일이기도 하다. 누군가 작은 구멍을 통해 우리를 들여다보고 있다면 우리는 두려움을 느낄 수밖에 없다. 그러나 매력적인 사실을 내포하고 있기 때문에 경이롭다. 공포 영화 속에서 사람들이 이상하게 들리는 소리를 알아보기 위해 문을 살며시 열어보는 이유를 생각해 본 적이 있는가? 우리는 모두 "문 열지 마. 무시무시한 일이 벌어지고 있을꺼야"라고 말한다. 그러나 그 진리가 마치 자석처럼 우리를 끌어당긴다. 특히 이러한 진리를 말씀하시는 분이 예수님일 경우 더욱 그렇다.

예수님께서 마지막으로 예루살렘으로 가시는 동안 사람들이 예수님을 향해 느낀 두려움과 경이로움을 마가는 이렇게 말했다. "예루살렘으로 올라가는 길에 예수께서 제자들 앞에 서서 가시는데 저희가 놀라고 좇는 자들은 두려워하였더라"(막 10:32).

진짜 왕, 사람의 목을 벨 수 있는 권세를 가졌던 고대의 왕 앞에 서게 될 때 느끼는 그런 기분과 같은 것이 아닐까 싶다. 다만 이 왕은 정말로 온유한 왕이라는 점이 다르다. 그래서 그분 앞에서 약간 긴장을 하긴 하지만 그분과 함께 있다는 사실에 안도감을 느낄 수 있다. 그분은 선한 분이시다. 그분은 비굴하지 않고 예측할 수 없으며, 우리가 조종할 수 없는 분이시다. 그러나 선한 분이시다.

황금률

상대방의 입장에서 사랑하라

나는 인색한 편인가? 나는 그저 내가 검소하기 때문이라고 생각했다. 그러나 지금 나는 그것이 미덕이 아니라는 사실을 솔직하게 인정한다. 5달러 짜리 지폐를 헐지 않아도 되게 잔돈을 모두 찾아 끌어모으고 싶어했다. 경품권 덕분에 흥행했던 영화를 공짜로 보게 될 때 속으로 얼마나 좋아했는지 모른다. 중요한 건 돈의 액수가 아니다. 그저 그 돈을 공짜로 벌었다는 것에 기분이 좋은 것뿐이다. 능률적으로 행동했다는 것, 그것이 기쁜 것이다. 5분 정도 밖에 걸리지 않을 일을 어떻게 하면 좀더 능률적으로 할 수 있을지를 생각하느라 10분을 그냥 흘려보내기도 한다. 이런 이야기를 하는 것은 지금부터 내가 하게 될 이야기를 이해하는 데 도움을 주기 위해서이다.

어느 날 우리 딸 애쉴리(Ashley)가 출전하는 경기를 보러 갔다. 애쉴리는 엄청나게 목이 마를 정도로 열심히 뛰었다. 경기를 마치고 나오는 딸에게 나는 정말 잘했다는 칭찬을 해주었다. 딸아이는 "아빠, 나 너무 목말라요. 사이다 한 병만 사주세요"라고 했다. 처음에 나는 선수들을 위해 마련해 두었던 얼음물을 가져다 주려고 했다. 싸고 능률적이기 때문이었다.

그러나 애쉴리의 입장에서 생각해 보기로 했다. "열심히 경기를 했고 지금 피곤하다. 그리고 물이 아니라 사이다를 마시고 싶다. 그렇게 해줄 수 있는 일이다. 내 주머니에는 돈이 있고 나는 그 돈을 쓸 수 있다." 나는 주머니에 손을 넣고 잔돈을 만져보기까지 했다. '교실이 있는 곳으로 몇백 미터만 걸어가면 사이다를 살 수 있는 자판기가 있고 애쉴리를 위해 사이다를 살 수 있다. 그렇게 한다고 해서 내가 죽을 것도 아니다.' 정말로 나는 이런 생각을 하고 있었다. 그리고 사이다를 가져다 줄 때 밝아질 우리 딸의 얼굴을 그려보면서 제법 빠른 걸음으로 자판기가 있는 곳으로 갔다.

본성적으로 동정심이 없는 편인 나는 잠깐 서서 '애쉴리를 생각'해야 했다. 그저 몇 초에 불과했지만 발걸음을 떼어놓을 때마다 동정심을 막아버릴 수 있는 사소한 신념들(검소, 능률)과 맞서 싸워야 했다. 애쉴리의 세계 속으로 들어가기 위해 나는 나 자신의 세계를 뒤로해야 했다.

예수님과 예수님께서 어떻게 사람들을 사랑하셨는지를 공부하지 않았더라면 이런 일은 내게 일어나지 않았을 것이다. 그러나 예수님께서 사람들을 사랑하면서 어떻게 생각하셨는지를 배울 수 있었다.

> 그 즈음에 또 큰 무리가 있어 먹을 것이 없는지라. 예수께서 제자들을 불러 이르시되 "내가 무리를 불쌍히 여기노라. 저희가 나와 함께 있은지 이미 사흘이매 먹을 것이 없도다. 만일 내가 저희를 굶겨 집으로 보내면 길에서 기진하리라. 그 중에는 멀리서 온 사람도 있느니라"(막 8:1~3).

예수님은 다음 세 가지 사실을 주목하셨다. 사람들이 사흘 동안 나와 함께 있었다. 그들에게 먹을 것이 없다. 그들은 멀리서 왔다. 그리고 만일 그들을 굶겨 보내면 길에서 기진하게 될 것이라는 결론을 내리셨다. 왜 이런 이야기까지 하시는 건가? 우리에게 일어난 일이 아닐 경우 그 어떤 것도 분명하지 않기 때문일 것이다. 이 설명을 통해 예수님은 우리에게 사랑에는 생각하는 수고가 따른다는 사실을 보여 주신다. 한걸음 늦추시고 무리들의 입장에 서서 그들의 필요를 생각하셨다.

그것이 '성육신'이다. 성육신이란 용어는 문자적으로 '육체로'라는 의미를 가진 헬라어 단어에서 나온 말이다. 예수님은 무리와 일체감을 가지셨다. 그들의 상황을 생각하면서 그들의 입장이 되셨다. 그리고 떡과 물고기의 양을 기적적으로 불리시고 무리들을 먹이셨다.

또 한번은 무리들의 육체적인 필요를 보는 대신 정서적인 상태를 보고 그들의 입장이 되셨다. "무리를 보시고 민망히 여기시니 이는 저희가 목자 없는 양과 같이 고생하며 유리함이라"(마 9:36).

목자가 없으면 양떼는 엉망진창이 되고 만다. 길을 잃거나 너무 많이 먹어 탈이 날 수도 있다. 또 잘못 눕게 되면 등을 대고 벌렁 드러누워 결국 몸을 가누지 못하게 되기도 한다. 들개나 들고양이나 야생 염소에 대한 이야기는 들어 보았겠지만 '야생 양'에 대해서는 들어

보지 못했을 것이다. 양들은 지속적으로 보살펴 주어야 한다. 예수님은 무리들의 입장에 서 계셨기 때문에 겉모습만 보고 속는 일이 없으셨다. 그래서 그들의 혼란과 외로움과 좌절감을 볼 수 있으셨다. 일체감은 동정심을 갖게 한다.

어떻게 일체감을 가질 수 있을 것인가?

어떻게 하면 '누군가의 내면'을 접할 수 있을 것인가? 예수님께서 말씀하신 사랑의 요약으로 잘 알려진 황금률이 우리에게 귀뜸을 해준다. "남에게 대접을 받고자 하는 대로 너희도 남을 대접하라"(눅 6:34). 먼저 자신에게 이렇게 물어 보라. '이런 상황에서 저 사람이 내게 어떻게 해주기를 바라는가?' 그런 다음 그 사람을 위해 그렇게 해주라. 먼저 생각한 다음 행동하라. 자신에게만 몰두하는 우리의 자연스런 성향을 지적하시며 예수님은 우리의 자기 인식을 서서히 뒤집어 놓으셨다. 황금률은 '이타적'이 되기 위한 처방전이다. 예수님은 큰 무리를 보시고 멈추어 그들의 필요를 생각하셨고 그 다음에 행동하셨다.

우리 아들 존(John)이 한동안 어려운 시기를 보낸 적이 있다. 큰소리로 말을 많이 하고 생활에 질서가 없고 산만했다. 전형적인 열세 살 짜리 아이였다. 아내와 나는 존을 격려하거나 아니면 제재하기 위해 우리가 생각해낼 수 있는 온갖 노력을 다해 보았지만 아무런 소용이 없는 것처럼 보였다. 우리는 점점 더 염려하게 되었다.

그러나 나는 부모의 관점에서 존을 바라보는 대신 그가 어떤 상태에 있는지를 생각하게 되었다. 성적은 중하위 정도였고, 그밖에 다른 면에서는 평균을 웃도는 중상위 수준의 학생이었다. 전통적인 스포

츠를 좋아하지 않았다. 그것은 남자 아이들의 집단에 소속되지 않았다는 뜻이었다. 아침에 일어나서도 기대할 일이나 기분 좋게 느낄 만한 일이 별로 없었다. 일이 잘 안 풀릴 때 "적어도 난 _____은 잘할 수 있어"라고 말할 만한 것이 없었다.

나는 존의 사기를 북돋아줄 약간의 활력이 필요하다는 사실을 인식하게 되었다. 그리고 일주일 동안 곰곰이 생각해 보았다. 존은 강하고 빠르다. 그러니까 레슬링을 좋아할지도 모른다는 생각이 들어서 물어보았더니 존이 관심을 보였다. 그래서 레슬링팀을 만들 의향이 있는지를 체육 지도 교사에게 물어보았다. 그는 동의했고 우리는 여기저기서 매트를 구하고 코치를 불러오기 위한 돈도 모았다.

그러나 코치를 찾을 수가 없었다. 그래서 마음 좋은 나이든 아버지가 자원해 나서기로 했다. 레슬링에 대해 아는 바가 없는 나는 도서실을 찾아가 레슬링 책들을 자세히 살펴보았다. 다행히도 마지막 순간에 진짜 코치를 찾을 수 있었다. 그 후 존은 MVP에 두 번이나 출전을 했고 주장 선수가 되었다. 고등학교 2학년이 된 존은 10초 내에 나를 꼼짝 못하게 눌러버릴 수 있게 되었고, 3학년이 된 존이 위협적으로 보일 때마다 나는 슬쩍 피하며 존과 거리를 두었다.

사랑은 그저 얘기를 듣거나 친절한 것 그 이상이다. 사려 깊어야 하며 상대방의 필요에 맞추어야 한다. 존에게는 수천 번의 "널 사랑해"라는 말이나 동정어린 마음으로 그의 말에 귀를 기울여준 많은 시간보다 대학 대표팀 레슬링 선수복이 더 소중했다. 그러므로 존은 내 도움을 매우 소중하게 생각했고 내가 거실 바닥에 앉아 한 손에 책을 든 채 레슬링 자세를 알아내려고 애쓰던 모습을 평생 기억할 것이다.

다른 사람, 다른 반응

예수님은 대상에 따라 사랑을 달리 표현하셨다. 오빠 나사로의 죽음을 슬퍼하면서 마르다와 마리아는 예수님께 이렇게 말씀드렸다. "주께서 여기 계셨더면 내 오라비가 죽지 아니하였겠나이다"(요 11:21, 32). 예수님은 마르다와는 부활의 가능성을 이야기하셨다. 그러나 마리아와는 그렇게 하지 않으셨다. 마리아를 보고 우셨다.

같은 상황이었는데 왜 예수님은 다르게 행동하셨는가? 왜냐하면 상대방이 각기 다른 사람이기 때문이다. 마르다는 공격적이고 일 중심적이었다. 그러나 마리아는 의존적이고 사람 중심적이었다. 그래서 예수님은 마르다와는 소망과 신뢰에 대한 이야기를 하셨고 마리아와는 그 슬픔을 함께 나누셨다. 그리고 나사로를 살리기 위해 행동하셨다. 다른 두 사람을 다르게 대하셨다.

예수님은 고통 당하는 사람들을 어떻게 대해야 하는지를 규정한 일종의 '규칙'을 맹목적으로 따르지 않으셨다. 예수님의 사랑은 사람들을 규제하는 해야 할 것과 하지 말아야 할 것으로 된 시스템이 아니다. 각 사람은 다르다. 따라서 예수님은 상대방이 어떤 사람인지에 따라 그 반응을 달리 하셨다.

내 친구 리넷(Lynette)은 암으로 병원에 입원한 아버지를 만나러 가야 했지만 구식이며 남성 우월주의자인 아버지를 만나기를 두려워했다. 리넷이 도착했을 때 아버지는 카드놀이를 같이 하던 친구들 때문에 화가 나 있었다. 친구들과 같이 여행을 가기로 하고 각자 매주 10달러씩을 내 왔는데, 건강 상태가 악화되어 같이 갈 수 없을 것 같아 돈을 내는 것이 낭비처럼 여겨져 화가 났던 것이다. 처음에 그 얘기를 들었을 때 리넷은 "그래서요? 죽을 때 돈 싸들고 가실려구요? 아버진 정말 이기적이세요"라고 말하고 싶었다. 이제 더 이상 욕심 좀 부리지 말라고 말씀드리고 싶었다. 다시 말해서 아버지가 올바른 사람이 되는 좋은 법을 알려드리고 싶었다.

그러나 그렇게 말하는 대신 리넷은 아버지 친구분들께 전화를 걸어 아버지의 뜻을 알려드렸다. 친구분들은 모두 아버지의 입장을 이해하셨고 더 이상 돈을 내지 않게 하셨다. 재빨리 '올바른 사람이 되라'는 진리를 투약함으로 아버지의 문제를 해결하는 대신 시간을 좀 가지고 아버지에게 구체적인 도움을 주었다.

어떤 사람들은 리넷이 아버지에게 용감히 맞서면서 아버지를 옹호해 주지 말았어야 했다고 생각할 것이다. 또 어떤 사람들은 아버지의 이기심을 공정하게 처리하지 못한 리넷을 정직하지 못하다고 생각할 수도 있을 것이다. 그러나 아버지에 대한 리넷의 사랑은 아버지의 필요에 의해 그 방향이 정해졌다. 아버지의 세계 속으로 들어갔다고 해서 자신의 '성품을 잃은' 것이 아니었다. 아버지의 두려움을 감지했고 그리 오래 같이 있을 수 없다는 사실을 친구들이 인정해 주기 바라는 아버지의 마음을 이해했다. 아버지를 위한 그녀의 실제적인 사랑은 정직하지 못한 행동이 아니었다.

사랑은 자신의 정체성을 잃지 않으면서 다른 사람들에게 맞추어 순응한다. 이것이 바로 일체감이라고 말할 수 있다.

위에서 아래로 vs 아래에서 위로

예수님께서 여리고 성문 옆에 앉아 있던 소경을 만나는 장면에서도 같은 패턴을 볼 수 있다.

나사렛 예수시란 말을 듣고 소리질러 가로되 "다윗의 자손 예수여, 나를 불쌍히 여기소서" 하거늘 많은 사람이 꾸짖어 "잠잠하라" 하되 그가 더욱 심히 소리질러 가로되 "다윗의 자손이여, 나를 불쌍히 여기소서" 하는지라. 예수께서 머물러 서서 "저를 부르라" 하시니 저희가 그 소경을 부르며 이르되 "안심하고 일어나라. 너를 부르신다" 하매 소경이 겉옷을 내어버리고 뛰어 일어나 예수께 나아오거늘 예수께서 일러 가라사대 "네게 무엇을 하여 주기를 원하느냐?" 소경이 가로되 "선생님이여, 보기를 원하나이다." 예수께서 이르시되 "가라. 네 믿음이 너를 구원하였느니라" 하시니 저가 곧 보게 되어 예수를 길에서 좇으니라(막 10:47~52).

소경은 예수님께서 사람들을 고쳐 주신다는 소문을 들어 알고 있었다. 또 예수님께서 옛 고대 이스라엘 다윗왕의 자손이라는 소식도 들었다. 그분은 변화를 일으킬 수 있는 능력을 가진 왕으로 약속된 분이셨다. 그러나 예수님은 능력을 지닌 사람처럼 행동하지 않으셨다. 대신 그분은 시간을 내어 소경에게 원하는 것이 무엇인지를 물으셨다. 이 얼마나 눈에 띌만한 일인가? 왜 그냥 그 사람을 고쳐주고 다른 거지에게로 가지 않으신 것일까? 예수님은 잠시동안 소경의 삶 속으로 들어가셨다. 질문을 하는 것은 속도를 늦추게 하고 상대방의 말과 그 표현, 그의 기대를 들으면서 그 사람의 세계 속으로 들어가게 한다. 그럼으로 우리는 전문가가 아니라 배우는 사람이 된다.

"네게 무엇을 하여 주기를 원하느냐?"고 하신 예수님의 질문은 우리가 생각하는 것처럼 그렇게 분명하지는 않다. 한번은 예수님께서 병든 사람에게 "네가 낫고자 하느냐?"라고 물으신 적이 있다. 그러자 그 사람은 긴 넋두리를 늘어놓았다.

우리는 주로 다른 사람들이 우리에게 어떤 도움을 받고 싶어하는지를 알고 있다고 생각하고 선심을 쓰면서 돌봐주려 한다. 그러나 우리가 묻지 않는다면 소경의 눈을 뜨게 해줄 수는 있을지 모르지만 사랑 받고 있다는 느낌을 갖게 해주지는 못할 것이다. 그저 고침을 받았다고만 느끼게 될 것이다. 이것이 '위에서 아래로 내려가는 사랑'이다. 진심으로 도와 주고 싶었다 하더라도 그것은 우월한 입장에서 별 위험을 무릅쓰지 않고 도와 주는 것이다. 우리는 연약한 사람들을 어떻게 사랑해줄 수 있을지를 생각하기보다 그들이 어떻게 달라져야 하는지 생각할 때가 많으며 그들이 우리와 같아져야 한다고 생각하기도 한다.

'위에서 아래로 내려가는 사랑'은 언제 어떻게 사랑해야 하는지 자기 생각대로 결정한다. 그러나 '아래에서 위로 향하는 사랑'은 어떻게 사랑할 것인지에 대해 우리의 주도권을 포기하고 상대방의 목소리에 귀를 기울인다. '아래에서 위로 향하는 사랑'이 최선의 사랑이다. 사랑은 나의 생각이 아니라 그의 필요를 채우는 것이다.

경고 한 마디

율법적으로 질문하는 일이 없도록 하라. 예수님께서 치료를 받고 싶어하는 사람에게 항상 질문을 하신 것은 아니다. 때로는 애써서 예수님께 다가오도록 하기 위해 사람들을 시험하기도 하셨다. 예수님의 삶이 '사랑의 공식'을 제시해 주지는 않는다. 종교와 대중 심리학은 종종 사랑을 특정한 행동으로 정형화한다(예를 들면, "언제나 질문을 하라"). 사랑을 단순화시켜서 노력할 필요가 없게 만드는 것이다. 우리는 명쾌한 것을 좋아한다. 그래서 이렇게 말한다.

"어떻게 해야 하는지만 말해." 그러나 예수님은 사람에 따라 그들을 각각 다르게 대하셨다.

누가 먼저 그렇게 할 것인가?

어디에 가든 모든 사람들이 당신을 기억해 주고 관심을 보여 준다면 얼마나 좋을까? 누가 먼저 그렇게 할 것인가를 묻기 전까지는 정말 좋은 얘기처럼 들릴 것이다. 황금률을 따른다 해서 우리도 그런 대접을 되돌려 받게 되리라는 보장은 없다. 예수님보다 이 사실을 더 잘 아는 사람은 없었을 것이다. 예수님께서 십자가에서 숨을 거두시는 동안 대제사장들과 서기관들은 함께 희롱하며 "저가 남은 구원하였으되 자기는 구원할 수 없도다"(막 15:31)라고 말했다.

많은 작은 사건들 속에서 뿐 아니라 성육신하신 전 생애를 통해 예수님은 우리와 일체감을 가지셨다. 요한은 예수님을 말씀이라 부르며 우리처럼 되신 예수님을 그의 복음서에 다음과 같이 기록했다. "태초에 말씀이 계시니라. 이 말씀이 하나님과 함께 계셨으니 이 말씀은 곧 하나님이시라 … 이 말씀이 육신이 되어 우리 가운데 거하시매"(요 1:1, 14). 요한은 예수님이 '육신이 되신 하나님'이라는 깜짝 놀랄 만한 결론을 내렸다. 하나님은 그저 우리 입장에서 생각만 하신 것이 아니라 실제로 우리처럼 되셔서 우리 입장에 서셨다.

"누가 먼저 그렇게 할 것인가?"라는 질문이 그 대답을 찾았다. 하나님께서 먼저 하셨다.

2부 사랑은 솔직하다
Love speaks the truth

말해야 할 때

솔직함과 균형을 이루는 동정심

복음서를 읽는 동안 예수님은 나를 놀라게 하셨다. 그 가차없는 정직함과 솔직함이 거의 무례하게 보일 정도였기 때문이다. 그렇게 동정심이 많은 분이 어떻게 사람들을 그런 식으로 대할 수 있었을까?

그 한 예로 시몬을 대하시는 예수님을 보라(눅 7:36~50). 그렇다. 시몬은 예수님께 무례하게 대했다. 예수님께 환영의 입맞춤을 하지도 않았고 발 씻을 물도 주지 않았으며 머리에 기름을 붓지도 않았다. 그러나 대부분의 사람들은 드러내 놓고 사람들 앞에서 애정을 표현하는 여인을 더 큰 문제라고 생각했다. 그런데 예수님은 결혼을 깨뜨린 그 여자가 시몬보다 더 나은 사랑을 보여 주었다고 말씀하셨다. 그것도 그가 초대한 손님들 앞에서!

어느 사회, 어느 시대에서나 손님으로 초대되어 간 자리에서 주인에게 그렇게 행동하지는 않는다. 공개적인 비난을 가하는 대신 뒤에서 자신이 당한 무례를 불평하는 것이 보통이다. 그러나 예수님은 사람들 뒤에서 쑥덕대지 않으셨다. 모든 사람 앞에서 손님을 초대한 주인에게 직접 말씀하셨다. 시몬이 예수님을 어떻게 생각할지에는 전혀 신경을 쓰지 않는 듯했다.

우리가 예수님의 입장이었다면 여자와 이상한 관계를 맺고 있다는 잘못된 인상을 사람들에게 주게 될까봐 염려했을 것이다. 혹은 여자가 이상한 생각을 하게 될까봐 걱정했을지도 모른다. 더군다나 지나치게 감정적인 사람은 보통 사람들이 의식하는 상식적인 사회적 통념을 별로 개의치 않는 것이 보통이다. 어쩌면 그녀는 모든 에너지를 빨아 먹어버리는 거머리 같은 여자일 수도 있으며 문이 약간만 열려도 성큼 발을 들여놓을 지도 모른다. 그 여자를 받아들인다면 다른 사람들이 우리를 거부할 것이다.

그러나 예수님은 그런 생각에 얽매이지 않으셨다. 모든 희생을 감수하고 진리를 고수하셨다. 시몬이 그 여자를 판단하는 것은 옳은 일이 아니었다. 예수님을 판단하는 것도 옳지 않았다. 예수님을 맞이한 그의 예절도 옳지 않았다. 그럼에도 불구하고 도의에 어긋난 시몬의 행동이 선한 것처럼 보여졌다. 예수님은 그런 속이 뻔히 들여다보이는 일에 가담하지 않으셨다. 침묵하는 것은 그의 그런 행동을 시인해 주는 것과 같은 일이었다.

사람들을 솔직하게 대하는 일의 중요성

　　　　　　　　　　　　　예수님은 관계에 있어 동정심

과 솔직함 둘 다를 가져야 할 필요를 아셨다. 제자들에게 사람들을 솔직하게 대할 것을 권고하셨다. "네 형제가 죄를 범하거든 가서 너와 그 사람과만 상대하여 권고하라"(마 18:15). 이런 솔직함이 없을 때 사람들과의 관계는 이상해진다.

사람들을 솔직하게 대하는 것이 얼마나 중요한지를 보여주는 일상 생활 속에서 일어난 두 개의 실례가 있다.

엘리슨(Allison)은 설거지를 다 못하고 남겨 두었다. 남편은 "싱크대가 왜 이렇게 지저분한 거야?"라고 불평을 했다. 마음에 상처를 받고 기분이 상한 엘리슨은 며칠 동안 말을 하지 않았다. 남편이 자기를 탓하고 비난한 것이 이번이 처음이 아니었다. 엘리슨은 남편과 헤어지는 것이 좋을 것 같다고 내게 말했다. 나는 남편이 그런 식으로 말할 때 어떤 기분이 드는지 남편에게 솔직하게 말하라고 이야기해 주었고 마지못해 엘리슨은 분노를 참으며, 남편에게 그가 어떻게 했으며 그것이 왜 옳지 않은지를 이야기 했다. 그런데 남편의 말에 충격을 받지 않을 수 없었다. 그는 이렇게 말했다. "그게 내가 모든 사람을 대하는 방식이야." 그러나 남편은 아내의 말에 귀를 기울여 주었고 의식적으로 자신의 가혹함을 고쳐나가기 시작했다.

알랜(Alan)의 아내는 결혼 후 한 번도 치과에 가본 적이 없었다. 남편은 가끔씩 아내에게 치과에 다녀오기를 바라는 뜻을 비추었다. 결국 아내는 치과를 찾아갔고 예상대로 몇 개의 이를 빼야 하는 등 큰 치료를 받았다. 그러자 아내는 그 동안 치과를 가지 못했던 것을 알랜의 탓으로 돌렸다. 알랜의 한 친구는 이렇게 말했다. "자기가 치과에 가지 않았던 것을 자네 탓으로 돌리는 것은 옳지 않잖아. 아내에게 그걸 알려줘야 해. 물론 아내가 좋아하지는 않겠지. 그렇지만 아내가 어떻게 받아들이건 솔직하게 표현하는 게 좋은 것 같아. 아내의 마음을 상하게 하고 싶지 않은 알랜은 망설였다. 그러나 자기 마음을 솔직하게 말하지 않는다면 그들의 생각대로 자신이나 다른 사람에게 상처를 주도록 허용하는 것이 된다. 우리가 솔직하게 직면하지 않고 외면하게 되면 고립적이고 독단적인 생활 속으로 빠져들기 쉽다.

진리를 고수하셨던 예수님

예수님은 진리를 고수하셨을 뿐 아니라 진리를 위해 대담하게 자신의 명성에 가해질 위험을 무릅쓰셨다. 정의를 지키려는 예수님의 대담성과 헌신은 사람들을 불편하게 만드는 비타협적이고 엄격한 것이었다. 안식일날 회당에서 예배를 마친 예수님께서 유명한 바리새인의 집을 방문하셨을 때 드러난 이런 대담성을 잘 살펴보라.

청함을 받은 사람들의 상좌 택함을 보시고 저희에게 비유로 말씀하여 가라사대 "네가 누구에게나 혼인 잔치에 청함을 받았을 때에 상좌에 앉지 말라. 그렇지 않으면 너보다 더 높은 사람이 청함을 받은 경우에 너와 저를 청한 자가 와서 너더러 '이 사람에게 자리를 내어 주라' 하리니 그 때에 네가 부끄러워 말석으로 가게 되리라. 청함을 받았을 때에 차라리 가서 말석에 앉으라. 그러면 너를 청한 자가 와서 너더러 '벗이여 올라 앉으라' 하리니 그 때에야 함께 앉은 모든 사람 앞에 영광이 있으리라. 무릇 자기를 높이는 자는 낮아지고 자기를 낮추는 자는 높아지리라"(눅 14:7~11).

각 사회마다 사람들의 등급을 정해두고 있다. 여기서 또 한번 예수님은 그 사회의 문화적 규범을 뒤엎으셨다. 어느 집에 초대되어 가게 되었을 때 그 집에서 무언가 옳지 않은 것을 보게 될 경우가 있다. 그럴 때 보통은 집으로 돌아가는 길에 친구들이나 남편 또는 아내에게 그 이야기를 한다. 그러나 예수님은 상석을 차지하고 앉아 있는 모든 사람들에게 그들이 자신들의 교만과 거만을 드러내고 있다고 그 자리에서 말씀하셨다.

내가 잔치 자리의 상석에 앉게 된다면 기분이 좋을 것이다. 그러나 말석에 앉아 있다면 상석에 앉아 있는 사람들의 거만한 자태를 볼 것이다. 그러나 예수님은 그 잔치에 초대된 명예로운 손님들처럼 뛰어난 사람으로 보이는 일에 전혀 관심이 없으셨다. 그리고 그 사람들 때문에 위축되지도 않으셨다. 예수님은 자신의 명성 뒤에 숨어있는 대신 모인 사람들에게 사랑을 가르치기 위해 자신의 명성에 가해질 위험을 기꺼이 감수하셨다. 그리고 높은 자리에 앉으려고 하지 말 것을 가르치기 위해 자신의 우월한 위치를 사용하셨다. 예수님은 언제나 자신의 권세를 사람들을 돕기 위해 사용하셨다.

그리고 거기서 끝내지 않으셨다. 손님을 초청한 주인에게 사람들을 잘못 초대했다고 말씀하셨던 것이다.

또 자기를 청한 자에게 이르시되 "네가 점심이나 저녁이나 베풀거든 벗이나 형제나 친척이나 부한 이웃을 청하지 말라. 두렵건대 그 사람들이 너를 도로 청하여 네게 갚음이 될까 하라. 잔치를 배설하거든 차라리 가난한 자들과 병신들과 저는 자들과 소경들을 청하라. 그리하면 저희가 갚을 것이 없는 고로 네게 복이 되리니 이는 의인들의 부활시에 네가 갚음을 받겠음이니라" 하시더라(눅 14:12~14).

예수님의 솔직함은 급소를 찌르는 것이었다. 예수님의 말씀은 덕행의 두 가지 기준을 보여 주신다.

첫째, 힘과 권력을 자랑하려는 마음으로 행동하지 말라. 그렇게 한다면 언젠가 낮은 자리로 내려가게 될 것이다.

둘째, 사람들에게 친절을 베풀었다고 해서 그것을 사랑이라 생각하지 말라. 자신이 무언가를 얻기 위해 은밀하게 가장한 행동일 수도 있다. 전혀 갚을 수 없는 사람에게, 심지어는 다른 사람들에게 우리가 얼마나 좋은 사람인지를 이야기할 수조차 없는 사람들에게 친절을 베풀었는지가 진정한 친절을 가늠해 주는 기준이 된다.

잔치 자리에서 가장 재미없는 사람, 줄 것이 아무것도 없는 사람을 찾는 우리를 하나님께서 주목해 보신다고 예수님은 말씀하셨다. 드러내지 않고 베푸는 사랑의 행동이 하나님의 인정을 받게 된다. 순수한 사랑은 일반적으로 잘 드러나지 않는다.

아기 예수가 태어난 지 팔 일째 되던 날 요셉과 마리아는 유대인의 율법책인 토라에 기록된 대로 예수님을 데리고 예루살렘 성전으로 올라갔다. 노인 시므온이 그들을 맞이한 다음 아기 예수를 팔에 안고 그 아기가 '여러 사람의 마음의 생각을 드러낼'(눅 2:35) 것이라고 말했다. 2000년이 지난 지금도 예수님의 말씀은 여전히 우리의 생각을 드러내 준다.

자기 주장에 얽매이지 않는 자유

예수님은 옳은 것을 지키는 철저한 헌신과 그것을 표현하는 용기를 지니고 계셨다. 고대 히브리 선지자들처럼 예수님은 전혀 두려워하지 않으셨다. 다른 사람들에게 조종당하지 않으셨다. 권력에 굶주린 갈릴리 총독 헤롯을 '여우'라고 부르셨고 위선적인 바리새인들은 '회칠한 무덤', '독사의 자식들'이라 부르셨다(눅 13:32, 마 23:27, 33).

실제로 바리새인들은 예수님께서 사람들의 주장에 휩쓸리지 않으신 것을 칭찬했다. 그들이 예수님을 칭찬했던 유일한 경우였다.

이에 바리새인들이 가서 어떻게 하여 예수로 말의 올무에 걸리게 할까 상론하고 자기 제자들을 헤롯 당원들과 함께 예수께 보내어 말하되 "선생님이여, 우리가 아노니 당신은 참되시고 참으로써 하나님의 도를 가르치시며 아무라도 꺼리는 일이 없으시니 이는 사람을 외모로 보지 아니하심이니이다. 그러면 당신의 생각에는 어떠한지 우리에게 이르소서. 가이사에게 세를 바치는 것이 가하니이까 불가하니이까?" 한대 예수께서 저희의 악함을 아시고 가라사대 "외식하는 자들아. 어찌하여 나를 시험하느냐? 셋돈을 내게 보이라" 하시니 데나리온 하나를 가져왔거늘 예수께서 말씀하시되 "이 형상과 이 글이 뉘 것이냐?" 가로되 "가이사의 것이니이다." 이에 가라사대 "그런즉 가이사의 것은 가이사에게, 하나님의 것은 하나님께 바치라" 하시니 저희가 이 말씀을 듣고 기이히 여겨 예수를 떠나가니라(마 22:15~22).

얄궂게도 예수님의 솔직함에 대한 그들의 칭찬은 정직하지 못한 것이었다. 그것을 아신 예수님은 그들의 동기와(어찌하여 나를 시험하느냐?) 그들의 마음이 어떤지를(외식하는 자들아) 드러내시며 냉엄하리 만치 솔직하게 반응하셨다.

예수님의 영혼은 하나님께 닻을 내리고 있었다. 그래서 다른 사람들의 의견에 얽매이지 않을 수 있었다. 바리새인들과 논쟁한 또다른 대화에서 예수님은 이렇게 말씀하셨다. "나는 사람에게 영광을 취하지 아니하노라. 다만 하나님을 사랑하는 것이 너희 속에 없음을 알았노라. 너희가 서로 영광을 취하고 유일하신 하나님께로부터 오는 영광은 구하지 아니하니 어찌 나를 믿을 수 있느냐?"(요 5:41~42, 44) 하나님을 의식하셨던 예수님의 일상이 그분의 비범한 행동을 설명해 준다. 예수님은 하나님께서 자신을 지키시고 사랑하시며 기뻐하신다는 사실을 알고 계셨다. 하나님을 사랑하는 마음이 있었기 때문에 다른 사람들에게 사랑을 요구할 필요가 없었다.

아무것도 숨기지 않고, 아무도 다른 사람들을 등뒤에서 헐뜯거나 소문을 퍼뜨리는 일을 하지 않는 세상을 상상해 보라. 우리를 바라보시는 하나님의 관점만을 의식하고 다른 사람들의 의견에 좌우되지 않기 때문에, 거부를 당할 수도 있고 순수한 친밀감을 불러올 수도 있는 솔직한 말로 다른 사람들을 자유롭게 돌보며 예수님처럼 살 수 있다면 얼마나 자유로울 수 있을지를 생각해 보라.

우리들은 대부분 이런 삶을 살지 못하고 사람들에게 얽매여 있다. 사람들의 인정을 받고 싶어하며 그래서 교묘하게 속임수를 쓴다. 그것은 덧없는 거짓 만족감을 갖게 한다. 또한 다른 사람들을 판단하면서 그들이 우리의 인정을 받아야 한다고 주장한다. 그러나 예수님은 사람들이 어떻게 생각하건 개의치 않고 솔직함과 동정심으로 실제적인 관계를 형성하면서 사람들을 돌볼 수 있는 새로운 삶의 방식을 가르쳐 주셨다. "스스로 말하는 자는 자기 영광만 구하되 보내신 이의 영광을 구하는 자는 참되니 그 속에 불의가 없느니라"(요 7:18).

제자들의 솔직함

예수님이 사람들과 맺은 모든 관계 속에는 솔직함이 특징적으로 나타난다. 예수님은 자신에게 손해일지라도 다른 사람들의 솔직한 모습을 기뻐하셨다. 나다나엘을 처음 만났을 때 두 사람이 어떻게 서로 대했는지를 살펴보라.

이튿날 예수께서 갈릴리로 나가려 하시다가 빌립을 만나 이르시되 "나를 좇으라" 하시니 빌립은 안드레와 베드로와 한 동네 벳새다 사람이라. 빌립이 나다나엘을 찾아 이르되 "모세가 율법에 기록하였고 여러 선지자가 기록한 그이를 우리가 만났으니 요셉의 아들 나사렛 예수니라." 나다나엘이 가로되 "나사렛에서 무슨 선한 것이 날 수 있느냐?" 빌립이 가로되 "와 보라" 하니라. 예수께서 나다나엘이 자기에게 오는 것을 보시고 그를 가리켜 가라사대 "보라, 이는 참 이스라엘 사람이라. 그 속에 간사한 것이 없도다." 나다나엘이 가로되 "어떻게 나를 아시나이까?" 예수께서 대답하여 가라사대 "빌립이 너를 부르기 전에 네가 무화과나무 아래 있을 때에 보았노라"(요 1:43~48).

나다나엘은 예수님 어머니와 가족과 친척과 어린 시절의 친구들과 그 고향 마을 사람 전체를 짧은 한 문장으로 처리해 버렸다! 그는 솔직하고 정직했으며 교정받을 준비가 된 열린 마음을 가지고 있었다.

예수님은 나다나엘의 빈정거림을 무시했을 뿐 아니라 그를 참 이스라엘 사람으로 그 속에 간사한 것이 없다고 말씀하시며 그의 솔직함을 칭찬해 주셨다. 예수님은 사람들이 있는 그대로 말하는 것을 좋아하셨다. 그리고 제자들 대부분이 그런 사람들이었다.

예수님이 돌아가시기 몇 주 전 예수님의 측근이었던 요한과 야고보는 어머니를 통해 권력을 얻어보려 했다.

그 때에 세베대의 아들의 어미가 그 아들들을 데리고 예수께 와서 절하며 무엇을 구하니 예수께서 가라사대 "무엇을 원하느뇨?" 가로되 "이 나의 두 아들을 주의 나라에서 하나는 주의 우편에, 하나는 주의 좌편에 앉게 명하소서"

(마 20:21~22)

권력을 쥐려는 그들의 시도는 너무나 노골적인 것이었다. 상사의 적극적인 원조를 얻기 위해 어머니를 내세운 흥미로운 사건이었다! 그런 짓을 하는 성인은 아마도 거의 없을 것이다. 어떻게 그렇게 할 수 있겠는가? 우리는 그렇게까지 노골적으로 하지는 않을 것이다. 그러나 아마도 앞서 일을 꾸미면서 그들이 생각했던 것과 같은 희망을 이루기 위해 은밀하게 행동할 것이다. 요한과 야고보의 야심은 모든 사람이 볼 수 있도록 공개되었다. 그들은 어린아이들처럼 단순하고 솔직했다. 꾸며댈 줄을 몰랐다.

가면을 벗음(있는 그대로 드러냄)

'위선자'란 '연기자'를 뜻하는 헬라어 단어이다. 예수님의 고향 나사렛은 예수님이 목수로, 또는 집을 짓는 사람으로 일하는 동안 세워진, 세포리스 도성에서 남쪽으로 약 3마일 가량 떨어진 곳이었다. 아마도 예수님은 고향에서 일하셨을 것이다. 세포리스에 있는 헬라어 극장에 가서서 가면을 쓴 배우들과 예수님 주변에 있던 사람들 사이에 있는 비슷한 점을 보셨는지도 모를 일이다. 예수님은 주위에 있는 사람들에게 말 그대로 연기하지 말라고 도전하셨다. 가면을 벗으라고 격려하셨다.

가면은 진짜 얼굴을 가리기 위해 덮어쓰는 가짜 얼굴이다. 그러나 가까이 있는 사람들은 그 가면을 볼 수 있다. 딸 애쉴리의 생일을 축하하기 위해 대학 기숙사에서 지내던 커트니(Courtney)가 집으로 왔던 어느 월요일 밤에 내가 썼던 그 가면을 보았다. 그날 밤 나는 커트니를 약 45분 가량 떨어진 곳에 있는 대학으로 데려다 주기 위해 약속을 밤늦은 시간으로 미루었다. 그래서 그 약속 시간에 맞추기 위해 커트니와 함께 7시에 집을 나서기로 했다.

간단한 축하 파티를 마친 다음 나는 킴벌리(Kimberly)가 잠자리에 들어갈 수 있도록 목욕을 시킨 다음 잠옷으로 갈아 입혀 주었다. 우리 여섯째 딸인 에밀리(Emily)가 칭얼거렸고 나는 감기 기운이 있는 것처럼 느껴졌고 피곤했다. 7시가 되었는데도 커트니는 여전히 이층에서 내려오질 않았다. 결국 커트니에게 약속이 있어서 빨리 가야 한다고 말하고 집을 나섰다. 문 밖으로 나가며 아내에게 이렇게 말했다. "여보, 내가 좀 늦을 거라고 전화 좀 해줘!" 그저 간단한 요청이었다. 그러나 사실 약속에 늦는 것은 그리 큰 문제가 아니었다. 커트니 앞에서 그렇게 말함으로 커트니 때문에 내가 곤란하게 되었다는 비난을 간접적으로 했던 것이다. 그것은 솔직하지 못한 일이었다. 말할 것도 없이 커트니는 서두르는 내게 짜증을 부렸고 나는 점잖게 보이면서 커트니를 교묘하게 조종하고 있었던 것이다.

우리는 공개적인 사건들이 아니라 사적인 사건들 속에서 어떻게 행동하는지를 통해 우리의 마음이 어떤지를 드러낸다. "지극히 작은 것에 충성된 자는 큰 것에도 충성되고 지극히 작은 것에 불의한 자는 큰 것에도 불의하니라"(눅 16:10).

나는 속으로 이렇게 생각하고 있었다. 나는 피곤하고 지쳐 있다. 그리고 커트니를 돕기 위해 이미 약속시간을 변경했다. 그러면서 한편으로는 커트니를 학교까지 데려다 주기로 한 나를 매우 훌륭한 사람으로 여기며 커트니가 내 친절에 무언가로 갚아 주기를 바라고 있었다. '내가 너한테 친절을 베풀고 있으니까 너도 나한테 잘해야지' 이것이 내가 품고 있던 내 원칙이었다.

나는 바리새인이었다. 속으로는 나 자신만을 생각하고 있으면서도 겉으로는 늦게 만든 커트니를 비난하고 있었다. 약속에 늦게 될 것에 마음이 쓰였던 것이 아니라 '제 시간'을 지켜야 하는 내 원칙이 깨진 것 때문에 신경을 곤두세우고 있었다. 그 때를 돌아보면 나는 그냥 약속을 취소했어야 했다. 그리 중요한 약속도 아니었다. 아니면 이층으로 올라가 에밀리에게 책을 읽어주는 커트니에게 떠날 시간이 되었음을 알려준 다음 조용히 약속 시간에 좀 늦을 거라고 다시 전화할 수도 있었을 것이다. 그렇게 했더라면 교묘한 조작 같은 것은 필요 없었을 것이다.

정직이라는 선물

우리 문화는 정해진 규칙 없는 무형의 동정심을 가져주기를 바란다. 그러나 그런 바람마저도 하나의 규칙이다. 우리는 규칙을 벗어날 수 없다. 황금률 역시 하나의 규칙이다. 앞에서 우리는 규칙을 오용하는 사람들을 대하시는 예수님을 살펴보았다. 여기서는 규칙을 무시하는 사람들을 다루시는 예수님을 보게 될 것이다.

우리는 예수님께서 위선을 정당하게 다루셨다는 것을 곧바로 알 수 있다. 가면을 쓰는 것, 즉 여성의 권리를 주장하는 척하면서 아내를 무시하고, 환경 오염을 염려하는 척하면서 차창 밖으로 쓰레기를 집어던지는 것은 명명백백한 잘못이다.

자동차 사고나 암 같은 것으로만 이 세상이 고통을 겪고 있다면 우리에게 동정심만 있으면 될 것이다. 진실을 말하는 사람들이 되어야 할 필요가 없게 될 것이다. 그러나 이 세상에는 아내를 학대하는 남편과 비열한 아내가 있고, 강도와 거짓말쟁이와 살인범과 간음하는 사람들이 있다. 우리는 육체적으로나 영적으로 깨어져 있다.

예수님은 솔직함이 없으면 우리의 관계에 투명성과 의미가 결여된다는 것을 보여 주셨다. 진리를 대면하게 되기 전까지 사람들은 잘못된 길로 가면서 어지러운 생활을 계속하게 될 것이다. 아내를 학대하는 남편에게 동정심만을 보인다면 우리는 그 사람의 악을 조장하는 것이 된다. 진리를 말해 주지 않고 비열한 아내를 이해해 주려고만 하는 사랑은 불완전한 사랑이다.

동정심이라는 선물에는 진리라는 선물이 수반되어야 한다.

정직한 분노

다른 사람을 배려하는 동정어린 경고

로버트슨 맥퀼킨(Robertson McQuilkin)은 치매에 걸린 아내 머리엘(Muriel)을 간호하기 위해 대학 학장직을 사임했다. 아내를 돌보는 일이 언제나 쉽지만은 않았다.

한번은 더 이상 참을 수가 없었다. 아내가 걸어다닐 수 있고 기저귀를 의지하기 전에도 가끔씩 '사고'를 치곤 했다. 아내가 변기 옆에 서서 난감한 표정을 짓고 있는 동안 나는 아내가 싼 똥을 치우려고 아내 옆으로 다가가 몸을 굽혔다. 아내가 고집스럽게 도와 주려고 하지만 않았더라도 일은 좀더 수월했을 것이다. 나는 점점 더 심한 좌절감에 빠져 들어갔다. 그리고 아내를 가만히 서 있게 하려고 마치 무슨 도움이 되기라도 하듯 아내의 종아리를 찰싹 때렸다. 그리 세게 때린 것은 아니었지만 아내는 깜짝 놀랐다. 그리고 나도 놀랐다. 44년 동안 함께 살면서 아내에게 화를 내거나 손찌검을 하거나 아내를 심하게 탓한 적이 없었다. … 나는 흐느껴 울면서 아내가 자신이 할 수 있는 말 그 이상의 말은 비록 이해할 수 없다 할지라도 … 아내에게 용서를 구했다. 그리고 그 충격에서 벗어나는 데 며칠이 걸렸다. 언젠가 다시 점화하게 될지도 모르는 불길을 끄기 위해 아마도 하나님께서 그 모든 눈물을 병에 담아 두셨을 것이다.[1]

우리는 로버트슨의 마음을 공감할 수 있다. 속에서 일어나는 분노를 어떻게 해야 할지 모를 때가 가끔씩 있다. 돌연히 분노가 일어나 우리를 불편하고 혼란스럽게 만든다. 분노 때문에 흥분하기 쉽다는 걸 알고 아예 분노를 표현하지 않으려는 사람들도 있다. 분노가 일어나고 있음을 부인하고 우울증이나 성급함 등과 같은 방식으로 나타내기도 한다. 또 어떤 사람들은 결과를 개의치 않고 억제되지 않은 분노를 터뜨리기도 한다. 이들은 분노를 의롭고 유익하고 진실한 것으로 생각한다.

예수님은 분노를 어떻게 다루셨는가? 어떤 일에 화를 내셨는가? 화를 낼 때 동정심은 어떻게 되는가? 이런 질문들에 대한 대답을 찾기 위해 바리새인들을 대하시는 예수님을 살펴보도록 하자.

선한 노여움

유대인들은 토요일 오전에 예배를 드렸다. 가버나움에 있던 회당은 낮은 천정을 기둥들이 받치고 있는 커다란 건물이었다.[2] 손님으로 강단에 서게 된 예수님은 율법과 선지자들의 글(유대인 성경의 가장 중요한 부분)을 읽는 것으로 설교를 시작하고 그 내용을 설명해 주셔야 했다. 그러나 그 특별한 날 아침에는 좀 달랐다.

또 다른 안식일에 예수께서 회당에 들어가사 가르치실새 거기 오른손 마른 사람이 있는지라. 서기관과 바리새인들이 예수를 송사할 빙거를 찾으려 하여 안식일에 병 고치시는가 엿보며 물어 가로되 "안식일에 병 고치는 것이 옳으니이까?"
예수께서 손 마른 사람에게 이르시되 "한 가운데 일어서라." 하시고 저희에게 이르시되 "너희 중에 어느 사람이 양 한 마리가 있어 안식일에 구덩이에 빠졌으면 붙잡아 내지 않겠느냐? 사람이 양보다 얼마나 더 귀하냐? 그러므로 안식일에 선을 행하는 것이 옳으니라." 하시고 저희에게 이르시되 "안식일에 선을 행하는 것과 악을 행하는 것, 생명을 구하는 것과 죽이는 것, 어느 것이 옳으냐?" 하시니 저희가 잠잠하거늘 저희 마음의 완악함을 근심하사 노하심으로 저희를 둘러보시고 그 사람에게 이르시되 "네 손을 내밀라." 하시니 그가 내밀매 그 손이 회복되었더라. 바리새인들이 나가서 곧 헤롯당과 함께 어떻게 하여 예수를 죽일꼬 의논하니라.[3]

예수님 뒤쪽에서 청중들을 향해 앉아 있던 회당의 지도자들은 숨은 저의가 있는 질문을 했다. "안식일에 병 고치는 것이 옳으니이까?" 청중들 중에 손 마른 사람이 있었다. 그 사람은 일을 할 수 없었을 뿐 아니라 정상적인 이스라엘의 구성원이 될 수 없는 수치심을 감수하며 살아야 했다. 불구인 그는 성전 내부에 들어갈 수 없었다.

다른 때 같았으면 예수님께서 안식일에 병든 자를 고쳐 주시고 그 다음에 그 일로 비난을 받으셨을 것이다. 그러나 여기서는 바리새인들이 청중들 사이에 손 마른 사람을 심어 놓았음을 암시해 주는 그런 논쟁을 먼저 시작했다. 그들은 또다시 한 사람을 하나의 대상물로 취급하고 있었다. 그들은 그 사람을 이용해 예수님을 책잡으려 했다.

처음에 예수님은 대답하지 않으셨다. 그저 손 마른 사람을 사람들 앞에 서게 해서 모든 사람이 볼 수 있게 하셨다. 그런 다음 사람들의 일상 생활의 예를 들면서 그 사람을 그들이 돌보는 양에 비유했다. "너희 중에 어느 사람이 양 한 마리가 있어 안식일에 구덩이에 빠졌으면 붙잡아 내지 않겠느냐?" 랍비들의 논쟁 방식을 취하면서 예수님은 작은 것으로부터 큰 것으로 나아가는 변론을 펼치셨다. "양은 구해내면서 사람은 구해내지 않겠느냐?" 예수님은 양을 돌보는 방식을 상기시키시며 그들이 이 사람의 입장에 서게 되기를 원하셨다.

앞에서 우리는 연약한 사람들과 일체감을 갖는 예수님을 보았다. 여기서는 힘있는 사람들의 입장에 서서 그들과 일체감을 갖는 예수님을 볼 수 있다. 바리새인들에게 동정심을 가르치시는 동안에도 그들에게 인내심, 곧 동정심을 보여 주셨다. 냉엄하고 종교적인 율법주의를 벗겨내고 불구가 된 사람을 돌볼 수 있게 하시려고 그들의 세계 속으로 들어가셨다. 그들은 선을 행하고 사람들을 구해야 한다는 원리를 알고 있었다. 예수님은 그들에게 이렇게 물으시며 변론을 결론지으셨다. "안식일에 선을 행하는 것과 악을 행하는 것, 생명을 구하는 것과 죽이는 것, 어느 것이 옳으냐?" 바리새인들이 먼저 제기했던 비난조의 질문을 자비를 구하는 간청으로 바꾸셨다. 그것은 강력한 힘을 지닌 설교였다.

예수님이 사람들을 고치는 일을 허락하고 싶지 않았던 바리새인들은 아무 대답도 하지 않았다. 사람이 만든 규정에 갇혀서 그들은 동정심을 느낄 수 없었다. 그들의 침묵은 손 마른 사람보다 자기들의 양이 더 중요하다고 말하는 것이었다.

그들의 냉혹한 마음에 화가 난 예수님은 병든 사람을 고쳐 주고 그 고통에서 벗어나게 해주는 일에 찬성할 사람들을 찾기 위해 청중들을 유심히 바라보셨다. 그러나 아무도 나서는 사람이 없었다. 완악한 그들을 향한 예수님의 노여움은 슬픔에 찬 혐오감으로 솟구쳤다. 그들의 무정한 마음을 슬퍼하셨다. 그러나 예수님의 노여움과 슬픔은 사랑의 행동으로 이어졌다. 손 마른 사람에게 그 손을 펴라고 명하셨고 모든 사람이 그 손을 보게 만드셨다. 그런 다음 그들이 보는 앞에서 그 사람을 고쳐 주셨다. 예수님은 화를 폭발시키거나 "속마음을 털어놓지 않으셨다." 말씀은 별로 하지 않으셨다. 그리고 예수님이 하신 말씀과 행동은 건설적인 것이었다. 예수님은 노여움을 사랑으로 통제하셨다.

노여움과 동정심이 반반씩 섞인 것이 아니었다. 예수님은 전적으로 동정하셨으며 또 전적으로 노여워 하셨다. 그 분노는 불의의 피해자가 된 사람을 위한 완전한 사랑의 표현이었다. 누군가 고통 당하는 것을 볼 때 우리는 동정심을 느껴야 한다. 그리고 누군가 다른 사람을 고통스럽게 만드는 것을 볼 때 우리는 노여워 해야 한다.

예수님께서 손 마른 사람을 고쳐 주시자 너무 화가 난 바리새인들은 예수님을 죽이려는 음모를 짜면서 안식일에 일을 했다. 예수님께서 그들의 원칙을 깨뜨리고 그들의 체면을 손상시켰기 때문이었다. 그들의 이런 이기적인 분노는 사랑이 아니라 복수로 이어졌다.

선한 화냄

원하는 대로 일이 잘 돌아가지 않을 때 사람들은 보통 분노의 가장 가벼운 형태라 할 수 있는 화를 내게 된다. 화내는 사람들

주변에 있으면 늘 조심스럽다. 그러나 우리는 종종 자신이 화를 내는 것은 '상처'를 받았기 때문이라고 정당화한다. 그러나 동시에 자기 자신의 과잉 반응에 죄책감을 느끼기도 한다.

예수님께서 제자들에게 화를 내셨던 때의 상황을 살펴보자.

사람들이 예수의 만져 주심을 바라고 어린아이들을 데리고 오매 제자들이 꾸짖거늘 예수께서 보시고 분히 여겨 이르시되 "어린아이들의 내게 오는 것을 용납하고 금하지 말라. 하나님의 나라가 이런 자의 것이니라. 내가 진실로 너희에게 이르노니 누구든지 하나님의 나라를 어린아이와 같이 받들지 않는 자는 결단코 들어가지 못하리라" 하시고 그 어린 아이들을 안고 저의 위에 안수하시고 축복하시니라(막 10:13~16).

오늘날 정치가들은 아기들에게 입을 맞추며 사람들의 이목을 끄는 명성을 즐긴다. 그러나 거의 전 역사를 통해 어른들은 아이들이 눈앞에 보이는 것까지는 용납해 주었지만 아이들이 목소리를 내는 것은 전혀 기대하지 않았다. 아이들을 데려온 부모들을 꾸짖는 제자들은 그 당시 사회가 아이들을 어떻게 생각했는지를 반영해 준다. 아이들은 중요한 일을 하는 어른들을 방해해서는 안 되었다. 그러나 이런 태도가 예수님께는 성가신 것이었다. 왜냐하면 예수님께서 가장 관심을 가지고 있는 사람들을 제자들이 가로막고 있었기 때문이었다. 산상수훈에서 예수님은 이렇게 말씀하셨다. "심령이 가난한 자는 복이 있나니 천국이 저희 것임이요. 온유한 자는 복이 있나니 저희가 땅을 기업으로 받을 것임이요"(마 5:3, 5).

예수님의 말씀에 의하면 자신의 필요를 인식할 때 순전하고 영원한 행복의 문이 열리게 된다. 일반적으로 종교는 사람들이 '해야 할'

것에 대해 말하지만 예수님은 우리가 '할 수 있는' 것에 대해 말씀하셨다. 우리의 능력이나 하나님께 드릴 수 있는 것이 아니라 우리의 연약함이 하나님을 알게 해줄 수 있다고 예수님은 말씀하셨다. '심령이 가난한' 사람들, 자기 능력의 부족함을 아는 사람들, 곧 어린아이와 같은 사람들은 그것을 잘 이해할 수 있다. 권력을 행사하지 않는 '온유한' 사람이 진정한 영웅이다. 그것은 매우 기쁜 소식이다. 왜냐하면 우리들 대부분은 그 모든 것을 다 가질 수 없다는 사실을 잘 알고 있기 때문이다.

예수님은 아이들을 그저 힘이 없는 부류의 사람으로만 보지 않고 그들을 소중하게 생각하셨다. 아이들을 안아 주시고 쓰다듬어 주셨다. 그리고 아이들을 밀쳐내는 어른들을 언짢아 하셨다. 다른 사람들이 우리를 방해하거나 좋은 사람이나 유능한 사람으로 보이고 싶은 우리의 기대를 망쳐놓을 때 우리는 화를 내게 된다. 그러나 예수님은 방해를 받을 수 없게 되었을 때 화를 내셨다. 그분은 사랑해 주는 일을 사랑하셨다.

화냄 그 자체는 나쁜 것이 아니다. 다른 사람들이 잘못을 범했을 때 화를 내야 한다. 사랑 안에서 올바르게 화를 내는 것은 솔직한 말을 할 수 있게 하며, 그것을 통해 결국 다른 사람을 도와 줄 수 있다.

선한 분노

이제 예수님께서 가장 심하게 화를 내셨던 때를 살펴보도록 하자. 이 사건은 유월절 바로 전에 일어났는데 그 때는 예수님께서 돌아가시기 며칠 전이었다.

> 저희가 예루살렘에 들어가니라. 예수께서 성전에 들어가사 성전 안에서 매매하는 자들을 내어쫓으시며 돈 바꾸는 자들의 상과 비둘기 파는 자들의 의자를 둘러엎으시며 … 이에 가르쳐 이르시되 "기록된 바 내 집은 만민의 기도하는 집이라 칭함을 받으리라고 하지 아니하였느냐? 너희는 강도의 굴혈을 만들었도다" 하시매(막 11:15, 17).

진짜 무섭게 성난 힘으로 상을 뒤엎어버리고 분노를 내뿜으며 소리치셨다. "기록된 바 내 집은 만민의 기도하는 집이라 칭함을 받으리라고 하지 아니하였느냐? 너희는 강도의 굴혈을 만들었도다." 상업화된 종교에 예수님은 격분하셨다. 하나님을 섬겨야 할 사람들이 돈을 섬기고 있었다. 짤랑거리는 동전의 시끄러운 소리가 마음에서 우러나는 기도 소리를 대신하고 있었다. 소음의 나라가 하나님의 나라를 대신했다.

로마 제국 전역에 흩어져 있던 유대인들이 예배를 드리기 위해 예루살렘 성전으로 모여들었다. 그들이 제사 드릴 양을 사기 위해 돈을 바꿀 때마다 제사장들이 상납금을 받아 챙겼고 그 일에 예수님은 격분하셨다.

모세의 율법은 속죄 제물로 드릴 양은 흠이 없는 것이어야 한다고 규정하고 있다. 그러나 제사장들은 자신들이 드리는 제물만이 흠이 없는 것이라고 말했다. 따라서 유대인들은 독점상들이 보통 하듯이 종교 전문가들에게 상당액의 순이익을 지불하면서 그들로부터 양을 사야 했다. 이런 일은 가난한 사람들에게 큰 어려움을 안겨 주었고 그래서 예수님을 몹시 화나게 했다.[4]

상거래가 이방인들이 기도할 수 있도록 마련된 성전 뜰에서(유대인들만 성전 내로 들어갈 수 있었다) 이루어졌다. 고대 선지자들은 유대인들을 통해 '모든' 사람들에게 구원이 이르게 될 것이라고 말했다. 이스라엘은 만방의 모든 민족이 하나님을 알게 되는 관문이 될 수 있었다. 그러나 제사장들이 성전 뜰을 장사하는 곳으로 사용했기 때문에 이방인들은 기도하기 위해서는 그 뜰을 사용할 수 없었다(누군가 복도에서 큰 소리로 맥주를 파는 동안 학생들이 발표하는 연극을 보려고 안간힘을 써야 하는 모습을 상상해 보라). 이것도 예수님을 격노케 했다.

예수님의 솔직한 분노는 사람들에게 위험을 경고하기 위한 동정적인 배려였다. 많은 학자들은 예수님께서 기원 후 70년 로마 티투스 장군에 의한 예루살렘 붕괴를 예시하는 성전에 대한 심판을 연출하시며 이스라엘이 달라지지 않으면 성전이 파괴될 것이라고 경고하신 것이라 생각한다. 이것은 왕권에 대한 주장을 암시하고 있는데 그 이유는 이스라엘의 위대한 왕에게 성전에 대한 궁극적인 권위가 있었기 때문이다. 그러나 유대인 지도자들이 보기에 예수님의 행동은 미 국회의사당 앞에서 성조기를 불태우는 것과 같은 일이었다.

예수님에게서 우리는 한순간 아이들을 소중히 여기고 사랑하다가 바로 다음 순간에는 상을 뒤엎어 버리는 모습을 볼 수 있다. 이 상반되는 두 모습을 우리는 어떻게 이해해야 할 것인가? C. S. 루이스는 「사자와 마녀와 옷장」(*The Lion, the Witch, and the Wardrobe*)에서 예수님의 이런 모습을 묘사하고 있다. 수잔과 루시는 예수님을 상징하는 사자 아슬란에 대해 비버 부인과 다음의 이야기를 나눈다.

"정말 안전한 건가요? 사자를 만나면 겁날 것 같아요." 라고 루시가 말했다.

"암, 두려운 일이고 말고. 다리를 덜덜 떨지 않고 아슬란 앞에 설 수 있는 사람이 있다면 그 사람은 아마 가장 용감한 사람이거나 아니면 가장 어리석은 사람일꺼야." 비버 부인이 대답했다.
"그렇다면 안전한 게 아니네요?" 루시가 다시 물었다.
비버 씨가 말을 받았다 "안전이라구? 비버 아주머니가 하는 말 못 들었니? 안전하다고 말할 수 있는 사람은 아무도 없어. 왜냐하면 아슬란은 안전하지 않거든. 그러나 아슬란은 선한 왕이란다. 이것만은 확실하게 말할 수 있어."[5]

부드러우면서 강하고, 겸손하면서 힘이 있는 예수님은 친절한 전사의 모습을 구체적으로 보여 주셨다.

평화의 교란자, 예수님

예수님의 분노를 맛볼 필요가 있다고 생각되는 사람들이 아마 좀 있을 것이다. 그러나 자기 자신에게 그 분노가 미치는 것은 원치 않을 것이다. 예수님의 분노를 사는 것은 매우 난처한 일이다. 그분은 진정한 평화를 불러오는 분이시며 또 거짓 평화를 깨뜨리는 분이시다. 분노하는 예수님의 솔직함은 거짓 평화를 분쇄해 버렸다.

예수님은 제자들만 따로 불러 가르치시며 이렇게 말씀하셨다. "내가 세상에 화평을 주러 온 줄로 생각지 말라. 화평이 아니요, 검을 주러 왔노라"(마 10:34). 잘 인용되지 않는 어려운 말씀이다. 예수님은 또 "화평케 하는 자는 복이 있나니"(마 5:9)라고 말씀하셨다. 두 말씀이 상반되는 것이 아닌가? 그러나 악과 정의의 필요성을 생각해 본다면 이 말씀은 완벽하게 이치에 닿는 말씀이다. 종종 정직이 고통을 불러오고 정의가 분열을 일으킬 수도 있지만 이 둘은 불의를 해결한다. 진리와 정의가 결여된 동정심은 뼈대 없는 추한 사랑의 서투른 모방에 불과하다.

예수님은 무정함과 교만과 불의에 분노하셨다. 이런 것들은 있어서는 안 되는 것들이다. 악습은 개선되어야 한다. 악이 저질러지는 것을 보거나 경험했던 때를 돌아보라. 그리고 "이래서는 안 된다"고 분노하며 그 상황에 대항하는 예수님을 상상해 보라. 정의가 이루어진다. 정상이 회복된다. 그리고 생활에 균형을 불러온다. 하나님과 다른 사람들에게 범하는 죄는 언제나 잘못된 것이다. 마음 속 깊은 곳으로부터 우리는 무엇이 옳고 그르며 또 무엇이 진실이며 거짓인지를 알고 있다.

대학 교수님 중의 한 분이 우리에게 각자의 윤리 체계를 만들어 보라는 숙제를 내주신 적이 있다. 그분은 상대주의를 신봉하였다. 나는 교수님께 만일 내가 나치주의자로 자신의 도덕법칙을 만들려 한다면 어떻겠는지를 여쭈어 보았다. 교수님은 아무 대답도 하지 않으셨다. 상대주의(각자가 자기 자신의 도덕 체계를 만들 수 있다)에 대한 피상적인 수행과, 살인은 나쁘다(십계명 중의 하나, 하나님의 도덕률)는 피부에 닿는 절실한 신념 사이의 딜레마에 빠진 것이다. 나는 그냥 까불어본 것이 아니었다. 교수님이 유대인이라는 것을 알고 있었고 우리 두 사람 다 나치주의를 혐오했다. 그러나 나는 교수님이 "하나님이 없다고 해서, 죽으면 모든 것이 끝난다고 해서 인간이 원하는 것이라면 무엇이든 다 할 수 있는 것은 아니다"라고 도스토예프스키의 「카라마조프의 형제들」에 나오는 밋챠(Mitya)가 한 말의 논리를 직시할 수 있기를 원했다.[6]

교수님은 히틀러가 절대적으로 옳지 않다고 비난하면서도 자신의 상대주의를 고수하고 싶어했다. 그리고 그러한 모순을 인정하지 않으며 내게 화를 냈다. 그 분노는 자신의 평화가 깨어지고 그의 이중성이 드러나는 것이 싫은 자신을 변호하기 위한 것이었다.

다른 사람 중심의 분노

선한 분노를 보는 건 하나의 큰 기쁨이다. 왜냐하면 그리 흔치 않기 때문이다. 놀랍게도 예수님은 사람들이 해를 가했을 때 전혀 화를 내지 않으셨다. 우리라면 발끈 화를 내고 말았을 그런 상황 속에서도 전혀 화를 내지 않으셨다. 바리새인들이 귀신들린 것이 아니냐고 몰아부쳤을 때도 예수님은 그저 담담하게 대응하셨다. 자신의 시간과 일정에 얽매이지 않았기 때문에 방해를 받으면서도 화내지 않으셨다. 가진 것이 너무 없었기 때문에 감정을 돋울 일도 없으셨다. 그러나 동정심을 가로막는 사람들의 불의와 가식에는 격분하셨다. 예수님의 분노는 다른 사람들의 행복에 초점이 맞춰져 있었다.

또 믿음을 방해하는 것에 화를 내셨다. 제자들은 아이들의 믿음을 가로막았다. 돈 바꾸는 사람들은 유대인이 아닌 사람들의 믿음을 방해했다. 예수님은 사람들에 대한 사랑(동정)이나 하나님께 대한 신뢰(믿음)를 저지하는 행동에 화를 내셨다.

예수님은 자신의 분노를 생생하게 표현하셨지만 또 언제나 그 분노를 통제하셨다. 지도자들이 불구가 된 사람을 치료해 주는 선한 일을 거부했을 때만 그 눈길이 불타올랐다. 성전에서도 구체적으로 돈 바꾸는 사람들에게만 그 분노가 집중되었다. 그리고 예수님의 분노는 언제나 좋은 결과를 불러왔다. 손 마른 사람이 치유되었고, 아이들은 환영을 받았고, 돈 바꾸는 사람들이 쫓겨났고 성전은 조용해졌다. 그분의 통제된 분노는 강렬하고 창의적인 것이었다.

침묵할 때

동정심과 균형을 이루는 솔직함

 어느 날 내 친구 월터(Walter)는 몇 년 전에 자기에게 잘못을 범했던 한 동료의 사과를 받고 기분 좋은 마음으로 집으로 돌아갔다. 그 이야기를 들은 아내는 "으응, 그랬어요"라고 그저 퉁명스럽게 대답했다. 처음에는 그런 아내의 반응에 조금 놀라고 섭섭했다. 그러나 몇 분 후 아내에게 새 가구를 어디서 샀는지를 물어보았다. 그리고 집에 아주 잘 어울리는 가구라는 이야기를 함께 나누었다.

 월터가 이 이야기를 내게 해주었을 때 나는 아내에게 무시를 당하고도 왜 침묵으로 응수하면서 '당신이 내게 관심이 없는데 내가 왜 당신에게 관심을 보여야 하는 거야?'라고 반응하지 않았을까 의아했다. 왜 아내에게 관심을 표현해 주었을까?

그 일이 있기 며칠 전 그가 솔직하게 했던 말 때문에 아내가 아직도 가슴 아파하고 있다는 사실을 알고 있었기 때문이라고 그는 대답했다. 첫 상처가 아직 다 아물지도 않았는데 어떻게 또 다른 상처를 가할 수 있겠는가? 그리고 그는 아내가 다른 사람 때문에 힘들어하고 있음도 알고 있었다. 아내가 이야기하면서 그런 마음을 드러냈을 것이다. 또 아내의 기분이 그리 좋지 않다는 것도 알고 있었다. 더구나 도움이 될 만한 방식으로 솔직하게 이야기를 나눌 수 있는 충분한 시간도 없었다. 월터의 솔직함은 아내를 배려하는 동정심으로 구체화되었다.

월터의 이야기는 내게 예수님을 상기시켜 주었다. 예수님의 솔직한 정면 대결은 언제나 사람들을 '위한' 것이었다. 시몬의 집에서 예수님은 울고 있는 여인뿐 아니라 시몬도 배려하는 행동을 하셨다. 사람들을 판단하고 부당하게 대우한 시몬의 행동은 옳은 것이 아니었다. 마르다와도 마찬가지로 그렇게 하셨다. 동생을 시기하며 나무라는 마르다의 행동은 옳지 않은 것이었다. 제자들이 눈먼 사람을 무정하게 판단했을 때도 친절하게 제자들을 지적하셨다. 또한 마리아가 잘한 것을 말씀하시며 참을성 있게 그녀를 변호해 주셨다.

인내에 대한 연구

최후의 만찬을 제자들과 함께 나누는 자리에서 예수님은 자신이 법정에서 고난을 받고 죽게 될 것이라고 말씀하셨다. 그리고 그 때 제자들이 모두 예수님을 버리고 도망하게 될 것이라는 경고를 하셨다. 그러자 나중에 예수님을 세 번이나 부인하게 될 베드로가 자신은 절대로 예수님을 버리지 않을 것이라고 완강하게 말했다.

예수께서 제자들에게 이르시되 "너희가 다 나를 버리리라. 이는 기록된 바 내가 목자를 치리니 양들이 흩어지리라" 하였느니라. "그러나 내가 살아난 후에 너희보다 먼저 갈릴리로 가리라." 베드로가 여짜오되 "다 버릴지라도 나는 그렇지 않겠나이다." 예수께서 가라사대 "내가 진실로 네게 이르노니 오늘 이 밤 닭이 두 번 울기 전에 네가 세 번 나를 부인하리라." 베드로가 힘 있게 말하되 "내가 주와 함께 죽을지언정 주를 부인하지 않겠나이다" 하고 모든 제자도 이와같이 말하니라(막 14:27~31).

헬라어 성경은 베드로가 '계속해서 고집스럽게' 주장했음을 암시해 주고 있다. 그는 완강했고 예수님은 베드로에게 결정을 맡기셨다. 베드로에게 "주님, 무슨 말씀인지 알겠습니다. 지금까지 주님은 틀린 적이 한번도 없으셨습니다. 그러니까 이번에도 분명히 그럴 것입니다"라고 말하도록 강요하지 않으셨다.

누군가 우리의 정직을 인정해 주지 않을 때 우리는 종종 목소리를 높이고 수식을 약간 더 추가하긴 하지만 우리가 이미 한 말을 되풀이해서 말한다. 그리고 아마 "넌 제대로 듣는 법이 없어. 넌 언제나 …"라고 말할 것이다. 조용히 입을 다물고 상대방의 이야기를 들어주거나 위로해 주는 일은 우리가 제일 나중에 하고 싶어하는 일이다. 그러나 예수님은 정확히 그렇게 하셨다. 예수님께서 베드로에게 그가 부인하게 될 것을 말씀하신 후 제자들을 위로하셨다. "너희는 마음에 근심하지 말라. 하나님을 믿으니 또 나를 믿으라"(요 14:1).

예수님은 제자들을 '위해' 솔직하셨다. 곧 무슨 일이 일어나게 될지를 말씀하심으로 예수님의 죽음과 예수님을 버리고 도망한 자신들로 인한 충격에 대처할 준비를 할 수 있게 도와 주셨다. 제자들이 반대를 표했을 때 억지로 강요하지 않으셨다. 그저 제자들에게 생각할 수 있는 여유를 주셨고 우리에게는 동정심을 가지고 자제하는 솔직함이 어떤 것인지를 보여 주셨다.

정의를 요구함

어떤 사람들은 상대방이 부당하게 행동할 때 그들에게 반박해서 말하지 않으면 자신이 그들의 통제를 받게 될지도 모른다고 두려워한다. 그러나 사실은 그와 정반대이다. 사람들이 인정해 주지 않거나 우리의 마음이 상할 때마다 우리의 생각을 다 표현할 필요는 없으며, 모든 염려나 비난을 다 말할 필요도 없다. 또 우리가 생각하는 것을 언제나 다 말해야 하는 것도 아니다. 마음 속에서 다룰 수 있는 것들도 있다.

조용히 '침묵하면서' 용서하는 것이 때로는 불공평하게 생각되고 고통스럽고 힘들게 느껴질 수도 있다. 일 세기 사회에서 사람들은 용서를 터무니없는 것으로 보았다. 이론적으로 중요하게 여기지도 않았다.[1] 그들에게 중요한 것은 '체면' 뿐이었다. 작은 모욕도 엄중하게 보복함으로 체면을 세우려 했다.

그러나 예수님은 다른 주장을 하셨다. 그리고 우리에게 잘못을 범한 사람들을 용서하는 일에 따르는 불공평을 어떻게 다루어야 하는지를 보여 주셨다. 한번은 베드로가 물었다. "주여, 형제가 내게 죄를 범하면 몇 번이나 용서하여 주리이까? 일곱 번까지 하오리이까?" 아마도 어떤 사람이 베드로를 짜증나게 했던 모양이다. 그리고 새로 찾게 된 자신의 영적 숭고함에 매우 만족스러워하고 있었던 것이 분명하다. 왜냐하면 랍비들은 세 번까지 용서해 주라고 말해왔기 때문이다. 그러나 언제나 예측할 수 없었듯이 예수님은 베드로에게 이렇게 말씀하셨다. "일곱 번 뿐 아니라 일흔 번씩 일곱 번이라도 할찌니라"(마 18:22).

그런 다음 왕에게 일만 달란트를 빚진 종에 대한 비유를 통해 용서를 설명하셨다. 일만 달란트는 다 갚기에는 너무 큰 엄청난 금액이었다. 종이 자비를 구하자 왕은 그를 용서해 주었다. 그리고 그 종은 자기에게 백 데나리온을 빚진 동료 종을 찾아갔다. 백 데나리온은 약 5,000달러 정도 되는 꽤 큰 금액이었다. 그러나 일만 달란트에 비하면 아무것도 아니었다. 그 종은 자기에게 빚진 동료 종이 빚을 갚을 수 있을 때까지 감옥에 가두어 버렸다. 이 소식을 들은 왕은 화를 내며 그를 감옥에 가두며 이렇게 말했다. "내가 너를 불쌍히 여김과 같이 너도 네 동관을 불쌍히 여김이 마땅치 아니하냐?"(마 18:33)

이 비유를 마치며 예수님은 이렇게 말씀하셨다. "너희가 각각 중심으로 형제를 용서하지 아니하면 내 천부께서도 너희에게 이와 같이 하시리라"(35절). 이 말씀에는 "베드로, 자네에게 잘못을 범한 사람을 솔직하게 대하려면 자네가 하나님께 한 잘못을 하나님께서 얼마나 많이 용서해 주셨는지를 먼저 생각해 보아야 할걸세"라는 의미가 내포되어 있었다. 하나님의 관점으로 우리가 정말 어떤 사람인지를 보게 되면 다른 사람을 손가락질하고 싶을 때 조용히 입을 다물 수 있게 된다.

정직은 정의를 요구한다. 그러나 용서는 정의에 대한 요구를 포함하지 않는다. 용서할 때 우리는 정의가 아니라 자비가 필요한 우리 자신의 모습을 보게 된다.

구체적으로 이야기하라!

말이 때로는 아무 도움도 되지 않기 때문에 우리는 침묵해야 한다. "넌 몰라" "네가 언제 내 말 들은 적 있어?" "언제 한 번이라도 제대로 한 적 있어?" "넌 너무 감정에 치우쳐서 탈이야" 등과 같은 말은 상대방이 잘못한 행동을 구체적으로 지적해 주지 않기 때문에 전혀 도움이 되지 않는다. 사실일 수는 있지만 포괄적으로 일반화시켜 하는 말은 별 의미가 없고 다른 사람들을 비난하는 것이 되고 만다.

예수님께서 구체적인 예를 들어 바리새인들의 일반적인 잘못을 지적하시는 장면을 보라. 제자들과 무리들에게 바리새인들을 조심하라고 경고하시며 다음과 같이 말씀하셨다.

"저희 모든 행위를 사람에게 보이고자 하여 하나니 곧 그 차는 경문을 넓게 하며 옷술을 크게 하고 잔치의 상석과 회당의 상좌와 시장에서 문안 받는 것과 사람에게 랍비라 칭함을 받는 것을 좋아하느니라"(마 23:5~7).

사람의 잘못을 정확하게 지적하기 위해서는 시간과 생각하는 노력이 요구된다. 그런데 예수님은 바리새인들이 과시하는 여섯 가지의 예를 구체적으로 지적하시며 그들이 스스로 자신들을 들여다볼 수 있는 창을 만들어 주셨다. 다시 속도를 늦추시고 다른 사람의 세계를 생각하며 그 세계를 사려 깊게 언급하시는 일체감을 보여 주셨다.

제자들에게는 이렇게 말씀하셨다. "네 형제가 죄를 범하거든 가서 그 사람과만 상대하여 권고하라. 만일 들으면 네가 네 형제를 얻은 것이요"(마 18:15). 이 말씀을 우리는 어떻게 실천할 것인가? 때때로 매우 비판적인 아버지가 있다고 가정해 보자. 아버지는 자신이 지혜롭다고 굳게 믿고 있기 때문에 자주 다른 사람의 잘못을 지적하고, 자신의 '더 좋은 방식'을 사람들에게 보여 주려 한다. 대체로 이런 아버지의 솔직함이 너무 지나친 것이라 생각하며 그냥 무시해 버리거나, 아니면 정말 참을 수 없을 정도가 될 때까지 기다렸다가 "아버지 너무하시는 거 아니예요?"라는 공격을 가하며 자신의 정직에 시동을 걸기 위해 분노를 사용하게 된다. 그럼에도 불구하고 아버지는 전혀 귀를 기울이지 않기 때문에 더 화가 나고 다시는 아버지와 아무것도 같이 하지 않을 거라 생각하며 자리를 박차고 나가 버린다.

그러나 그렇게 하는 대신 아버지가 정말 결정적인 말을 할 때까지 기다렸다가 이렇게 말할 수 있을 것이다. "어제 저녁 드시면서 아이들에 대한 얘기를 하셨을 때 어머니가 모든 얘기를 다 정확하게 말씀하지 않으셨다는 건 저도 알아요. 그치만 아버지는 두세 번이나 어머니가 하시는 말씀을 고쳐 주셨어요. 그건 마치 아버지가 어머니보다 더 나은 사람이라고 말하는 것처럼 보였어요. 제가 보기에는 그렇게까지 하실 필요가 전혀 없었어요. 왜냐하면 그렇게까지 솔직하지 않아도 아버지가 어머니를 얼마나 사랑하는지 알기 때문이에요." 사려 깊은 생각을 솔직하게 표현하며 아버지에게 다가가라.

예수님의 솔직함은 정확하게 판단하는 것을 포함한다. 예수님은 말씀하신다. "내가 온 것은 세상을 심판하려 함이 아니요 세상을 구원하려 함이로라"(요 12:47). 예수님은 심판하실 때에도 사람들을 구원하신다.

그러나 동정심과 솔직함의 균형을 이루는 것은 말보다 훨씬 더 어려운 일이다. 다음 장에서 우리는 예수님께서 그 균형을 어떻게 이루셨는지를 살펴보게 될 것이다.

"얼마나 힘든지 알아 **나도 그렇거든**"

솔직하면서도
함부로 판단하지 않기

    어느 토요일 밤 아내와 나는 친한 친구들과 함께 무도장에 갔다. 우리는 그 전 해에 댄스 교습을 받았고 그 후 처음으로 시도해 보는 일이었다. 아내는 그저 사람들을 구경하는 것만으로도 크게 만족했다. 몇 시간씩이고 구경만 하고 있을 수도 있었다. 그러나 내 생각은 달랐다. '댄스 수업을 받았고 여기까지 오느라 45분 동안이나 차를 몰았다. 그러니 춤을 추지 않는다면 그건 낭비다'. 아내에게 강요를 하지는 않았지만 아내가 응할 때까지 계속 그 사실을 알려 주었다. 그래서 결국 우리는 함께 춤을 추게 되었다.

    그러나 문제가 하나 있었다. 아내는 박자 감각이 뛰어난 반면 스텝을 밟을 줄 몰랐고 나는 스텝을 밟을 줄은 알았지만 박자를 잘 맞추지 못했다. '다행히' 춤을 추면서 생겨날 수도 있는 문제를 해결해 주는 한 가지 규칙이 있었다. 그것은 남자가 앞서가며 이끌어가도록 되어 있다는 점이다.

춤을 추기 시작한 후 일이 분 내에 나는 박자를 놓쳤고 아내가 춤을 이끌어가면서 나를 고쳐 주었다. 아내가 그렇게 하는 것에 내가 짜증을 내자 아내는 이렇게 말했다. "이제 내가 왜 춤추는 걸 싫어하는지 알 것 같아요. 당신이 화를 내서 그래요."

그래서 우리는 잠시 동안 쉬며 자리에 앉아 있었다. 그리고 서로 헤어져서 다른 친구들과 짝이 되어 춤을 추자는 결론을 내렸다. 그렇게 춤을 추면서 스텝과 박자가 어긋나기도 했지만 다시 시도하면서 잘 돌아가게 되었다. 그래서 그날 밤 즐거운 시간을 가질 수 있었지만 아내와 나는 둘 다 꼬여 있었고 화해가 필요했다.

산상수훈에서 예수님은 "그러므로 예물을 제단에 들이다가 거기서 네 형제에게 원망 들을 만한 일이 있는 줄 생각나거든 예물을 제단 앞에 두고 먼저 가서 형제와 화목하고 그 후에 와서 예물을 드리라"(마 5:23~24)고 말씀하셨다. 다시 말해서 사람들과 화해하지 않고는 하나님께 예배드리려고 하지 말라는 뜻이다. 사람들을 사랑하는 것이 율법적인 종교 활동보다 더 중요하다. 인간 관계가 꼬여 있다면 다 내려놓고 가서 그것부터 해결하라. 다른 사람의 잘못으로 생긴 문제라 할지라도 먼저 대화를 시작하라. 사랑은 관계를 회복하기 위해 언제나 사람들에게 먼저 다가가게 한다.

들보 보기

무도장에 갔던 그날 밤 아내와 나는 둘 다 서로에게 짜증이

나 있었다. 나는 아내가 내 말에 좀더 귀를 기울이고 달라져야 할 필요가 있다고 생각했고 아내 역시 나에 대해 같은 생각을 하고 있었다. 나는 아내에게 90퍼센트의 잘못이 있다고 생각했고 아내 역시 나에게 90퍼센트의 잘못이 있다고 생각했다. 이런 두 사람이 어떻게 화해를 하고 서로에게 솔직할 수 있겠는가?

산상수훈에서 예수님은 우리가 누군가에게 '우리 생각'을 강요하고 싶어하는 한 장면을 마음에 그리며 이렇게 도전하셨다.

"어찌하여 형제의 눈 속에 있는 티는 보고 네 눈 속에 있는 들보는 깨닫지 못하느냐? 보라 네 눈 속에 들보가 있는데 어찌하여 형제에게 말하기를 나로 네 눈 속에 있는 티를 빼게 하라 하겠느냐? 외식하는 자여, 먼저 네 눈 속에서 들보를 빼어라. 그 후에야 밝히 보고 형제의 눈 속에서 티를 빼리라"
(마 7:3~5)

이 말씀은 이상하게 뒤틀린 인간의 마음을 넌지시 비추고 있다. 우리를 불편하게 만드는 다른 사람들의 부족함 속에서 우리 자신의 부족함을 본다. 우리는 자신의 큰 잘못(들보)은 간과하면서 다른 사람의 사소한 잘못(티)을 탓한다. 예수님의 통찰력을 자신에게 적용해 보자. 다른 사람의 어떤 잘못이 귀찮게 여겨지는가? 같은 잘못이 자신에게도 있는 것은 아닌가? 예를 들면, 여자를 배려하지 않는 사람을 보면 마음이 언짢아지는가? 그렇다면 자신이 여자를 배려하지 않은 적은 없었는가? 예수님의 가르침을 따르는 사람이라면 다른 사람을 향해 "너 어쩌면 그렇게 미련하니?"라는 태도를 취하지는 않을 것이다. 대신 이렇게 말할 것이다. "얼마나 힘든지 알아. 나도 그렇거든." 예수님은 우리가 다른 사람의 잘못을 지적하기 전에 먼저 우리 자신의 잘못을 제거해야 한다고 말씀하신다.

예수님은 악한 마음이 우리가 보는 것에 영향을 미친다는 사실을 우리에게 알려 주기 원하신다. '난 절대로 그렇게 안 해'라고 생각하는 우리의 독선이 우리의 시야를 흐려놓기 때문에 다른 사람의 잘못이 우리 자신의 잘못보다 더 크게 보인다. 그래서 다른 사람들이 우리 말에 귀를 기울여 주지 않으면 목청을 더 높인다. 그리고 솔직함을 하나의 무기로 삼는다. 우리 모두 이렇게 한다면 다른 사람을 비난하면서 자기를 방어하는 자멸의 악순환 속으로 들어가게 된다. 그러나 먼저 나 자신을 돌아보게 되면 그 악순환을 부수고 평화를 이룰 수 있다. 그렇게 되면 다른 사람들에게 나처럼 되라고 말하면서 그들보다 우월한 자리에 서 있지 않게 된다. 대신 자비와 도움을 필요로 하는 나와 하나가 되자고 초청할 것이다. 동정심은 다른 사람을 볼 때 시작되고, 화해는 나 자신을 돌아볼 때 시작된다.

황금률은 먼저 우리 자신을 돌아보고 다른 사람들이 우리를 어떻게 사랑해 주기를 바라는지 생각한 다음 친구를 사랑하기 위해 그 정보를 사용하라고 우리에게 말해주고 있다. 들보 보기는 우리가 어떻게 행동하는지를 먼저 살펴보고 친구를 솔직하게 대하기 위해 그 정보를 사용하라고 말한다. 우리 자신의 문제를 먼저 인정할 때 '너보다 내가 더 거룩하지'라는 자세는 사라지고 동정어린 솔직함만이 남게 될 것이다.

예수님은 다른 사람들에게 들보 보기를 가르치셨지만 예수님께서 그렇게 하시는 것을 볼 수는 없다. 그분은 자신의 죄를 돌아보신 적이 없으시다. 그 이유는? 바리새인들에게 하신 질문이 우리에게 그 실마리를 던져준다. "너희 중에 누가 나를 죄로 책잡겠느냐?"(요

8:46) 예수님이 육체를 입고 오신 하나님이라면 죄가 없다고 한 말은 충분히 일리 있는 주장이다. 우리는 하나님은 죄가 없는 분이라고 생각한다. 그러므로 그분에게서 들보를 찾을 수 없다.

"죄 없는 자가 ..."

다음 장면에서 예수님은 우리 눈의 들보를 먼저 보아야 할 것을 다시 강조하셨다.

아침에 다시 성전으로 들어오시니 백성이 다 나아오는지라. 앉으사 저희를 가르치시더니 서기관들과 바리새인들이 간음 중에 잡힌 여자를 끌고 와서 가운데 세우고 예수께 말하되 "선생이여, 이 여자가 간음하다가 현장에서 잡혔나이다. 모세는 율법에 이러한 여자를 돌로 치라 명하였거니와 선생은 어떻게 말하겠나이까?" 저희가 이렇게 말함은 고소할 조건을 얻고자 하여 예수를 시험함이러라. 예수께서 몸을 굽히사 손가락으로 땅에 쓰시니 저희가 묻기를 마지 아니하는지라. 이에 일어나 가라사대 "너희 중에 죄 없는 자가 먼저 돌로 치라" 하시고 다시 몸을 굽히사 손가락으로 땅에 쓰시니 저희가 이 말씀을 듣고 양심의 가책을 받아 어른으로 시작하여 젊은이까지 하나씩 하나씩 나가고 오직 예수와 그 가운데 섰는 여자만 남았더라. 예수께서 일어나사 여자 외에 아무도 없는 것을 보시고 이르시되 "여자여, 너를 고소하던 그들이 어디 있느냐? 너를 정죄한 자가 없느냐?" 대답하되 "주여 없나이다." 예수께서 가라사대 "나도 너를 정죄하지 아니하노니 가서 다시는 죄를 범치 말라" 하시니라(요 8:1~11).

바리새인들은 덫을 놓았다. 예수님께서 여자를 책망하지 않는다면 모세의 율법을 어겼다고 책잡을 수 있을 것이다. 그리고 예수님은 더 이상 훌륭한 유대인이라 할 수 없게 된다. 그러나 만일 여자를 책망하신다면 그것은 동정심이 많은 분으로 알려진 예수님의 명성에 어긋나는 일이 될 것이다. 따라서 로마인들과(유대인들에게 사형을 금지한) 갈등 상태에 놓이게 될 것이다.

이런 올무를 보신 예수님은 몸을 굽히고 조용히 땅바닥에 손가락으로 무언가를 쓰기 시작하셨다. 그들의 억센 주장이 있은 후 예수님은 고개를 드시고 죄가 없는 사람은 돌을 들어 여자를 쳐도 좋다고 허락해 주셨다. 그리고는 다시 땅에 무언가를 쓰셨다. 방금 하신 말씀이 그들의 마음속을 꿰뚫을 수 있는 시간적·공간적 여유를 주셨다. 자신의 독선을 내뿜기 전에 각자 자기의 마음을 먼저 판단해 보기를 원하셨다. 판단하는 자세를 가지지 않고 솔직할 수 있는 유일한 길은 원리를 배우는 것이 아니라 나는 어떤가 물으며 스스로 자신을 돌아보는 과정을 통하는 것이다.

비난을 퍼붓던 사람들이 차례로 자리를 떠났다. 자기의 들보를 보기 시작하면서 그들은 자신들의 말과 행동이 일치하지 않는다는 사실을 깨닫게 되었다. 육체적, 혹은 정신적으로 간음을 행했던 자신들의 죄를 깨닫게 되었다(예수님은 이렇게 말씀하셨다. "여자를 보고 음욕을 품는 자마다 마음에 이미 간음하였느니라"- 마 5:28).

남자와 여자를 차별적으로 대하는 이중적 도덕 표준에 양심의 가책을 느꼈을지도 모른다. 두 사람이 같이 잘못을 범했지만 남자는 그 자리에 없었다. 더구나 모세의 율법에 따르면 실제로 간음을 행하는 장면을 보았다고 말하는 증인이 적어도 두 사람 이상 있을 때 간음죄가 될 수 있었다. 남편이 숨어 있다가 자기 아내를 함정에 빠지게 하는 일을 법적으로 금지하고 있었다. 그러나 이 사건은 그런 상황이 벌어졌던 것으로 보인다. 왜냐하면 바리새인들이 예수님을 책잡기 위해 간음한 여인을 미리 찾아야 했기 때문이다. 어쨌거나 예수님의 질문은 그들이 자신들의 법적 규정에 미치지 못하는 삶을 살고 있음을 드러내 주었다.[1] 더 깊이 생각하면 할수록 그 여자 주위에 놓여 있던 돌의 무게가 점점 더 무겁게 보였다.

예수님은 사람들이 반성하는 회개의 기회를 갖게 해줌으로 복잡한 상황을 단순하게 만드셨다. 쾌락을 느낄 수 있기 때문에 간음을 해도 좋다고 말하는 오늘날 우리 사회처럼 상황 자체를 단순하게 만들지는 않으셨다. 예수님은 그 여자에게 "가서 다시는 죄를 범치 말라"고 경계하시며 "간음하지 말라." 하신 하나님의 법을 분명하게 말씀하셨다. 율법 자체가 타락한 것이 아니었다. 타락한 것은 비난하는 사람들의 독선적인 마음이었다.

춤추는 것을 배움

자기 눈의 들보를 보는 것은 분명 고통스런 일이다. 아내와 느꼈던 갈등을 돌아보면서 나는 아내와 이야기하기가 겁났다. 내가 듣고 싶지 않은 나에 관한 이야기를 아내에게 들어야 했지만 내가 때때로 아내의 솔직한 말을 받아들이지 않고 거부했기 때문에 아내는 말하고 싶어하지 않았다.

다음 날 아침 나는 아내에게 지난 밤 내가 아내의 마음을 어떻게 상하게 했는지를 물었다. 아내는 이렇게 말했다. "왜 춤을 추었어야만 했는지 나는 이해가 안 가요. 그냥 앉아서 사람들을 보고 있을 수는 없나요?" 아내는 내가 강요하고 화낸 일을 지적했다. 그날 밤 또 아내에게 그 전날 밤 내가 어떻게 아내의 마음을 상하게 했는지를 다시 물었다. 아내는 다른 부부들에 대해 이야기했다. "친구들은 부부가 얼마나 서로 사랑하는지 보지도 못했어요? 아내와 함께 있는 것을 기뻐하면서 아내 쪽으로 머리를 기울이는 남편들을 당신은 보지도 못했냐구요? 자기 아내를 바라보는 그 눈길 못 봤어요? 당신은 날 그렇게 바라보지 않았어요."

나는 정신이 번쩍 들었다. 그리고 그날 이후 전과는 전혀 다른 방식으로 아내를 사랑하기 시작했다. 아내가 위험을 무릅쓰고 자기 마음을 열어 보여 주었을 때 나는 누군가를 소중히 여기고 예수님께서 사랑하신 것처럼 주의를 기울이고 강하면서도 부드럽고 지속적으로 인내하며 자신을 생각지 않고 다른 사람을 사랑한다는 것이 어떤 것인지를 이해하기 시작했다.

그날 밤 나는 아내에게 춤을 추면서 아내가 리드를 하는 대신 내가 박자를 맞추지 못하고 있다고 말해 주었더라면 덜 힘들었을 거라고 고백했다. 그러자 아내는 화를 냈다. 그래서 나는 아내가 솔직하게 말하는 것은 괜찮고 내가 그렇게 하는 것은 안 되는 이유가 무엇인지를 물었다. 그 후 아내는 조용히 내 얘기를 듣기 시작했다.

예의바른 솔직함을 묘사해 주신 예수님의 설명이 아내에 대한 내 사랑의 지침이 되었다. "먼저 네 눈 속에서 들보를 빼어라. 그 후에야 밝히 보고 형제의 눈 속에서 티를 빼리라." 하루 꼬박 아내에게 질문을 하고 난 다음에야 나는 밝히 보게 되었다. 내 들보를 찾아내고 나서야 내 잘못을 볼 수 있었고 그 덕분에 내 상처는 아물게 되었다. 그리고 독선적인 강의 대신 조용하고 간단한 한 문장으로 된 질문으로 내 솔직함을 표현하게 되었다.

경고 한 마디

우리가 아무리 달라지려 해도 다른 사람들이 우리의 솔직함을 받아주지 않는다면 어떻게 할 것인가? 우리가 하는 모든 말을 부정적으로 해석하고 우리의 친절을 속임수로 보며 악용하려는 사람들에게 어떻게 정직하게 대할 수 있을 것인가?

예수님께서 티와 들보에 대해 말씀하신 후 간결한 비유를 들어 이 질문들에 대한 말씀을 하셨다. "거룩한 것을 개에게 주지 말며 너희 진주를 돼지 앞에 던지지 말라. 저희가 그것을 발로 밟고 돌이켜 너희를 찢어 상할까 염려하라"(마 7:6).

이 비유는 대충 이렇게 해석할 수 있다. 어떤 사람들은(돼지) 아무리 온유하고 겸손하고 조심스럽게 대해 주어도 그저 우리의 솔직함을(진주) 그대로 받아들이지 못한다. 우리 눈의 들보를 빼낸다 할지라도 그들은 듣지 않을 것이다. 실제로 그들은 우리의 동정심을 오해하고 우리를 갈기갈기 찢어놓을 것이다.

예수님은 그런 사람을 대적하는 '원수'라고 부르셨다. 우리가 무슨 말을 하고 무슨 일을 한다 해도 우리를 싫어하고 우리의 행동을 자기 마음대로 해석하고 판단하는 사람이다. 따라서 우리의 말은 아무 소용이 없게 된다. 그럴 때는 침묵하라. 이런 경고는 고집스런 사람을 바꿔보려고 애를 쓰다 우리 머리만 벽에 부딪히고 마는 일이 일어나지 않게 막아준다.

누군가를 원수로 부르는 것은 상당히 가혹해 보이고 사람을 판단하는 일처럼 보일 것이다. 배우자나 자녀들이나 친구들을 원수로 생각하고 싶지는 않을 것이다. 그래서 우리는 급하게 더 많은 말을 하면서 상황을 바꿔보려고 애쓰다가 오히려 상황을 더 악화시키게 된다. 그러나 '원수'라는 말은 단순히 누군가 우리를 대하는 방식을 서술하기 위한 일시적인 분류이다. 즉 이렇게 말할 수 있다. "사춘기를 보내는 우리 딸이 오늘 아침에는 아주 원수 같더라고!" 어떤 사람과는 말을 많이 하면 할수록 문제만 더 복잡해진다. 화해가 원칙이지만 원수에게 침묵하는 것은 화해의 원칙을 따르지 않아도 되는 예외 사항이다.

예수님은 제자들에게 이렇게 말씀하셨다. "뱀같이 지혜롭고 비둘기같이 순결하라. 사람들을 삼가라"(마 10:16~17). 우리의 세상은 아름답지만 망가져 있기 때문에 예수님은 모든 것을 사랑하면서도 방심하지 않으셨다.

그러나 너무 극단적으로 치우쳐 좀 비열하게 행동하는 사람들이라고 해서 그들을 원수라고 부르며 화해하는 일을 더 어렵게 만드는 일이 없도록 조심해야 한다. 시도해 보지도 않고 "그 사람은 절대로 안 들을 거야"라고 말하는 사람들이 있다. 우리는 상대방이 듣지 않을 거라고 미리 앞서 결정하고 상대방을 '원수'로 내몰지 않도록 조심해야 한다.

어떻게 원수를 사랑할 것인가?

예수님께서 가르쳐 주신 대로 따라하지만 사람들이 화목하기를 거부할 경우에는 어떻게 할 것인가? 여기서도 예수님의 조언은 어떤 사람이 우리 마음을 상하게 했을 때 우리가 나타내는 모든 직관적인 반응과는 전혀 상반된다. 예수님은 원수를 사랑하고, 그들의 유익을 적극적으로 구하며, 참기 어려운 사람에게도 관심을 보이라고 말씀하신다. 예수님은 일상 생활을 예로 들어 원수를 어떻게 사랑해야 하는지를 보여 주셨다.

"또 눈은 눈으로, 이는 이로 갚으라 하였다는 것을 너희가 들었으나 나는 너희에게 이르노니 악한 자를 대적지 말라. 누구든지 네 오른편 뺨을 치거든 왼편도 돌려대며 또 너를 송사하여 속옷을 가지고자 하는 자에게 겉옷까지도 가지게 하며 또 누구든지 너로 억지로 오리를 가게 하거든 그 사람과 십리를 동행하고"(마 5:38~41).

눈은 눈으로, 이는 이로 갚으라는 말을 처음 한 사람은 모세였다. 이 규정은 보복을 위한 것이 아니라 타고난 우리의 반응을 억제하기 위한 것이다. 본능적으로 우리는 눈 하나는 눈 두 개로, 이 하나는 이 두 개로 갚으려 한다. 공평한 정의만으로는 만족하지 못한다. 빼앗긴 것보다 더 많은 것을 받아냄으로 벌을 가하고 싶어한다. 그런데 예수님은 우리의 원수를 사랑할 뿐 아니라 적극적으로 그들의 유익을 구하라고 명령하시며 사랑의 빗장을 예외적으로 높은 수준까지 끌어올리셨다. 우리가 핵심을 잃지 않도록 로마 군인들이 사람들에게 자기들의 짐을 대신 들려 오리를 같이 걷게 할 수 있었던 법적 권리를 언급하셨다. 짐을 대신 들어주고 오리뿐 아니라 오리를 더 동행해 주라고 말씀하셨다. 두 배로 앙갚음을 하는 대신 사랑을 두 배로 베풀라고 하신 것이다.

상대하기 어려운 사람에 대한 사랑을 멈추는 것이 아니라 말없이 다른 방식으로 사랑해 주어야 한다. 행동으로 실천하고 상대방에게 여유를 주고 하나님께서 일하시기를 기다리라. 하나님께서는 우리가 할 수 없는 모든 것을 하실 수 있다.

예수님은 이 사랑의 특성을 설명하기 위해 차별하지 않고 은혜를 베푸시는 하나님을 보여 주시며 다음과 같이 말씀하셨다.

"또 네 이웃을 사랑하고 네 원수를 미워하라 하였다는 것을 너희가 들었으나 나는 너희에게 이르노니 너희 원수를 사랑하며 너희를 핍박하는 자를 위하여 기도하라. 이같이 한즉 하늘에 계신 너희 아버지의 아들이 되리니 이는 하나님이 그 해를 악인과 선인에게 비취게 하시며 비를 의로운 자와 불의한 자에게 내리우심이니라"(마 5:43~45).

여기서 말씀하신 대로 예수님은 실천하셨다. 자신을 죽이는 사람들까지 사랑하셨다. 군병들이 예수님을 십자가에 못 박았을 때 예수님은 그들을 용서하시며 그들의 복리를 적극적으로 구하셨다. "아버지여, 저희를 사하여 주옵소서. 자기의 하는 것을 알지 못함이니이다"(눅 23:34). 헬라어 성경에는 예수님께서 "아버지여 저희를 사하여 주옵소서"를 계속해서 말씀하신 것으로 되어 있다.

증오가 사라지면서 찾아온 평화

예수님이 자신을 학대하며 쾌감을 느끼는 그런 분이셨는가? 십자가에서 예수님이 보여 주신 사랑은 비정상적인 것으로 보인다. 더 많은 상처를 받기 위해 우리 자신을 열어야 할 것인가? 아니다. 잘 생각해 보라. 원수와 관련된 두 가지 문제가 있다. 분명히 그들이 상처를 주었다. 그래서 그들이 한 일에 얽매여 괴로워하는 동안 증오가 마치 갈고리처럼 우리 마음 속으로 파고 들어 자리를 잡는다. 받은 상처에 너무 골몰해 있기 때문에 증오가 마치 영혼의 암처럼 우리를 서서히 갉아먹고 있음을 눈치채지 못한다. 증오심이 우리를 소리 없이 변화시켜 우리 원수와 똑같은 사람이 되게 한다.

원수를 사랑하라고 하신 예수님의 명령은 이런 증오심이 힘을 잃게 한다. 복수를 계획하는 대신 그들에게 어떻게 좋은 일을 해줄 수 있을 지를 계획한다. 그들의 필요를 돌아보고 어떻게 도와 주어야 할지를 생각한다. 로마 군인들은 피곤하다. 그래서 우리가 짐을 대신 지고 오리를 더 가준다. 연약한 곳을 사랑해 준다. 이런 사랑은 우리의 마음을 불시에 기습해 치료하기 시작한다. 그렇게 되면 증오심은 연료 부족으로 죽어간다.

사랑은 또 우리가 원수와 같은 사람들이 되지 못하게 막아줌으로 악순환의 고리를 끊어 놓는다. 대신 우리는 예수님처럼 악에 지배받지 않는 자유를 누릴 수 있게 된다. 더구나 사랑은 원수의 긴장을 해소해 주고 경계를 풀게 한다. 그러나 무엇보다 사랑은 하나님의 자비와 정의가 이루어지는 자리를 마련해 준다. 원수를 사랑하는 것은 하나님께서 우리보다 훨씬 더 효과적으로 일하는 분이라는 사실을 믿고 신뢰하는 것이다. 사랑하는 데는 믿음이 필요하다.

제2차 세계대전 당시 간디는 적국이었던 영국과 싸우기를 포기하고 영국의 유익을 적극적으로 구하며 그들의 전쟁을 후원했다. 그 결과는? 불과 몇 년 후 인도의 독립을 저지하던 영국의 반대가 무너졌다. 강렬한 사랑의 힘 때문이었다.

"원수를 사랑하라"고 하신 예수님의 가르침은 메시아가 '평화의 왕'으로 오시게 될 것을 예언한(사 9:6~7) 유대의 고대 선지자를 생각나게 해준다. 그리고 "화평케 하는 자는 복이 있다"고 하신 주님 자신의 말씀과도 부합한다. 우리 눈의 들보를 들어내고 우리의 원수를 사랑함으로 우리는 화평케 하는 자가 된다.

3부 사랑은 신뢰한다
Love depends on God

사랑의 비밀

하나님을 신뢰하는 믿음

　주말 세미나 강의를 시작하면서 "나 혼자서는 아무것도 하지 않는다. 아버지께서 하시는 것을 보고 그대로 할 뿐이다"라는 말을 쓰고 사람들에게 이 두 문장만을 기초로 이 말을 한 사람을 분석해 보게 한다. 그러면 사람들은 곧바로 열정을 가지고 작업에 착수하고 금새 아마추어 심리학자가 된다.

　"약한 사람 같은데요. 거의 무력한 사람처럼 보여요."
　"자기 생각이 있는 사람인가요?"
　"어른이라면 아버지에게서 좀 독립하는 게 필요할 것 같아요."
　"이 사람 상담을 받아본 적은 있나요?"
　"건강한 사람은 아니죠."

"어린애 같아요."

"종속적인 사람이네요."

사람들에게 충분한 기회를 준 다음 나는 예수님께서 그 말씀을 하셨다고 말해 준다. "내가 진실로 진실로 너희에게 이르노니 아들이 아버지의 하시는 일을 보지 않고는 아무것도 스스로 할 수 없나니 아버지께서 행하시는 그것을 아들도 그와 같이 행하느니라 … 내가 아무것도 스스로 할 수 없노라"(요 5:19, 30).

우리는 이런 의존을 그리 건강하지 못한 것이라 생각한다. 특히 미국인들은 독립성을 중시하고 자신감을 높이 평가한다. 그러나 예수님 삶의 모든 근본에는 '아버지'라고 부르셨던 하나님께 대한 어린아이 같은 신뢰가 자리잡고 있었다. 예수님은 규칙을 적은 책자가 아니라 사람들과의 관계를 중시하셨다. 그래서 동정심을 베풀고 솔직하게 사람들을 대하실 때 예수님이 내린 선택은 하나님께로부터 온 것이었다.

하나님의 다스림을 받음

형제들이 찾아와 일정을 좀 바꾸라고 제안했을 때 하나님 아버지를 의존했던 예수님을 보라.

유대인의 명절인 초막절이 가까운지라. 그 형제들이 예수께 이르되 "당신의 행하는 일을 제자들도 보게 여기를 떠나 유대로 가소서. 스스로 나타나기를 구하면서 묻혀서 일하는 사람이 없나니 이 일을 행하려 하거든 자신을 세상에 나타내소서" 하니 이는 그 형제들이라도 예수를 믿지 아니함이라. 예수께서 가라사대 "내 때는 아직 이르지 아니하였거니와 너희 때는 늘 준비되어 있느니라 … 너희는 명절에 올라가라. 나는 내 때가 아직 차지 못하였으니 이

명절에 아직 올라가지 아니하노라" 이 말씀을 하시고 갈릴리에 머물러 계시니라(요 7:2~6, 8~9).

예수님은 형제들에게 "너희 때는 늘 준비되어 있느니라"고 말씀하시며 자신들이 원하는 것을 원하는 때에 자유롭게 할 수 있다는 사실을 지적하셨다. 그러나 예수님 자신에 대해서는 "내 때는 아직 이르지 아니하였다"고 말씀하셨다. 예수님은 하나님께서 정하시는 일정을 그대로 따르셨다. 초막절에 올라가는 시기와 같은 세부 사항까지도 그대로 따르셨다.

예수님의 형제들은 "유명해지고 싶으면 거기 가서 자신을 드러내라"는 판매 전략을 제안했다. 초막절 절기 때 예루살렘의 인구는 백만을 넘는 숫자로 불어났다. 예수님 가족들은 자기들처럼 예수님도 군중의 갈채를 받고 싶어할 것이라 생각했다. 새롭게 떠오르는 정치인으로서 이미지를 부각시키기 위해 군중들의 도움이 필요할 것이라 생각했다. 그리고 권력을 쥐게 되면 물론 가족들을 기억해줄 것이다.

그러나 예수님은 명성이나 권력에는 아무 관심도 없으셨다. 오직 아버지의 뜻만을 생각하고 있었다. 그래서 그들에게 아니라고 대답하셨다. 형제들이 자유로운 것처럼 보이지만 사실상 그들은 사람들의 의견에 얽매여 있었다. 반면 하나님의 뜻을 따르려는 예수님은 사람들의 의견에 얽매이지 않고 자유로울 수 있었다.

형제들은 예수님이 초막절에 수많은 사람들이 볼 수 있도록 기적을 행하여 유명해지고 권세를 얻게 되기를 원했다. 그러나 예수님은 그런 기적은 사랑으로 하는 행동이 아니라 권력을 쥐기 위한 속임수라는 사실을 잘 알고 계셨다. 그런 이기적인 동기는 파티가 벌어지는 동안 지하실에 숨어 악취를 풍기는 스컹크처럼 사랑을 오염시킬 것이다. 아무리 창문을 많이 열어 놓아도, 그리고 집안에 아무리 많은 향을 피워도 사랑에 이기심을 결합시킨다면 그 악취가 모든 것을 오염시키며 온 집안을 떠돌아다닐 것이다.

예수님의 형제들은 예수님이 누리는 자유를 아집으로 해석했을 것이다. 왜냐하면 일 세기 당시에는 형제나 사촌이나 이모나 삼촌과 같은 대가족의 범위를 벗어나 생각하고 행동하는 것은 있을 수 없는 일이었기 때문이다.

그러나 예수님의 무게중심은 다른 곳에 있었다. "나는 사람에게 영광을 취하지 아니하노라. 다만 하나님을 사랑하는 것이 너희 속에 없음을 알았노라 … 너희가 서고 영광을 취하고 유일하신 하나님께로부터 오는 영광은 구하지 아니하니 어찌 나를 믿을 수 있느냐?"(요 5:41~42, 44) '하나님을 사랑했기' 때문에 예수님은 다른 데서 오는 사랑을 구해야 할 필요가 없었다. 아버지와 맺은 결속력은 형제들에게 아니라고 대답하고, 고통 당하는 사람들에게 나아갈 수 있는 자유를 갖게 해주었다. 하나님의 뜻을 우선적으로 따르려 하지 않았다면 아마도 예수님도 다른 사람들의 일정과 그 당시의 사회 문화에 얽매였을 것이다. 한편으로는 가족들을 기쁘게 하기 위해, 그리고 다른 한편으로는 유명해지기 위해 형제들과 함께 서둘러 예루살렘으로 올라갔을 것이다.

우리는 지금 사랑의 기초를 다지고 있다. 사랑의 일 층과 이 층을 구성하는 눈에 보이는 동정심과 솔직함은 하나님을 신뢰하는 믿음이라는 기초 위에 서 있다. 우리는 우리 힘만으로는 사랑할 수 없다. 지혜를 얻고 방향을 제시받기 위해 다른 의지(하나님의 뜻)를 참조해야 한다. 하나님을 신뢰하는 믿음은 우리의 의지를 하나님의 의지에 복종시키는 것이다. 그것은 하나님께 "하나님 당신이 주인이십니다"라고 말하는 것을 의미한다.

사심을 따르는 것이 사랑을 오염시킨다

우리는 우리 딸 킴이 계속 숨을 쉬면서 말을 할 수 있도록 킴의 입 속 근육 상태에 맞게 고안된 새로운 언어 치료 방법을 사용하고 있다. 킴은 천천히 고르게 숨쉬는 것을 배우고 있다. 어느 날 아침 킴은 치료받기를 전적으로 거부하며 몹시 힘들게 굴었다. 나는 '불쌍한 킴'이 애처롭게 느껴졌고 무언가 잘못된 것은 아닐까 라고 생각했지만 아내는 킴이 그저 고집을 부리고 있다고 생각했다. 아침을 먹으며 아내와 내가 주고받는 이야기를 우연히 듣게 된 킴은 "싸우지 마세요. 제가 왕이예요"라고 썼다.

얼마 전 우리 딸 애쉴리와 그 아이의 남편 데이브(Dave)가 주말에 킴을 데려가 돌봐 주었다. 주말을 다 보낸 후 데이브는 충격을 받은 듯했다. "와, 정말 고집이 보통이 아니었어요! 자기가 원하는 대로 하기 위해 자신의 장애까지 이용하던데요." 킴만이 그런 것이 아니다! 우리가 원하는 대로 하려는 고집은 아주 강하고 그것은 우리의 사랑을 오염시키는 아주 교묘한 것이 될 수 있다.

부부 사이에 일어나는 일 속에서 이런 현상을 살펴보도록 하자. 매주 남편이 쓰레기를 내다 버린다. 그런데 지난 주에는 깜빡 잊어버렸다. 그리고 이번 주에 또 다시 깜빡 했다. 대체로 남편은 쓰레기를 잘 갖다 버리는 편이었다. 그러나 아내는 "여보, 당신 쓰레기 버리는 거 또 잊어버렸어요"라고 말했다. 그 '또' 라는 말이 남편의 실패를 확연히 상기시켜 주는 스컹크가 되어 지하실에 자리를 잡았다. 그의 실수를 지적하면서 아내는 교묘하게 자신의 덕행을 추켜세웠다. '하나님을 사랑하는 것'이 우리 속에 없다면 우리는 다른 곳에서 사랑을 훔쳐와야 한다. '또' 라는 말이 사랑이라는 과자 조각을 훔쳐갔다.

그러나 아내는 자신에게 이렇게 말한다. "내가 '또' 라고 말하지 않으면 남편은 계속 잊어버릴 거야. 남편이 쓰레기 버리는 일을 습관적으로 잊어버리고 있다는 사실을 알려 주지 않는다면 결국 쓰레기를 내다 버리는 일은 내 차지가 되고 말 거야." 밑바탕을 이루고 있는 이 가정을 살펴 보라. '모두 나 하기에 달렸어. 내가 남편에게 그 사실을 알려 주지 않는다면 아무도 대신 해주지 않을 거야.' 아내의 생각 속에 하나님은 완전히 배제되어 있다. 하나님이 전적으로 배제된 상황 속에서 그녀는 남편이 자신의 말에 귀를 기울여야 한다고 생각한다. 그렇지 않으면 남편의 잊어버리는 습관 때문에 자신이 곤경에 빠지게 될 것이라 생각한다. 그래서 남편을 통제하기 위해 '또' 라는 단어를 사용해 자기 본위로 말한 것이었다. 그러나 예수님은 이렇게 말씀하셨다. "내가 내 자의로 말한 것이 아니요. 나를 보내신 아버지께서 나의 말할 것과 이를 것을 친히 명령하여 주셨으니"(요 12:49). 그렇다면 이런 상황에서 아내는 어떻게 자기 본위로 말하지 않으면서도 솔직하게 말할 수 있겠는가? 먼저 '또' 라는 단어를 떼어 버릴 수 있을 것이다. 그리고 최근에 자신은 두 번 이상 무언가를 잊어버리고 하지 않은 적은 없었는지를 돌아보며 자기 눈의 들보를 먼저 해결할 수 있을 것이다. 또는 아무 말 없이 그냥 조용히 쓰레기를 치울 수도 있을 것이다. 사랑은 조용히 참아준다. 잘못한 일들을 목록으로 적어 보관해 두지 않는다.

자아에게는 No, 하나님께는 Yes

> 자아를 버리고 하나님의 뜻에 "예"
라고 대답할 때 우리의 사랑은 순수하다.

킴이 열 살쯤 된 어느 날 자기 방에서 책을 읽고 있다가 내가 앉아 있던 부엌으로 내려왔다. 그리고 상당히 많이 쌓인 자기 책들을 지하실에 임시로 만들어 놓은 서재로 옮기는 일을 도와 달라는 뜻을 비추었다. 그리고는 크레파스통을 들고 엉덩이로 미끌어지듯이 하여 한 계단씩 지하실을 내려갔다. 계단을 한 삼분의 이 가량 내려갔을 때 크레파스통이 떨어져 크레파스가 온 계단에 흩어지고 킴은 멈추어 있었다.

보통의 경우라면 나는 책을 옮기고 도와 주었을 것이다. 그러나 곧바로 도와 주는 대신 나는 이렇게 물었다. "킴, 아빠가 도와 줬음 좋겠니?" 놀랍게도 킴은 머리를 저었다. 나는 어떻게 해야 할지를 몰랐다. 그래서 킴이 크레파스를 천천히 줍는 동안 계단에 서서 기다렸다. 그 시간은 단지 몇 분에 불과했지만 내게는 마치 한 시간은 족히 되는 듯했다. 그리고 그 때 손가락을 사용하는 것이 킴에게 어려운 일이었기 때문에 혼자 물건을 집어 올리는 것을 배우게 하는 것이 좋겠다는 생각을 하게 되었다. 최선이 아닐 때에도 나는 얼마나 성급하게 나서서 일을 처리하려고 하는지 모른다.

사람들을 도와 주는 것은 상당히 미묘한 일이 될 수 있다. 크레파스를 주워 주면서 내가 마치 킴을 위해 무언가를 해주는 것처럼 보일 수 있다. 그러나 그것이 정말 킴을 도와 주는 것인가? 아니면 얼른 그 일을 마치고 다른 일을 할 수 있도록 나 자신을 도우려는 것인가? 예수님 삶을 공부하면서 사랑은 효율적이지 않을 수도 있다는 것을 배웠다. 내가 바라는 것의 정체를 확인하지 않았다면 킴에게 상처를 주었을지도 모를 일이다. 나 자신에게 아니라고 말함으로 킴을 위한 내 사랑은 내가 원하는 것에 의해 오염되지 않고 순수할 수 있었다. 이런 방식으로 사랑하는 사람에게 예수님은 이렇게 칭찬하셨다. "온유한 자는 복이 있나니"(마 5:5). 자기의 뜻을 다른 사람에게 강요하지 않는 사람은 복이 있는 사람이다.

하나님과 대화하고 싶은 갈망

계단에 서서 킴을 기다리는 동안 나는 가슴이 텅 빈 것 같은 고립감을 느꼈다. 특정한 상황 속에서 '내'가 하고 싶은 것을 멈출 때 종종 이런 느낌을 받게 되는 것이 사실이다. 내가 고수해온 오래된 방식이 방해를 받을 때 나는 종종 방향 감각을 잃고 혼란에 빠지게 된다. 그러나 또 하나님을 알고자 하는 조용한 갈망도 함께 느낀다. 내 의지대로 하던 것을 멈추고 '내 자아'가 죽게 될 때 나는 하나님께 무엇을 해야 하는지를 여쭈어 보기 시작한다. 내가 해야 할 '나의 일정' 없이 살아가기 시작하면서 하나님을 갈망하게 된다.

예수님의 생애 속에서도 이런 모습을 종종 볼 수 있다. 바쁜 일정 속에서도 예수님은 기도하는 시간을 가지셨다. "예수의 소문이 더욱 퍼지매 허다한 무리가 말씀도 듣고 자기 병도 나음을 얻고자 하여 모여오되 예수는 물러가사 한적한 곳에서 기도하시니라"(눅 5:15~16). 기도는 단순히 하나님께 '묻는 것'을 의미한다. 기도를 통해 우리는 하나님께 우리가 무엇을 해야 하는지를 여쭈어 본다. 예수님은 제자들에게 이렇게 기도하라고 가르치셨다. "하늘에 계신 우리 아버지여

… 아버지의 뜻이 … 이루어지이다"(마 6:9~10). 기도하면서 우리는 하나님의 뜻에 우리의 뜻을 복종시킨다. 기도는 무의미한 종교적 주문이 아니다. 기도하면서 우리는 창조주와 인격적인 대화를 나눈다. 기도는 어떻게 사랑해야 하는지를 가르쳐 준다. 하나님의 도움이 없으면 우리는 안개 속에서 길을 잃게 된다.

로버트슨 맥퀼킨이 아내를 돌보기 위해 대학의 학장직을 떠난 후 한 학생이 이렇게 물었다. "다시 학장이 되고 싶으세요?" 그 학생의 질문을 돌아보면서 자신의 생각을 다음과 같은 기도로 표현했다.

"아버지 하나님, 이 일을 좋아합니다. 그리고 아무런 후회도 없습니다. 코치가 선수석에 앉아 있게 한 선수는 게임에 들어가 뛰려고 해서는 안 될 것입니다. 물론 제게 말씀하실 필요는 없지만 전 왜 하나님께서 게임에 절 내보내지 않으시는 건지 알고 싶습니다."

그날 밤 나는 잠을 잘 자지 못했고 그 수수께끼를 생각하며 일어났다. 그 당시에는 아내가 움직일 수 있는 상태였기 때문에 우리는 함께 동네를 한 바퀴 돌았다. 아내에게 걸을 수 있다는 확신이 별로 없어서 우리는 천천히 걸었고 언제나 그랬던 것처럼 손을 잡고 걸었다. 그날 나는 내 뒤에서 나는 발자국 소리를 듣고 뒤를 돌아보았다. 그리고 동네 불량배처럼 보이는 낯익은 사람을 보게 되었다. 그는 비틀거리며 우리를 지나치더니 돌아서서 우리를 아래위로 훑어보며 이렇게 말했다. "좋아요. 좋아. 정말 좋아요. 아주 보기 좋아요." 그리고는 돌아서서 머리를 푹 숙이고 "좋아. 좋아. 정말 좋아"라고 계속 중얼거리면서 앞서 가버렸다.

아내와 내가 우리 작은 마당으로 돌아와 앉았을 때 그의 말이 다시 떠올랐다. 그리고 하나님께서 그 늙은 술주정꾼을 통해 말씀하셨다는 것을 깨닫게 되었다. 나는 큰 소리로 "주님, '좋아. 아주 좋아'라고 제 영혼에 속삭이신 분은 주님이십니다. 선수석에 앉아 있어야 하지만 그것이 주님께서 원하시는 것이라면 저는 그것으로 족합니다. 주님께서 원하시는 것 그것을 하는 것이 제게는 가장 중요합니다."[1]

맥퀼킨이 하나님의 음성을 '들었을' 때 그를 위해 하나님께서 정해 주신 일을 하며 '안식'을 얻을 수 있었다. 그것은 아내를 사랑하는 일에 더 깊은 의미를 더해 주었다. 다른 사람들의 목소리와 요구를 들어 주어야 하는 일에 지쳐 사랑하기를 포기하는 사람들이 많다. 지친 그들은 관계를 뒤로하고 물러나 자신의 '목소리'를 다시 회복하면서 잠시동안 자유를 경험하게 된다. 그러나 우리 자신의 목소리 역시 다른 사람들의 목소리만큼이나 잔인할 수 있다. 하나님을 신뢰하고 하나님과 대화하며 동행하는 삶을 살면서 계속 그분의 음성을 듣는다면 우리는 우리 자신이나 다른 사람들의 목소리에 얽매이지 않게 될 것이다.

기도는 또 우리 생활 속으로 하나님을 초대한다. 쓰레기 버리는 일을 잊어버렸던 남편에 대해 아내는 하나님께서 남편에게 그 일을 기억시켜 주시도록 기도할 수 있을 것이다. 이런 간단한 기도는 이상해 보일 수도 있지만 하나님께서 실제로 일을 하신다면 전혀 이상한 일이 아니다. 아내는 또 자신의 말로 남편의 목을 조르지 않도록 도와주시기를 기도할 수도 있을 것이다. 그렇게 되면 쓰레기를 버리는 일은 하나님께서 그녀와 남편 속에서 일하시는 사역의 한 부분이 된다. 그렇게 되면 그 아내가 평생 쓰레기를 버리게 될 것이라 생각하는가? 그럴 수도 있을 것이다. 그러나 내 생활 속에서 평생 내가 쓰레기를 버려야 하는 상황이 벌어질 때는 종종 하나님께서 특별한 방식으로 함께 하시는 것을 볼 수 있다. 그래서 쓰레기 이야기 속에서 나는 하나님을 발견하게 된다.

하나님의 음성을 듣고자 하는 갈망

하나님 아버지를 의뢰하는 예수님의 신뢰에는 말하는 것뿐 아니라 듣는 것도 포함되었다. 예수님은 성경으로 살고, 성경으로 숨쉬고, 성경을 가르치셨다. 예수님께서 가르쳐 주신 황금률은 "이웃 사랑하기를 네 몸과 같이 하라"(레 19:18)고 한 레위기 말씀을 인용한 것이었다. 예수님이 말씀하신 팔복의 대부분은 시편에서 인용한 것이다.

예수님께 성경은 생명 그 자체를 의미하는 것으로 아버지의 뜻을 알기 위한 도구 그 이상의 것이었다. 십자가에서 돌아가시면서 예수님은 고통을 표현하기 위해 시편 말씀을 인용하셨다. "제 구 시 즈음에 예수께서 크게 소리질러 가라사대 '나의 하나님 나의 하나님, 어찌하여 나를 버리셨나이까?'(마 27:46, 시 22:1) 사람들은 소중하게 여기는 것을 마음 속 깊은 곳에 간직하고 있다.

제자들에게 사랑하라고 명령하셨을 때도 예수님은 성경의 권위를 선포하셨다. "새 계명을 너희에게 주노니 서로 사랑하라"(요 13:34). 마치 왕처럼 말씀하셨다. "예수께서 이 말씀을 마치시매 무리들이 그 가르치심에 놀래니 이는 그 가르치시는 것이 권세 있는 자와 같고 저희 서기관들과 같지 아니함일러라"(마 7:28~29). 세상을 떠날 때가 가까왔을 때 예수님은 자신이 하신 말씀의 독특한 권위를 언급하셨다. "천지는 없어지겠으나 내 말은 없어지지 아니하리라"(마 24:35). 일 세기 시골 유대인의 이 엄청난 선포는 사람들의 간담을 서늘하게 하는 말이었다. 그러나 사실이었다. 그분의 말씀은 없어지지 않고 서구 사회의 문명을 주도하는 힘이 되어 왔다. 성경은 어느 시대를 막론하고 해마다 베스트 셀러를 기록하고 있다.

이제 우리는 신성한 기록에 대한 원시적인 믿음을 벗어나게 되었다고 생각하는 사람들도 있다. 그러나 대부분의 사람들은 자기가 따르는 어떤 지침이나 성경과 유사한 것을 가지고 있다. 혼란에 빠진 사람들은 권위 있는 '말'과 삶에 방향과 명쾌함을 가져다 줄 수 있는 정보를 구하고 있으며, 어떤 사람들은 뉴스를 보거나 신문을 읽거나 각자의 운세를 점쳐 보기도 한다. 대학 교수들은 거의 숭배에 가까운 존경심을 가지고 '서적'(특별한 영역에 대한 현 시대의 사상)을 대한다. 심리학자들은 프로이드를 숭상한다. 혁명론자들은 막스를 숭상한다. 수백만의 미국인들은 오프라(Oprah)를 숭상한다. 사람들은 인생의 혼란을 정리해 줄 수 있는 말, 깨진 상태를 이해할 수 있게 해줄 말을 찾고 있다.

우리 각자는 책이든, 영화든, 치료사든 어떤 형태로든지 말에 의해 사고의 틀이 잡히게 된다. 확신을 주는 말을 찾아다니는 현상이 너무 팽배해 있어서 이런 현상을 사전에 미리 계획된 일이라고 생각하는 사람들도 있다. "인간은 보이지 않는 연주가가 멀리서 곡을 붙인 신비한 곡조에 맞추어 춤을 추고 있다"고 아인슈타인은 말했다.[2] 예수님은 우리가 성경이라 부르는 말씀, 곧 하나님 아버지께로부터 온 살아 있는 편지에 맞추어 춤을 추셨다. 성경 말씀에 따라 그분의 삶이 구체화 되었다.

내가 계단에 서서 킴에게 도와 주기 원하는지를 물었을 때 내 삶은 성경 말씀에 따라 구체화 되었다. 예수님께서 얼마나 기꺼이 아버지의 뜻을 따르기 위해 자신의 뜻을 굽혔는지, 그리고 나는 내 뜻대로 하기에 얼마나 재빠른지를 생각하고 있었다. 보통 내 뜻이 정말 좋은 아이디어인 것처럼 느껴지기 때문에 상황을 제대로 파악하기가 어렵다. 그러나 하나님께로부터 온 기록된 말씀이 내게 영향을 미쳤고 내 속도를 늦추게 만들었다. 우리 가족 중 다른 사람들이 킴을 도와 주었더라면 나는 그들의 행동에 대해 다시 생각해 보지 않았을 것이다. 기록된 말씀과 기도로 연결된 지속적인 대화를 통해 매우 사적인 일들이 하나님과 나 사이에 진행되고 있었다.

예수님은 아버지의 렌즈를 통해 삶을 해석하셨다. 예수님은 원수를 사랑하는 것이 사랑이므로 원수를 사랑해야 한다고 말씀하신 것이 아니라 하나님께서 사랑하시기 때문에 우리도 사랑해야 한다고 말씀하셨다. "하나님이 … 의로운 자와 불의한 자에게 내리우심이니라"(마 5:45). 그리고 하나님께서 어떻게 사랑해야 하는지를 정해 주시도록 우리 자신의 뜻이나 우리의 충동적인 좋은 생각을 따르지 않고 조용히 계단에서 킴을 기다리는 것이 안전하다. 나는 효율적인 사람이 되지 않아도 된다. 왜냐하면 하나님은 모든 삶의 세부적인 일까지, 크레파스가 쏟아지는 일까지도 다 지휘하시는 사랑의 아버지이시기 때문이다.

사랑하는 사람에게 "아니오"라고 말하기

다른 사람의 요구에 반응하기

　우리는 가장 가까운 부모나 배우자나 자녀들로부터 가장 귀에 거슬리는 말을 종종 듣게 된다. 그들은 우리를 가장 잘 알고 그 지식을 가지고 우리의 삶에 간섭할 수 있는 사람들이다. 때때로 그들의 요청 배후에는 문제 없이 생활할 수 있게 해달라는 요구가 숨어 있다. 사랑하는 사람에게 어떻게 "아니오"라고 말할 것인가? 어떻게 죄책감을 느끼지 않으면서 "아니오"라고 말할 수 있을 것인가? "아니오"라고 말하면서도 동시에 어떻게 그들에게 유익을 줄 수 있을 것인가? 그저 복수를 하거나 뒤로 물러서거나 말없이 문제를 해결해 버리는 것이 더 쉬워 보인다.

　예수님께서 어머니를 대하셨던 방식이 동정심을 가지고 우리가 사랑하는 사람들의 요구에 어떻게 응답해야 하는지 잘 보여 주는 예가 된다. 그리고 "안 돼"라고 말하는 것을 배울 수 있게 될 것이다.

누가복음 앞부분에서 우리는 어린아이처럼 신속하게 하나님께 순종하는 소박한 믿음을 가진 어린(아마도 14~15세 정도) 유대 여인 마리아를 볼 수 있다. 그러나 좀더 읽어 내려가면 인간적인 모습을 보다 풍성하게 보여 주는 마리아가 나타난다.

비난을 돌리는 일에 "아니오"라고 말씀하신 예수님

열두 살 경 예수님은 마리아와 요셉과 함께 예루살렘에 올라가셨다.

그 부모가 해마다 유월절을 당하면 예루살렘으로 가더니 예수께서 열두 살 될 때에 저희가 이 절기의 전례를 좇아 올라갔다가 그 날들을 마치고 돌아갈 때에 아이 예수는 예루살렘에 머무셨더라. 그 부모는 이를 알지 못하고 동행 중에 있는 줄로 생각하고 하룻길을 간 후 친족과 아는 자 중에서 찾되 만나지 못하매 찾으면서 예루살렘에 갔더니 사흘 후에 성전에서 만난즉 그가 선생들 중에 앉으사 저희에게 듣기도 하시며 묻기도 하시니 듣는 자가 다 그 지혜와 대답을 기이히 여기더라. 그 부모가 보고 놀라며 그 모친은 가로되 "아이야, 어찌하여 우리에게 이렇게 하였느냐? 보라. 네 아버지와 내가 근심하여 너를 찾았노라." 예수께서 가라사대 "어찌하여 나를 찾으셨나이까? 내가 내 아버지 집에 있어야 될 줄을 알지 못하셨나이까?" 하시니 양친이 그 하신 말씀을 깨닫지 못하더라. 예수께서 한가지로 내려가사 나사렛에 이르러 순종하여 받드시더라. 그 모친은 이 모든 말을 마음에 두니라. 예수는 그 지혜와 그 키가 자라가며 하나님과 사람에게 더 사랑스러워 가시더라(눅 2:41~52).

수천 명의 사람들 중에 있는 아들을 사흘 동안 찾은 후 마리아는 여느 부모와 마찬가지로 긴장감과 두려움을 느꼈다. 아들을 찾자 마리아는 서로 헤어지게 된 것과 자신이 느낀 염려를 아들의 탓으로 돌리며 꾸중을 했다. 예수님은 어머니의 비난에 위협받지 않고 마리아가 자신을 염려하지 않았어야 하며 자기 아버지의 집인 성전에 있으리라는 사실을 알고 있어야 하지 않느냐고 말씀하셨다. 예수님은 하나님 아버지와 함께 있고 싶은 자신의 열망을 단순하게 표현하셨다. 자기 방어를 하거나 그 어떤 죄책감도 느끼지 않고 부모와 함께 집으로 돌아가 "네 부모를 공경하라"(출 20:12)고 하신 하나님 아버지의 지시를 따라 그 부모에게 '순종' 하셨다. 예수님은 건전하게 부모로부터 독립했으며 반항하지 않으셨다. 다른 사람에게 비난을 돌리는 일에는 "아니오"라고 말했지만 부모와 함께 집으로 돌아가는 일에는 "예"라고 순종하셨다. 예수님의 사랑은 무조건적인 것이 아니었다. 조건이 있었으며 그것은 하나님 아버지의 뜻을 따르는 것이었다.

우리는 주도권을 잃게 될 것이 두려워 다른 사람들에게 복종하기를 두려워한다. 우리가 원치 않는 일을 해야 할지도 모르기 때문이다. 그러나 하나님께서 우리의 부모나 상사, 우리 생활과 관련된 사람들을 통제하신다는 사실을 분명히 확신한다면 다른 사람의 권위에 자유롭게 순종할 수 있다. 그들보다 더 강한 분이 그들을 다스린다는 사실을 알기 때문에 우리는 순종할 수 있다. 예를 들어, 쓸데없는 일로 괜한 부담을 떠맡게 하는 골치 아픈 상사가 있다고 생각해 보자. 만약 당신의 아버지가 회사의 최고 경영자라면 기꺼이 그를 참아주며, 그 상사 아래서 받는 고통이 그리 오래가지 않을 것이라고 확신할 수 있을 것이다.

자기 과시에 "아니오"라고 말씀하신 예수님

예수님께서 하나님과 맺고 있는 관계는 결혼 연회장에서 실력을 발휘해 주기 원하는 어머니에게 "아니오"라고 대답할 수 있게 해주었다. 그 때는 예수님의 공중 사역이 바로 시작된 때였고 이제 기적을 행하셔야 할 필요가 있었다.

사흘 되던 날에 갈릴리 가나에 혼인이 있어 예수의 어머니도 거기 계시고 예수와 그 제자들도 혼인에 청함을 받았더니 포도주가 모자란지라. 예수의 어머니가 예수에게 이르되 "저희에게 포도주가 없다" 하니 예수께서 가라사대 "여자여, 나와 무슨 상관이 있나이까? 내 때가 아직 이르지 못하였나이다." 그 어머니가 하인들에게 이르되 "너희에게 무슨 말씀을 하시든지 그대로 하라" 하니라.
거기 유대인의 결례를 따라 두세 통 드는 돌 항아리 여섯이 놓였는지라. 예수께서 저희에게 이르시되 "항아리에 물을 채우라" 하신즉 아구까지 채우니 "이제는 떠서 연회장에게 갖다 주라" 하시매 갖다 주었더니 연회장은 물로 된 포도주를 맛보고 어디서 났는지 알지 못하되 물 떠온 하인들은 알더라. 연회장이 신랑을 불러 말하되 "사람마다 먼저 좋은 포도주를 내고 취한 후에 낮은 것을 내거늘 그대는 지금까지 좋은 포도주를 두었도다" 하니라. 예수께서 이 처음 표적을 갈릴리 가나에서 행하여 그 영광을 나타내시며 제자들이 그를 믿으니라(요 2:1~11).

가나는 나사렛에서 북쪽으로 약 7마일 가량 떨어져 있는 곳이다. 결혼 잔치는 일주일 동안 계속되었고 손님들에게는 매일 음식을 대접했다. 술이 떨어지는 것은 결혼 축하 케이크를 잊어버린 것과 같은 상당히 심각한 문제가 될 수 있었다. 마리아는 술이 부족하다는 것을 알고 예수님이 어떻게든 해결해 주기를 바랐다. 마리아는 "아니오"

(여자여, 나와 무슨 상관이 있나이까?)라고 한 예수님의 대답을 받아들이지 않았다. 그리고 예수님께서 말씀하시는 대로 할 수 있도록 하인들을 준비시켜 두었다. 마리아는 자신의 멋진 아들이 '그가 보여 줄 수 있는 일'을 해주기 원했던 것 같다. 자기 아들이 멋있어 보이기를 원치 않는 어머니가 어디 있겠는가?

그런데 예수님은 "내 때가 아직 이르지 못하였나이다"라고 말씀하시며 다른 사람, 심지어는 자기 어머니에게까지도 하나님의 시간에 복종하시는 모습을 보여 주셨다('내 때'는 예수님께서 영광을 받으실 때, 사람들이 예수님의 영광을 주목하게 되는 순간을 뜻한다).

마리아가 원하는 '것'(잔치에 필요한 술)에 대해서는 아무 문제도 삼지 않으셨다. 다만 그것을 원하는 이유가(아들을 과시하려는) 문제였다. 예수님이 어떤 일을 하시는 '이유'는 그 '일' 자체만큼이나 중요했다. 예수님은 하나님 아버지와 함께 안전함을 느꼈기 때문에 마리아에게 자신의 자립을 증명해 보여야 할 필요가 없었다(그래서 술이 부족한 상황을 해결하기로 동의했다).

마리아가 시키는 대로 하는 것처럼 보이긴 하지만 아내에게 아첨하는 것처럼 보이는 것이 두려워서 아내의 요청을 들어주지 않는 남편과는 달리 예수님은 전혀 자신을 의식하지 않는 겸손한 분이셨다. 그러나 그 기적은 예수님을 유명하게 만들기 위한 화려한 과시가 아니라 신랑 신부와 그 가족의 위엄을 잠잠히 지켜주기 위한 사랑의 행동이었다(술이 떨어졌더라면 그들은 공개적으로 수치를 당했을 것이다). 예수님은 그들이 필요한 것보다 훨씬 더 많은 150갤론이나 되는 양질의 술을 만드심으로 그들을 매우 관대한 사람들로 보이게 해주셨다. 예수님께서 거기 계셨기 때문에 잔치는 계속 이어졌을 뿐 아니라 더 멋진 잔치가 되었다! 하나님께서 더 좋은 것을 마지막까지 남겨 두셨던 것이다.

가족들의 압력에 "아니오"라고 말씀하신 예수님

예수님은 곧 사람들의 고통과 굶주림과 질병과 장애를 덜어주는 기적을 행하기 시작하셨다. 당연히 수천 명의 사람들이 예수님과 제자들에게 몰려들었다.

집에 들어가시니 무리가 다시 모이므로 식사할 겨를도 없는지라. 예수의 친속들이 듣고 붙들러 나오니 이는 '그가 미쳤다' 함일러라. 예루살렘에서 내려온 서기관들은 "저가 바알세불을 지폈다" 하며 또 "귀신의 영을 힘입어 귀신을 쫓아낸다" 하니 예수께서 저희를 불러다가 비유로 말씀하시되 "사단이 어찌 사단을 쫓아낼 수 있느냐? 또 만일 나라가 스스로 분쟁하면 그 나라가 설 수 없고 … 그러나 내가 하나님의 성령을 힘입어 귀신을 쫓아내는 것이면 하나님의 나라가 이미 너희에게 임하였느니라." 때에 예수의 모친과 동생들이 와서 밖에 서서 사람을 보내어 예수를 부르니 무리가 예수를 둘러앉았다가 여짜오되 "보소서. 당신의 모친과 동생들과 누이들이 밖에서 찾나이다." 대답하시되 "누가 내 모친이며 동생들이냐?" 하시고 둘러앉은 자들을 둘러보시며 가라사대 "내 모친과 내 동생들을 보라. 누구든지 하나님의 뜻대로 하는 자는 내 형제요, 자매요, 모친이니라"(막 3:20~24, 마 12:28, 막 3:31~35).

가족들은 예수님을 미쳤다고 생각했다. 오늘날은 이런 가족들의 간섭이 좀 이상하게 보일 수도 있을 것이다. 우리는 다 자라 성인이 된 형제가 어려움에 처할 경우 조언을 해줄 수는 있겠지만 주도권을 가지고 문제를 해결해 주려 나서지는 않을 것이다. 예수님에 대한 가족들의 염려는 개인보다는 그룹의 체면을 중시하는 고대 중동 지역의 문화에 뿌리를 두고 있었다. 각 개인은 그룹을 통해 명예를 얻었고 또 각 개인이 그룹이나 가족의 명예를 훼손할 수도 있었다. 예수님이 하시는 일은 그 가족 전체를 반영하는 것으로 받아들여졌다. 따라서 가족들의 행동은 부분적으로 이기심에서 나온 것이었다.[1] 그러나 형제들의 간섭을 허락하신다면 예수님은 가정의 평화를 위해 가족들의 일정을 따르지 않을 수 없었다. 그저 다른 사람들을 조용하게 만들기 위해 그들과 동의할 경우 실제로는 그들을 조종하면서 자신은 좋은 사람처럼 보이게 된다.

예수님은 가정의 기준보다 더 높은 기준, '누구든지 하나님의 뜻대로 하는 자는 형제요, 자매요, 모친이 되는' 새로운 공동체로서의 가정을 말씀하시며 가족들의 요구를 거부하셨다. 여기서 또다시 우리는 예수님이 맺고 있는 하나님과의 관계가 예수님의 사랑과 목적을 구체화하고 있음을 볼 수 있다. 이런 하나님께 대한 의존은 '내가 좀더 잘했어야 하는 건데'라는 죄책감으로부터 자유로울 수 있게 해 준다. 따라서 하나님을 의지할 때 우리는 다른 사람들 또는 우리 자신의 끊임없는 요구에 얽매이지 않게 된다.

예수님의 가족들은 예수님이 미쳤다고 생각했기 때문에 자기들이 통제하고 자기들의 뜻을 따르도록 강요하려 했다. 반면에 바리새인들은 예수님의 비범한 능력이 어둠의 권세로부터 나온 것이라 생각하며 예수님을 거부했다. 오늘날 사람들은 예수님을 '그저' 또 한 사람의 위대한 정신적 스승이나 사랑의 본보기라고 말하면서 예수님의 품격을 떨어뜨리려 한다. 그러나 '그저' 정신적 지주가 되는 스승은 자신이 죄를 용서할 수 있다고 사람들에게 말하며 돌아다니지 않는다. 예수님께서는 사람들에게 알려 주어야 할 다른 소식이 있었다. "하나님의 나라가 이미 너희에게 임하였느니라." 다시 말해서 "왕이 여기 와 있다"라는 말씀이다.[2]

사랑하는 사람에게 "아니오"라고 말하기

살아가면서 "아니오"라는 말을 어떻게 해야 할 것인가? 제프(Jeff)는 아내 로이스(Lois)와 함께 외식을 하고 영화를 보기로 한 금요일 저녁 시간을 한껏 기대하고 있었다. 그런데 금요일 오후 아내가 전화를 해서 이렇게 말했다. "오늘 야근해야 할 것 같아요. 어떻게 해요?" 제프는 '내가 안 된다고 하면 나중에 나에게 책임을 떠넘기려 하겠지' 라고 생각하며 마지못해 "알았어. 그치만 가능한한 일찍 들어오도록 해봐."라고 대답했다. 어물어물 대답하는 남편의 목소리를 들은 로이스는 생각했다. '내가 오늘 야근을 하게 되면 주말 내내 물고 늘어지면서 나를 못살게 굴거야.' 그래서 전화를 끊은 다음 바로 집으로 돌아가기로 결정했다. 그날 저녁 제프는 퉁명스러웠고 약간 툴툴거리기까지 했다. 두 사람 사이에 긴장이 느껴지기 시작했다.

로이스가 전화했을 때 제프는 이기적으로 보일까봐 "안 돼"라고 말하지 않았다. 야근을 해도 좋다고 허락을 해주었어도 아내가 일찍 집으로 돌아오자 아내가 자기를 이기적인 사람으로 만들었다는 생각에 짜증이 나기 시작했다. 그는 아내에게 "지금 난 나쁜 놈이 아니라 피해자야"라고 말하고 싶었다.

이제 제프 안에 예수님이 계신다고 생각해 보자. 로이스가 전화를 했다. "오늘 야근해야 할 것 같아요. 마쳐야 할 일이 있거든요." 새로워진 제프는 자유롭게 "안 돼"라고 말할 수 있다. 제프는 아내의 거부나 또는 자신이 이기적으로 보일지도 모른다는 염려를 두려워할 필요가 없다. "로이스, 오늘 밤 당신이랑 정말 같이 있고 싶어. 일찍 퇴근해 주면 좋겠어." 이런 말은 이기적인 것이 아니다. 제프는 자신의 마음을 솔직하게 말한 것이다. 금요일 밤은 두 사람이 오랫 동안 지켜온 약속이었다. 그리고 아내와 함께 있는 것을 좋아했다. 제프는 그 마음에 하나님의 사랑이 있기 때문에 아내가 저녁 시간을 '시큰둥' 하게 말이 없다 해도 그리 크게 문제 삼지 않을 것이다.

아니면 이렇게 말할 수도 있을 것이다. "여보, 당신이랑 같이 있고 싶어. 그렇지만 당신이 야근을 하고 싶다면 그래도 좋아." 그리고 그 결정은 하나님께로부터 온 것이며 하나님께서 자신을 위해 다른 어떤 것을 준비하고 계실 거라고 생각할 수도 있을 것이다. 그날 저녁을 혼자 지내며 실망하게 될 때 하나님께서 그를 위해 보다 좋은 것을 가지고 계실 거라고 믿으며 그것을 찾아볼 수도 있을 것이다.

어머니를 돌보시는 예수님

예수님의 친구들은 십자가에 달려 서서히 숨을 거두시는 예수님을 멀리 서서 바라보고 있었다.

예수의 십자가 곁에는 그 모친과 이모와 글로바의 아내 마리아와 막달라 마리아가 섰는지라. 예수께서 그 모친과 사랑하시는 제자가 곁에 섰는 것을 보시고 그 모친께 말씀하시되 "여자여, 보소서. 아들이니이다" 하시고 또 그 제자에게 이르시되 "보라. 네 어머니라" 하시되 그 때부터 그 제자가 자기 집에 모시니라(요 19:25~27).

아들이 홀로 벌거벗겨진 채 서서히 고문을 받으며 죽어가는 모습을 바라보고 싶은 어머니는 없을 것이다. 우리는 마리아가 "안 돼!"라고 소리를 지를 것이라 기대하지만 마리아는 잠잠했다. 그녀의 계획도 제안도 다 사라졌다. 모두 다 없어졌다. 마리아는 분명히 요셉과 함께 예수님을 데리고 할례를 받으러 성전에 올라갔을 때 만났던 노인이 한 말을 떠올리고 있었을 것이다. "시므온이 저희에게 축복하고 그 모친 마리아에게 일러 가로되 '보라, 이 아이는 이스라엘 중 많은 사람의 패하고 흥함을 위하여 비방을 받는 표적 되기 위하여 세움을 입었고 또 칼이 네 마음을 찌르듯 하리라. 이는 여러 사람의 마음의 생각을 드러내려 함이니라' 하더라"(눅 2:34~35).

모든 것이 잘못되어 갔다. 가나의 결혼 연회장에서 영광을 드러내도록 예수님을 밀어부칠 때는 이런 일이 일어나리라고 마리아는 전혀 생각하지 못했다. 그러나 돌아가시기 한 주 전 예수님은 이렇게 말씀하셨다. "인자의 영광을 얻을 때가 왔도다"(요 12:23). 예수님의 죽음을(나중에 우리가 볼 수 있듯이) 영광의 때, 예수님을 통해 하나님이 가장 잘 드러나는 때라고 생각할 사람이 어디 있었겠는가?

아들의 죽음을 지켜보면서 마리아의 자아도 죽었다. 너무나 강하고 끈질긴 인간의 자아가 사랑을 파괴한다. 자아 때문에 우리는 우리가 사랑하는 사람들에게 "안 돼"라고 말한다. 예수님의 죽음을 조용히 지켜보면서 마리아는 자신의 주도권을 포기했다.

예수님과 함께 했던 일들 속에서 마리아가 주도권을 가지려고 했지만 십자가에서는 아들이 마리아에게 다가왔다. 고통 속에서도 예수님은 어머니를 찾았다. 그리고 어머니를 보고 가장 가까웠던 제자 요한에게 그의 어머니로 모실 것을 부탁하며 어머니의 장래를 돌봐 주셨다.

그리고 몇 분 후 "다 이루었다"(요 19:30)고 말씀하셨다. 예수님의 때가 드디어 왔다. 모든 것이 다 이루어졌다. 잃어버린 기회를 후회하지 않으셨다. 자신의 사명을 이루셨다는 분명한 확신이 있을 뿐이었다. 십자가에서 안식하실 수 있었다. 아버지를 의지한 신뢰는 아버지와의 관계를 유지해준 닻이었을 뿐 아니라 예수님의 영혼을 맡길 수 있는 닻이기도 했다.

자만심을 거부하고 "아니오"라고 말하기

순수한 사랑

아내가 부엌에서 정리를 하는 동안 나는 저녁 식사가 차려진 식탁 앞에 아이들과 함께 앉아 있었다. 아내는 식사를 하려고 자리에 앉기 전에 냄비와 프라이팬을 미리 헹구어 음식이 말라붙지 않게 하려 했다. 나는 아내를 불렀다. "여보, 얼른 와. 그건 나중에 해도 되잖아. 애들 배고파." 일 분 정도 흐른 뒤 나는 다시 아내를 불렀다. 그리고 다시 한번 더 불렀다.

아내는 내가 정말 아이들을 챙기는 것이 아니란 사실을 정확하게 감지했다. 내 배가 고팠고 배고픔을 채우려고 아이들을 핑계거리로 삼았다. 그런 이기심이 사랑을 망쳐 놓는다. 사랑과 이기심을 섞게 되면 사랑과 이기심의 합성물이 아니라 순수한 이기심만 남게 된다.

이기심을 대항해 어떻게 "아니오"라고 말할 수 있을 것인가? 또다시 예수님께서 우리의 모범이 되신다. 마태복음은 예수님께서 광야에서 사단을 대면하셨던 사건을 기록하고 있다. 거기서 사단은 이기심에 굴복하게 만들려고 예수님을 유혹했다.

어떤 사람들에게는 사단의 아이디어가 이상하게 보일 수도 있을 것이다. 사단은 우리처럼 영리하지 못했던 원시적인 사람들이 만들어낸 신화가 아닌가 라고 생각할 수도 있을 것이다. 우리가 살고 있는 이 세상은, 특히 미국이라는 세상은 악에 대한 기준이 없다. 그래서 우리는 몰상식하고 이상야릇한 악의 속성을 보지 못한다. 그리고 사람들은 기본적으로 착하며 우리가 당하는 문제는 교육의 부족과 가난 때문에 생겨난다고 믿도록 배워왔다. 그러나 그것이 사실이라면 어떻게 가장 교육 수준이 높고 세상에서 가장 '문명화된' 나라 중의 하나인 독일이 히틀러를 지지할 수 있었단 말인가?

예수님은 악을 알고 계셨다.[1] 성경은 악의 존재뿐 아니라 '인격적' 특성을 가진 존재인 사단을 묘사하고 있다. 악의 구현인 사단은 뿔이나 꼬리를 달고 있는 존재가 아니다. 그는 하나님과 동등해지려는 인격을 가진 존재이다.

자만심을 거부하고 "아니오"라고 말하기

아래의 논쟁 속에서 사단과 예수님은 서로를 냉정하게 대했다. 그 어떤 익살도 양자간의 싸움을 말릴 수 없었다. 마치 칼로 찌르는 듯한 예수님의 신중한 대답은 신속하고 분명했다.

그 때에 예수께서 성령에게 이끌리어 마귀에게 시험을 받으러 광야로 가사 사십 일을 밤낮으로 금식하신 후에 주리신지라. 시험하는 자가 예수께 나아와서 가로되 "네가 만일 하나님의 아들이어든(네가 하나님의 아들이니까)[2] 명하여 이 돌들이 떡덩이가 되게 하라." 예수께서 대답하여 가라사대 "기록되었으되 사람이 떡으로만 살 것이 아니요. 하나님의 입으로 나오는 모든 말씀으로 살 것이라 하였느니라" 하시니(마 4:1~4).

예수님은 광야에서 40일 동안 금식하고 계셨다. 굶주린 상태였다! 사단은 예수님을 생각해 주는 척하면서 이렇게 제안했다. "배고프시죠? 예수님 당신께는 특별한 능력이 있잖아요. 그 능력을 사용해서 시장기를 해결하지 그러세요." 그가 쓰는 속임수를 살펴보라. "만일 하나님의 아들이어든 당신의 필요를 채우기 위해 당신의 능력을 사용하세요. 하나님처럼 강한 상태를 유지하세요."[3]

그러나 예수님은 스스로 우두머리가 되려 하지 않으셨다. 그래서 성경을 인용해 대답하셨다. "사람이 떡으로만 사는 것이 아니요. 여호와의 입에서 나오는 모든 말씀으로 살 것이라"(신 8:3). 예수님은 하나님의 말씀을 생명의 근원으로 삼으셨다. "생명은 육체적인 필요를 채우는 것만으로 유지되는 게 아니야. 내 아버지의 말씀을 들어야 해." 하나님 아버지의 뜻은 예수님에게서 자만심을 제거해 주었고 인간으로서 자신의 한계를 받아들이게 해주었다.

인기와 명성에 "아니오"라고 말하기

그래서 사단은 다른 계책을 사용해 보려 했다.

이에 마귀가 예수를 거룩한 성으로 데려다가 성전 꼭대기에 세우고 가로되 "네가 만일 하나님의 아들이어든 뛰어내리라 기록하였으되 저가 너를 위하여 그 사자들을 명하시리니 저희가 손으로 너를 받들어 발이 돌에 부딪히지 않게 하리로다 하였느니라." 예수께서 이르시되 "또 기록되었으되 주 너의 하나님을 시험치 말라 하였느니라" 하신대(마 4:5~7).

사단은 앞에서 한 예수님의 대답을 교묘하게 뒤틀어 이렇게 말했다. "하나님의 뜻이 그렇게 중요하다면 하나님을 신뢰하고 성전 꼭대기에서 뛰어내리세요. 그리고 성경 말씀을 인용하고 싶으세요? 좋습니다. 하나님께서 당신을 보호하실 거라고 성경은 말하고 있지 않습니까? 시편 91편을 읽어보세요, 예수님." 사단은 하나님께서 보호해 주셔야 할 상황 속에 자신을 방치해 보라고 예수님을 유혹했다.

사단이 제안하는 대로 한다면 예수님이 하나님의 아들이라는 사실을 모든 사람들에게 공개적으로, 그리고 즉각적으로 보여줄 수 있는 능력을 놀랍게 드러낼 수 있었다. 우리는 이런 능력을 과시하고 싶어서 4천만 TV 시청자가 보고 있는 가운데 소형 광고 비행기에서 슈퍼볼 게임을 진행하고 있는 골프장으로 뛰어내리는 일을 한다. 그러나 예수님은 명성을 얻는 일에, 즉각적인 인기를 얻는 일에 "아니오"라고 대답하셨다.

어린아이처럼 단순하고 면도날처럼 날카로운 예수님의 대답은 사단의 교묘한 계책을 무산시켜 버렸다. 예수님은 사단이 성경의 한 구절을 다른 구절들과 격리시켜 하나님께서 말씀하시는 것을 듣는 대신 자신이 의도한 것을 말하려 하고 있음을 지적하셨다("또 기록되었으되"). 그리고 특정한 방식으로 상황을 바꿔 주실 것을 요구하면서 하나님을 시험하고 자신이 영적인 것처럼 꾸미면서 자신을 하나님보다 더 높은 자리에 두는 것은 잘못된 일이라고 말씀하셨다. 예수님은 사단에게 이렇게 말씀하셨다. "하나님을 신뢰한다 할지라도 나는 내 마음대로 행동하지는 않을 거야. 내 아버지께서 언제 어디서 그분을 신뢰해야 하는지를 내게 보여 주셔야만 해. 영적인 문제에 있어서도 마찬가지야." 믿음이라는 문제에 대해서도 예수님은 하나님을 기다리셨다.

권력에 "아니오"라고 말하기

교묘한 계책이 성공을 거두지 못하자 사단은 가면을 벗어 던지고 예수님과 세 번째 논쟁을 시작했다.

마귀가 또 그를 데리고 지극히 높은 산으로 가서 천하 만국과 그 영광을 보여 가로되 "만일 내게 엎드려 경배하면 이 모든 것을 네게 주리라." 이에 예수께서 말씀하시되, "사단아, 물러가라. 기록되었으되 주 너의 하나님께 경배하고 다만 그를 섬기라" 하였느니라(마 4:8~10).

사단이 예수님께 보여 주었던 광경을 내가 조금만이라도 볼 수 있었다면 어떤 일이 벌어졌을까? 아름다운 여인을 보면 그 여인에게 내 마음이 끌린다. 내게 칭찬을 해주는 사람이 있으면 그것이 비록 아주 작은 영광에 불과한 것일지라도 나는 그 사람에게 매우 훌륭한 통찰력이 있다고 생각한다. 또 어떤 사람이 내가 듣고 싶지 않은 말을 한다면 그 사람에게 뭔가 이상이 있다고 생각한다.

내가 매력을 느끼며 달려드는 것들을 예수님은 간단하게 물리치셨다. 예수님은 하나님 아버지 외에 다른 대상을 경배해야 한다는 생각에조차 화를 내셨다. 영광과 권세를 쉽게 손에 쥘 수 있는 길을 거부하고 사단을 쫓아내 버리셨다.

예수님이 받으신 유혹에 대한 기록을 누가는 이렇게 마무리했다. "마귀가 모든 시험을 다한 후에 얼마 동안 떠나니라"(눅 4:13). 사단은 공포 영화에 나오는 악역 배우처럼 뒤돌아섰다. 그러나 사단이 사람의 모습으로 나타나는 것은 아니다. 사람들에게 영향을 미치는 세력으로 그의 존재를 추론할 수 있다.

미봉책을 바라는 마음에 "아니오"라고 말씀하신 예수님

그 후 예수님께서 성전에 나타나셨다. 그러나 자신을 멋지게 보이는(사단이 제안한 대로) 화려한 쇼를 보이는 대신 돈 바꾸는 사람들을 쫓으셨다.

> 이에 유대인들이 대답하여 예수께 말하기를 "네가 이런 일을 행하니 무슨 표적을 우리에게 보이겠느뇨?" 예수께서 대답하여 가라사대 "너희가 이 성전을 헐라. 내가 사흘 동안에 일으키리라." 유대인들이 가로되 "이 성전은 사십육 년 동안에 지었거늘 네가 삼 일 동안에 일으키겠느뇨?" 하더라(요 2:18~21).

랍비 문학에서 표적은 랍비로서의 권위를 확립해 주는 초자연적 사건으로 다른 사람에게는 아무 상관이 없었다. 단지 랍비의 자격을 선포하는 것에 불과했다.[4] 권세를 가진 사람들은 예수님께 이렇게 말했다. "표적을 보이시오. 우리의 기준대로 해 보시오." 이것은 돌로 빵을 만들라고 한 사단의 요구처럼 사랑으로부터 권력을 분리시켜 보라는 초청이었다.

자신의 탁월성을 자랑하는 대신 예수님은 자신의 죽음을 언급하셨다. 자신이 누구인지를 드러내줄 표적은 자신의 죽음과 부활이라고 말씀하셨다. 앞으로 보게 되겠지만 사단에게 "아니오"라고 말하는 것은 고통을 기꺼이 받아들이겠다고 말하는 것이다.

유대인들은 메시아를 고난받는 왕으로 생각하지 않았다. 오히려 정복자 왕으로 보았다. 그래서 다가오는 죽음을 앞두고 예수님은 제자들에게 자신은 그들이 찾고 있는 그런 메시아가 아니라는 사실을 참을성 있게 설명하셨다.

인자가 많은 고난을 받고 장로들과 대제사장들과 서기관들에게 버린 바 되어 죽임을 당하고 사흘 만에 살아나야 할 것을 비로소 저희에게 가르치시되 드러내놓고 이 말씀을 하시니 베드로가 예수를 붙들고 간하매 예수께서 돌이키사 제자들을 보시며 베드로를 꾸짖어 가라사대 "사단아, 내 뒤로 물러가라. 네가 하나님의 일을 생각지 아니하고 도리어 사람의 일을 생각하는도다" 하시고 무리와 제자들을 불러 이르시되 "아무든지 나를 따라오려거든 자기를 부인하고 자기 십자가를 지고 나를 좇을 것이니라. 누구든지 제 목숨을 구원코자 하면 잃을 것이요. 누구든지 나와 복음을 위하여 제 목숨을 잃으면 구원하리라"(막 8:31~35).

예수님의 말씀에 낭패감을 느낀 베드로는 이렇게 생각했다. '메시아들은 죽지 않아. 그들은 앞서 말을 달리며 정복 군대를 지휘하고 이스라엘의 원수를 무너뜨리는 지도자들이야. 살아가기 어렵게 만드는 사람들을 제거해 버릴 수 있는 일에 힘을 사용하거든. 로마군을 제거해 버릴 수만 있다면 살아가기가 훨씬 간편해질텐데. 그런데 왜 죽는다는 얘기를 하시는 건지 모르겠네. 그렇게 자기를 비하하지 마세요, 예수님. 자신의 가치를 아셔야죠. 주님의 자긍심은 어디로 간 겁니

까? 예수님, 당신은 메시아시라구요!'

그러나 예수님은 돌아서서 다른 제자들을 바라보시고 계셨다. 그들은 베드로를 책망하시는 소리를 들을 수 있었다. 다른 종교 지도자들처럼 베드로는 자신이 속한 세상을 편안하고 고통이 없는 상황으로 만들어 줄 수 있는 메시아를 원했다. 사단은 뒤로 물러서서 성공에 대한 베드로의 좁은 견해를 조용히 부추기면서 예수님이 십자가를 지지 못하도록 계속 시도하고 있었다. 그러나 예수님은 "아니오"라고 말씀하셨다. 자기 뜻대로 자기가 주도하는 세속적인 성공을 얻기 위해서는 아무 일도 하지 않으실 것이다. 이 세상은 예수님의 본향이 아니었다. 예수님은 하나님 아버지와 함께 사셨다. "내가 하늘로서 내려온 것은 내 뜻을 행하려 함이 아니요"(요 6:38).

아버지께 순종하려는 예수님의 결심은 고난을 의미했다. 바로 이것이 사랑이다.

고통을 불러오는 이기심에 "아니오"라고 말하기

본능적으로 우리는 사랑하기를 두려워하는데 그것은 너무 많은 희생이 따르기 때문이다. '내가 이렇게 사랑하는데 나는 누가 사랑해줄 것인가?'라고 생각한다. 사단이 예수님을 유혹했을 때 이런 생각을 끌어들이려 했다. '내가 나를 돌보지 않으면 아무도 돌봐 주지 않을 것이다'라고 생각하게 만들고 싶었다. 그러나 예수님은 하나님의 돌보심을 믿었기 때문에 그 함정에 빠지지 않으셨다.

로버트슨 맥퀼킨이 아내를 위해 대학의 학장직을 떠날 때 친구들은 그를 말리며 이렇게 말했다. "이제 머리엘은 자네를 알아보지도 못하고 사실 아무것도 모르지 않나? 그러니까 양로원에 보내고 자네는 계속 일을 하는 게 어떤가?" 한 학생이 아내를 돌보는 일에 지치지 않는지를 묻자 그는 이렇게 대답했다.

"지치느냐고 물었는가? 매일 밤 그렇다네. 그래서 잠자리에 들어가지."
"아니요. 제 뜻은 지겹지 않으시냐구요?"라고 되물었다. 그리고 "지금 집에 아무도 없어요"라고 말하고 있는 듯한 눈으로 멍하니 말 없이 휠체어에 앉아 있는 머리엘에게로 머리를 기울였다.
"아니, 그렇지 않아. 아내를 돌보는 일이 좋아. 아내는 내 보물이거든."[5]

로버트슨은 자신의 성취보다 사랑을 선택했다. 그러나 많은 사람들은 자기의 필요를 채워 주지 못하는 관계는 쉽게 끊어버린다. 이런 사람들은 상호 보완적인 관계가 되지 않거나, 육체적인 사랑을 나눌 수 없거나, 상대방이 말을 하지 못하거나, 아니면 자신의 짐을 대신 지고 가지 않으면 상대방에 대한 사랑을 잃어버린다.[6]

그러나 우리의 사랑이 우리를 사랑하는 상대방의 사랑에 근거한 것이라면 사실 우리는 사랑하는 것이 아니라 거래를 하는 것이다. 예수님은 이렇게 말씀하셨다. "너희가 너희를 사랑하는 자를 사랑하면 무슨 상이 있으리요. 세리도 이같이 아니하느냐?"(마 5:46) 이렇게 순수하고 이타적인 사랑이 가능한 것인가? 아니면 우리 힘으로 그렇게 해 보려고 늘 애쓰고 있는가? 로버트슨은 한 연구집회에 참석했던 이야기를 해주었다.

한 전문가가 사람들이 가족을 양로원에 보내지 않는 두 가지 이유가 있다고 말했다. 하나는 경제적인 이유고 다른 하나는 죄책감 때문이라고 한다. 나중에 나는 또다른 가능한 이유들을 좀더 찾아보기 위해 그 사람과 개인적으로 이야기를 나누었다. 그러나 그 두 가지 이유밖에는 없다고 고집했다. 결국 나는 물었다. "사랑은 어떨까요?" 그러자 그 사람은 이렇게 대답했다. "아니오. 우린 그걸 죄책감의 일부라고 보거든요."7)

얄궂게도 우리가 사는 세상은 어떤 것을 악하다 말하기를 꺼려하는 한편 또 이타적인 사랑에 대해서도 점점 더 냉소적으로 되어가고 있다. 사단의 존재를 부인하는 것은 영적인 세계의 실체를 부인하는 마음에서 나온다. 그러나 이 세상이 전적으로 물리적이기만 하다면 모든 행동은 자기 중심적인 것으로 해석되기 때문에 사랑의 근거가 없어진다. 악을 부인하는 것은 결국 사랑이 없다는 생각을 불러온다.

사랑하기 위해 자기를 부인하신 예수님

로버트슨은 어떤 면에서 아내의 고통을 자신이 떠안음으로 아내의 고통을 덜어 주었다. 예수님은 제자들에게 "자기 목숨을 많은 사람의 대속물로 주려고"(막 10:45) 오셨다고 말씀하셨다. 세상에서 죄를 제거하기 위해 죄의 대가를 자신이 짊어지며 고통을 당하셨다.

세상을 떠나기 전날 밤 예수님은 겟세마네(기름을 짜기 위해 돌기둥 아래에 짓눌린 감람열매라는 뜻)라 불리는 감람산에서 기도하셨다. 이제 곧 당하게 될 고통과 고난을 예상하면서 그 곳에서 느끼는 깊은 고뇌는 말로 다 표현할 수 없는 것이었다. 정신적 중압감 때문에 억눌리고, 반쯤 산란해진 쉴 수 없는 마음 상태였다. 아무런 위로도 찾을 수 없는 슬픔에 짓눌려 있었다. 격렬한 고통이 예수님을 사로잡았다.[8] 그 고통을 곁에 있던 세 친구에게 이렇게 말씀하셨다. "내 마음이 심히 고민하여 죽게 되었으니 너희는 여기 머물러 깨어 있으라"(막 14:34). 고통이 너무 심해 마치 죽음과도 같았다. 동산 으로 좀더 들어가신 다음 예수님은 땅에 엎드려 기도하셨다. "아바 아버지여, 아버지께는 모든 것이 가능하오니 이 잔을 내게서 옮기시옵소서. 그러나 나의 원대로 마옵시고 아버지의 원대로 하옵소서"(막 14:35~36). 예수님은 다가오는 무시무시한 공포에게서 벗어나고 싶어 하셨다. 피할 길을 구하셨다. 그러나 자신의 감정이 아니라 아버지의 뜻을 따르기를 원했다. "나의 원대로 마옵시고 아버지의 원대로 하옵소서."

가장 어두운 순간에 "아니오"라고 말씀하신 예수님

몇 시간 후 십자가에서 숨을 거두시면서 예수님은 한번 더 자신의 뜻대로 하라는 유혹을 받았다. 십자가 사형은 서쪽으로 가는 주요 도로인 욥바 도상에서 거행되었다. 그래서 그 곳을 지나가는 사람들이 많았다.

지나가는 자들은 자기 머리를 흔들며 예수를 모욕하여 가로되 "성전을 헐고 사흘에 짓는 자여, 네가 만일 하나님의 아들이어든 자기를 구원하고 십자가에서 내려오라" 하며, 그와 같이 대제사장들도 서기관들과 장로들과 함께 희롱하여 가로되 "저가 남은 구원하였으되 자기는 구원할 수 없도다. 저가 이스라엘의 왕이로다. 지금 십자가에서 내려올찌어다. 그러면 우리가 믿겠노라. 저가 하나님을 신뢰하니 하나님이 저를 기뻐하시면 이제 구원하실찌라. 제 말이 나는 하나님의 아들이라 하였도다"(마 27:39~43).

"네가 만일 하나님의 아들이어든 … 내려오라!" 지나가는 사람들이 외쳤다. "하나님의 아들이라면 자신을 구원해 보라! 우리에게 증명해 보라. 고통에서 자신을 구하기 위해 힘을 발휘해 보라. 당신의 인간성을 보호하기 위해 신성을 사용해 보라."

"저가 남은 구원하였으되 자기는 구원할 수 없도다!" 그들은 비아냥거렸다. 예수님은 병자들을 치료해 주셨고 연약한 사람들을 변호해 주었지만 이제 누가 그를 변호해 줄 것인가?

그들은 계속해서 야유했다. "저가 하나님을 신뢰하니 하나님이 저를 기뻐하시면 이제 구원하실지라. 어린아이처럼 하나님을 신뢰한 결과가 어떤 것인지를 보라. 하나님이 예수 당신을 버리셨어. 하나님께 복종했지만 하나님은 당신을 십자가에 못 박히게 하면서 이용하신 거야."

예수님이 숨을 헐떡이며 몸을 뒤틀자 벌거벗은 등이 나무에 쓸렸다. 그것을 본 서기관들과 장로들은 표적을 행하라고 외쳤다. 십자가에서 뛰어내린다면 믿겠노라고 조롱했다.

그러나 예수님은 그렇게 하지 않으셨다. 자신을 돌아보면서 사람들로부터 영광을 구하려 하지 않으셨으며, 자신의 감정에 휩쓸리지도 않으셨다. 자기를 부인하고 자신이 바라는 것에 "아니오"라고 말씀하셨다. 하나님을 신뢰하셨다. 그리고 마지막 순간까지도 여전히 사랑하셨다.

적절한 간섭에 "예"라고 말하기

어둠 속에 빛을 비추는 사랑

 어느 날 아침 우리 딸 애쉴리가 유별나게 투덜거렸다. 엄격하게 지켜야 하는 귀가 시간, 그날따라 유난히 머리 손질도 제대로 되지 않았고 계속해서 자기의 필요를 채워 주지 못하는 일곱 사람에게 불만이 가득찼다. 애쉴리는 점점 자기 생각에 골몰했고 그 결과 계속해서 삶이 짜증스럽게 느껴졌다.

 애쉴리가 학교로 간 뒤 아내는 지난 몇 달 동안 애쉴리의 태도가 얼마나 부정적이었는지를 생각하기 시작했다. 그리고 학교로 찾아가 애쉴리를 데리고 나와 이야기를 해봐야겠다는 생각을 했다. 마침내 "이래서는 안 된다"고 말하면서 학교로 차를 몰았다. 교장 선생님을 만나 딸아이와 이야기해야 할 아주 중요한 일이 있다고 말했다.

고등학교 1학년 학생들과 함께 합창 연습을 하고 있던 애쉴리는 영문도 모른 채 불려나와 엄마와 함께 주차장에 세워 놓은 우리 집 미니 밴에 앉아 있었다. 아내는 애쉴리 앞에 있던 차양에 달려 있던 거울을 획 끌어내린 다음 눈물을 흘리며 이렇게 말했다. "정신 좀 차려. 너 요즘 어떤지 아니? 거울 좀 봐. 그 액세서리랑 화장이랑 머리 좀 봐. 그리고 네 남자친구의 그 팔지도 좀 봐. 그리고 나서 네 마음 속을 들여다 보고 속이랑 겉을 비교해 봐. 겉은 번쩍거리는데 속은 아주 흉물이야."

애쉴리는 그 때 충격이 너무 컸기 때문에 그 이후 장식이나 화장을 거의 하지 않게 되었다고 내게 말했다. 애쉴리는 가장 먼저 나서서 액세서리나 화장이 문제가 되지는 않는다고 말할 아이였다. 그러나 그 일이 있은 후 자신의 속사람이 어떤지를 생각하기 시작했다. 지금 나는 애쉴리가 얼마나 아름다운지를 보고 놀라게 된다. 특수 장애 교육 교사로 장애를 가진 사람들과 함께 일할 뿐 아니라 일터를 떠나서도 장애인들의 친구이다.

직접적인 충돌을 피할 수 없다 할지라도 사랑은 사람들을 향해 나아간다. 사랑은 사람들을 그들의 고통이나 이기심 속에 혼자 남도록 내버려 두지 않는다. 때때로 사람들은 너무 마비되어 있어서 우리의 천성적인 망설임을 깨뜨리지 않는 한 그들을 사랑할 수 없다. 사춘기에 들어선 우리 아이들과 이야기하면서 내가 잔소리를 하게 될 거라는 사실을 알게 되면 나는 그들에게 다가가기를 포기하고 싶어진다. 그러나 사랑은 사람들을 향해 나아간다는 사실을 기억한다. 내가 무슨 말을 해야 하는지 알 필요조차 없다. 그저 가까이 다가가면 된다.

사람들을 그냥 내버려 두지 않는 사랑

예수님께서 "아니오"라고 말하며 누릴 수 있었던 것과 똑같은 자유는 이 적절한 간섭 속에서도 찾아볼 수 있다. 하나님 아버지께 닻을 내리고 있었기 때문에 예수님은 그 당시 사회의 관습에 얽매이거나 자신의 일정을 가지게 될 것을 두려워하지 않으셨다. 그 당시 '나쁜 사람'으로 여겨졌던 사람에게 사랑을 가지고 다가가시는 예수님의 모습을 살펴보자.

예수께서 여리고로 들어 지나가시더라. 삭개오라 이름하는 자가 있으니 세리장이요 또한 부자라. 저가 예수께서 어떠한 사람인가 하여 보고자 하되 키가 작고 사람이 많아 할 수 없어 앞으로 달려가 보기 위하여 뽕나무에 올라가니 이는 예수께서 그리로 지나가시게 됨이러라. 예수께서 그 곳에 이르사 우러러 보시고 이르시되 "삭개오야, 속히 내려오라. 내가 오늘 네 집에 유하여야 하겠다" 하시니 급히 내려와 즐거워하며 영접하거늘 뭇사람이 보고 수군거려 가로되 "저가 죄인의 집에 유하러 들어갔도다" 하더라. 삭개오가 서서 주께 여짜오되, "주여, 보시옵소서. 내 소유의 절반을 가난한 자들에게 주겠사오며 만일 뉘 것을 토색한 일이 있으면 사 배나 갚겠나이다" 예수께서 이르시되 "오늘 구원이 이 집에 이르렀으니 이 사람도 아브라함의 자손임이로다. 인자의 온 것은 잃어버린 자를 찾아 구원하려 함이니라"(눅 19:1~10).

삭개오를 생각할 때면 나는 작은 키에 사기를 치고 약간 화려하게 치장한 그런 사람을 떠올린다. 로마 정부에 고용되어 세금에 웃돈을 받아 챙김으로 부자가 된 그는 유대인 사회에서는 배척받는 인물이었다. 그들에게 그는 쓰레기 같은 사람이었다. 그리고 지방 세리들을 관리하는 세리장이었기 때문에 다른 사기꾼들을 관리하는 사기꾼 중의 사기꾼이었다. 그는 식민국이라는 사실을 기억나게 하는 사람이었기 때문에 유대인들은 그의 모습을 보기만 해도 기분이 상했다. 로마 군인들이 세금 징수를 강요하면서 그의 돈 궤 옆에 서 있었다.

그러나 예수님은 과감하게 삭개오의 삶에 간섭하셨다. 가던 길을 멈추고 그를 올려다 보시며 그의 집으로 가시겠다고 하셨다. 저녁을 대접받고 그날 밤 그의 집에 머무르셨다. 이것은 마치 대통령이 우리 집에 들어오기 위해 그의 자동차 행렬을 멈춘 것과 같은 일이었다. 예수님은 수백 년만에 이스라엘 역사를 화끈 달아오르게 한 인물이었다. 삭개오는 대단한 영광을 얻게 된 것이다. 그러나 대통령의 경우 "속히 내려오라"고 명령하거나 "내가 오늘 네 집에 유하여야 하겠다"는 투의 말을 하리라고는 생각되지 않는다. 그러나 예수님은 마치 왕처럼 권위를 가지고 순종할 것을 기대하고 말씀하셨다. 예수님께서 베푸신 기적의 능력은 바로 그분 자신의 능력과 일치했다.

그러나 일 세기 당시 '좋은 사람들'은 세리들과는 함께 식사를 나누지 않았다. 왜냐하면 식사를 같이 한다는 것은 그저 함께 먹는 것이 아니라 삶을 함께 나누는 것을 의미했기 때문이다. 기꺼이 삭개오와 식탁을 함께 한 예수님은 모든 사람들에게 세리장을 받아들일 뿐 아니라 그를 용서한다고 말하는 것이었다. 사람들에게 그것은 혐오스럽기 짝이 없는 일이었다. 예수님께서 그 사회가 정한 금기 사항을 깨신 것이다.

사랑할 때 우리는 더러움을 묻히게 된다. 나인성의 과부를 사랑하신 예수님은 관에 손을 대시고 부정해지셨다. 여기서는 동족의 돈을 갈취해 로마 정부와 나누어 먹는 자를 상대하신 예수님에 대한 사람들의 의견에 따라 예수님이 부정하게 되셨다.

사람들이 수군대는 것을 눈치 챈 삭개오는 자신이 받고 있던 좋지 않은 평판을 스스로 개선함으로 자기 때문에 예수님이 받게 된 잘못된 평판에도 수정을 가했다. 완벽한 손해배상을 해주고 자기 재산의 반을 가난한 사람들에게 주겠다고 그 자리에서 선언했다. 철저한 관리자인 삭개오가 문제의 핵심을 파헤쳤고 다시는 돌아갈 수 없도록 철저한 개선을 단행했다. 예수님께서 먼저 삭개오의 짐을 덜어 주셨고 그 다음에 삭개오가 예수님의 짐을 덜어 주었다. 삭개오의 집으로 가 식사를 대접받음으로 예수님은 수백 명의 가난한 사람들에게 미치게 될 사랑의 고리를 만드셨다.

예수님께서 왜 간섭하셨는가? 잃어버린 자를 찾아 구원하게 하신 하나님의 사명을 수행하고 계셨기 때문이다. 사람들이 찾아오기만을 기다리지 않으셨다. 자신의 나라를 취하려고 오신 침노하는 왕이었다. 예수님은 하나님께서 이제 이 세상으로 온유하게 침노해 들어오고 계신다고 선언하며 자신의 사역을 시작하셨다. "하나님의 나라가 가까왔으니"(막 1:15). 그래서 예수님은 왕처럼 들어오셔서 일을 주도하셨다. 그러나 그 나라는 얼마나 이상한 나라인지 모른다! 빌라도에게 "내 나라는 이 세상에 속한 것이 아니라"(요 18:36)고 하신 것도 무리가 아니다. 예수님의 나라는 위와 아래가 뒤바뀐 나라였다.

마지막 사랑의 감동을 더하시며 "오늘 구원이 이 집에 이르렀으니"(눅 19:9)라고 삭개오를 보며 말씀하셨다. 예수라는 이름은 히브리어로 "하나님께서 구원하신다"라는 뜻이다. 삭개오와 교제하시고 그의 나쁜 평판을 함께 지심으로 그를 구원하셨다. 구원은 대속을 통해 이루어진다. 그리고 사랑도 그렇게 이루어진다.

사랑으로 손을 대고 간섭하심

배설물과 구토와 가래와 피로 얼룩진 너저분함을 피해 도망치지 않고 가난하게 죽어 가는 사람들을 돌봐 준 마더 테레사의 손길은 온 세상 사람들의 사랑과 찬사를 불러 일으켰다. 마더 테레사는 이렇게 말했다. "우리는 손을 대는 것과 부드러운 목소리와 미소로 친절과 상냥함을 베풀도록 우리 자신을 훈련함으로 하나님의 자비를 매우 실제적으로 나타낼 수 있다." 그녀는 의식적으로 예수님의 손길을 모방했다.[1]

사람들에게 손을 대실 때 예수님은 부드럽게 그들의 삶을 간섭하셨다. 예수님의 손이 닿은 것은 무엇이든 깨끗하고 온전해졌다. 소경, 귀머거리, 절름발이에게 손을 대시고 그들의 병을 고쳐 주셨다. 다른 사람들은 피해 달아나는 사람들에게 다가가셨다. 문둥병을 앓고 있는 환자들에게서 손을 뗄 수 없으셨던 것처럼 보인다.

예수께서 한 동네에 계실 때에 온 몸에 문둥병 들린 사람이 있어 예수를 보고 엎드려 구하여 가로되 "주여, 원하시면 나를 깨끗케 하실 수 있나이다" 하니 … 가라사대 "삼가 아무에게 아무 말도 하지 말고 가서 네 몸을 제사장에게 보이고 네 깨끗케 됨을 인하여 모세의 명한 것을 드려 저희에게 증거하라" 하셨더니 (눅 5:12, 막 1:41).

문둥병은 고통을 느낄 수 있는 감각을 마비시킴으로 환자의 외관을 손상시킨다. 문둥병에 걸린 사람들은 자신이 다친 사실을 모르기 때문에 사지를 '잃게' 된다. 그들의 외모는 사람들을 겁나게 한다. 또 사람들은 전염되는 병에 '걸리게' 될까봐 두려워한다. 문둥병에 걸리게 되면 그는 가족들로부터 격리되어 다시는 가족들과 신체적인 접촉을 할 수 없게 되며 아이들을 안아 주거나 배우자의 포옹을 받을 수 없게 된다. 자기에게 다가오는 사람이 있으면 그는 "부정하다, 부정하다"라고 외쳐야 했다. 유대인들은 문둥병 환자에게 손을 대지 못했다. 문둥병은 모든 면에서 '부정'한 것으로 여겨졌다.

이런 사실을 다 아셨지만 예수님은 찌그러지고 상처 난 얼굴에 손을 대셨다. 그러자 곧 상처가 낫고 어린아이의 살처럼 온전해졌다. 한순간에 그에게 건강한 신체와 가족과 동족을 되돌려 주셨다.

예수님은 때때로 사람들이 두려워하거나 혼란스러워 할 때 그들에게 손을 대셨다. 한번은 제자들이 공포에 질려 있을 때 예수님께서 오셔서 그들에게 손을 대시며 말씀하셨다. "일어나라. 두려워 말라"(마 17:7). 또 어린 소년을 고쳐 주신 후에도 그렇게 하셨다. "그 손을 잡아 일으키시니 이에 일어서니라"(막 9:27).

메시아에 대한 고대 선지자의 한 예언에 이런 친절이 반영되어 있다. "그는 외치지 아니하며 목소리를 높이지 아니하며 그 소리로 거리에 들리게 아니하며 상한 갈대를 꺾지 아니하며 꺼져가는 등불을 끄지 아니하고 진리로 공의를 베풀 것이며"(사 42:2~3). 메시아는 크게 고함을 치거나 공격적으로 나서지 않을 것이다. 그는 손이 닿기만 해도 부러지기 쉬운 상한 갈대와 같은 사람들을 부드럽게 대하며, 약간만 움직여도 꺼질 수 있는 꺼져 가는 등불과 같은 사람들을 자상하게 돌볼 것이다.

우리는 종종 손 대기를 두려워한다. 왜냐하면 신체적이건 혹은 비유적이건 손을 댄다는 것은 다른 사람의 사적인 공간을 침해하는 위험이 따르고 친밀함을 전제하기 때문이다. 어떤 상황 속에 연루될지, 또는 얼마나 오해를 받게 될지 알 수 없기 때문이다. 요즘 불구가 된 사람, 정신적인 질병을 앓고 있는 외로운 현대의 '문둥병자'들이 상당히 많다. 아내가 우울증을 앓고 있는 내 친구가 이렇게 말했다. "모든 사람이 아내가 어떤지를 묻긴 하지만 아내를 찾아주는 사람은 아무도 없어." 사랑은 어둠 속에 빛을 비춘다. 파고들어 간섭한다.

물론 잘못 손을 대는 사람들도 있다. 성적인 욕망의 위험을 강조하기 위해 예수님은 이렇게 말씀하셨다. "또한 만일 네 오른손이 너로 실족케 하거든 찍어 내버리라"(마 5:30). 우리의 손은 부드럽게 사랑을 베푸는 데 사용하도록 되어 있다. 그런데 어떻게 사람들을 하나의 물건처럼 다루는 데 우리의 손을 사용할 수 있단 말인가?

이타적인 개방성

끊임없이 우리의 사생활을 침해하면서 시선을 끌려는 사람을 사랑하기는 쉽지 않다. 그러나 만일 언제 누구를 사랑할지를 우리가 늘 결정한다면 우리는 사랑을 흉내내는 것에 불과한 위험에 빠질 수 있다. 우리 일정이 방해를 받거나 저금해둔 돈이 빠져나가는 일을 허락하지 않는다면 우리 자신의 미덕으로 스스로 자신을 속이는 어리석음에 빠질 수 있다. 사랑은 내어 준다.

예수님은 가장 미천한 사람들과 소외된 사람들과 외로운 사람들과 문둥병자들의 필요를 채워 주기 위해 자신을 개방하셨다. 그들에게 손을 대었을 뿐 아니라 그들이 손을 댈 수 있게 해주셨다. 예를 들면 시몬의 집을 찾아온 여인은 눈물로 예수님의 발을 적셨고 머리털로 닦았다. 마지막 성찬 때 요한은 예수님께 기대어 귓속말로 질문을 했다. 그 순간이 너무나 감동적이었기 때문에 요한은 자신이 그 식사 자리에서 예수님께 기댄 바로 그 사람이었음을 기록으로 남기기까지

했다(요 13:25). 예수님께서 이중으로 방해받으셨던 다음 장면을 살펴 보라.

회당장인 야이로라 하는 사람이 와서 예수의 발아래 엎드려 자기 집에 오시기를 간구하니 이는 자기에게 열두 살 먹은 외딸이 있어 죽어감이러라. 예수께서 가실 때에 무리가 옹위하더라. 이에 열두 해를 혈루증으로 앓는 중에 아무에게도 고침을 받지 못하던 여자가 예수의 뒤로 와서 그 옷가에 손을 대니 혈루증이 즉시 그쳤더라. 예수께서 가라사대 "누가 내 옷에 손을 대었느냐?" 하시니 다 "아니라" 할 때에 베드로가 가로되 주여 "무리가 옹위하여 미나이다." 예수께서 이 일 행한 여자를 보려고 둘러 보시니 여자가 스스로 숨기지 못할 줄을 알고 떨며 나아와 엎드리어 그 손 댄 연고와 곧 나은 것을 모든 사람 앞에서 고하니 예수께서 이르시되 "딸아, 네 믿음이 너를 구원하였으니 평안히 가라" 하시더라.

아직 말씀하실 때에 회당장의 집에서 사람이 와서 말하되 "당신의 딸이 죽었나이다. 선생을 더 괴롭게 마소서" 하거늘 예수께서 들으시고 가라사대 "두려워 말고 믿기만 하라. 그리하면 딸이 구원을 얻으리라" 하시고 집에 이르되 베드로와 요한과 야고보와 및 아이의 부모 외에는 함께 들어가기를 허하지 아니하시니라.

모든 사람이 아이를 위하여 울며 통곡하매 예수께서 이르시되 "울지 말라. 죽은 것이 아니라 잔다" 하시니 저희가 그 죽은 것을 아는 고로 비웃더라. 예수께서 아이의 손을 잡고 불러 가라사대 "아이야 일어나라" 하시니 그 영이 돌아와 아이가 곧 일어나거늘 예수께서 "먹을 것을 주라" 명하신대.

(눅 8:40~55, 막 5:30, 32)

힘든 여행에 지친 예수님께서 따뜻한 환영과 마땅히 누려야 할 휴식을 취하기 위해 고향으로 돌아왔을 때 회당의 한 지도자가 자기 딸이 죽어간다며 예수님의 길을 가로막았다. 예수님께서 그를 도와 주러 가시는 길에 수많은 사람들이 몰려들었다. 혈루증으로 회당에 들어갈 수 없었던 한 '부정한' 여인이 무리를 헤치고 예수님이 계신 곳으로 가까이 다가갔다. 그녀가 손을 대는 사람은 그날 하루 동안 '부정하게' 될 것이다(레 15:26~27). 그녀는 앓고 있었고 아이를 가질 수 없었기 때문에 이혼을 당했거나 아니면 결혼을 하지 못했을 것이 분명하다. 문둥병자나 다름없었다. 만일 그녀가 예수님께 공개적으로 고쳐 달라고 간청한다면 그녀에게 혐오감을 느끼는 사람들로부터 더 큰 수치를 당하게 될 것이다. 그래서 그녀는 예수님께 다가가 유대인 남자들의 겉옷 한 쪽에 붙어 있는 푸른색 장식 술에 손을 대었다. 그러자 곧 병이 나았다.

예수님이 서서 주위를 돌아보시며, "내게 손을 댄 자가 누구냐?"고 물으셨다. 베드로가 그 질문은 부당하다는 지적을 했다. 왜냐하면 무리가 옹위하여 밀고 있었기 때문이다. 그것은 또 아무도 손을 대지 않았다고 부인하는 무리들을 우스꽝스럽게 만드는 것이었다. 그러나 예수님은 그냥 평범하게 만진 손길이 아니라고 말씀하셨다.

보통 예수님은 먼저 보신 다음 병을 고쳐 주셨다. 그러나 여인의 행동은 예수님의 일상적인 방식을 뒤집어 놓았다. 그녀를 먼저 고치신 다음 찾게 만들었다. 예수님은 사람들과 아무 관계도 맺지 않고 병을 고쳐 주는 법이 없으셨다. 또 그분의 능력을 사랑과 분리시킨 적도 없으셨다. 그래서 급한 일까지 늦추셨다. 여인은 자신의 행동을 숨길 수 없다는 사실을 감지하고 무리들 속에서 나와 자신의 고통스런 삶과 수치심을 공개적으로 이야기했다. 그 동안 예수님은 조용히 듣고 계셨다. 그리고 빈손으로 예수님을 기꺼이 찾아온 그녀의 마음과 예수님의 능력이 자신을 위한 것이 될 수 있다고 확신한 그 믿음을 칭찬해 주신 다음 마침내 그녀에게 말씀하셨다. "딸아, 네 믿음이 너를 구원하였으니 평안히 가라."

그 때 예수님을 가로막은 두 번째 방해가(여인) 첫 번째 방해(야이로)로 인해 다시 방해를 받았다. 딸이 숨을 거두었으니 이제는 너무 늦었다는 전갈이 왔다. 고침을 받은 여자와는 달리 야이로의 믿음이 흔들렸다. 죽은 사람은 다시 살아나지 않는다. 그러나 예수님은 야이로에게 확신을 주시며 딸에게로 가셨다.

곡을 하던 사람들은 예수님께서 딸아이가 잔다고 생각하신다는 말을 전해 듣고 통곡 대신 너털웃음을 웃었다. 그들은 자신들이 곡을 전문으로 하는 사람들이라는 것을 보여 주었다. 프로들만이 울다가 웃고 웃다가 울 수 있는 것이다. 예수님은 곡하는 사람들을 집 밖으로 보내셨다. "부모들을 위한 이 특별한 순간을 망쳐 놓는 당신들을 이 집안에 그냥 두지 않을 것이다. 믿지 않는 당신들은 보지 못할 것이다." 그리고 아이의 손을 잡아 죽음에서 일으키셨다. 정신이 나간 아이 부모는 어쩔 줄 몰랐다. 언제나 사람들을 생각하는 실제적인 예수님은 아이가 굶주렸으니 먹을 것을 주라고 말씀하셨다.

균형 잡힌 사랑

예수님은 어떤 방해는 거부하셨고 또 어떤 방해는 환영하셨다. 그리고 또 어떤 방해는 외면하셨고 또다른 방해는 받아들이셨다. 사랑은 그렇다. 융통성 없이 완고하지 않다. 그렇다면 언제 방해를 받아들이고 또 언제 방해를 거부해야 하는지 어떻게 알 것인가? 다음의 이야기가 몇 가지 제안을 해줄 것이다.

내 아내가 짜증을 부렸다. 우리가 부업으로 하는 세무 사업의 고객이 스무 명으로 줄었다. 시장에 다녀온 아내는 빠듯한 생활비 때문에 마음이 가라앉아 있었다. 손에 바를 크림 살 돈도 없다고 말했다. 그래서 나는 곧장 내가 따로 모아 둔 돈으로 손에 바를 크림을 사주겠다고 했다. 아내는 십년 동안 이렇게 살아왔고 이제는 넌덜머리가 난다고 말하며 내 제안을 무시해 버렸다. 그리고 내게 혼자 휴가를 가라고 했다. 그럼 돈을 좀 아낄 수 있다는 것이었다. 나도 기분이 나빴고 둘 다 화를 냈다.

그날 저녁 나는 아내와 다툰 일로 시무룩해 있었다. 아내에게 화가 났고 우리의 재정 상태 때문에 짓눌리는 듯했다. 그리고 나는 그 문제를 해결하기 위해 아무것도 할 수 없었다. 하나님께서 개입하셔서 아내를 대하는 문제를 간섭해 주셔야 했다. 나는 어떻게 해야 할지 몰랐기 때문에 도움을 구하며 기도하고 있었다. 그 때 갑자기 아내는 그저 내가 들어 주기를 원했을 뿐이었다는 생각이 들었다. 경제적으로 어려움을 겪는 것은 고통스러운 일이고 말로 해결할 수 있는 일이 아니다.

다음날 아침 나는 아내에게 쉬운 대답으로 아내의 문제를 '해결해' 주려 했던 것을 사과했다. 그러자 아내는 "왜 그렇게 날 값싸게 사랑하려는 거예요?"라고 대꾸했다. 나는 다시 사과하면서 이렇게 덧붙였다. "알아, 그냥 손에 바르는 크림의 문제가 아니라는 거 나도 알아." 그리고 아내를 사랑하려고 정말 노력해 왔다는 말도 했다. 그리고 조금 기다린 다음 이렇게 말했다. "당신이 두려움을 느낄 때 공격적이 되는 거 알아? 언제나 쪼들리며 사는 게 얼마나 힘든지를 그냥 말하면 되잖아. 그렇게 거칠어지는 대신 당신이 두려워하는 걸 말하라구." 아내는 아무 말이 없었다.

엉망진창이 된 말다툼을 해결하는 '열쇠'는 하나님의 인도를 구하는 기도였다. 하나님과 이야기하는 것은 내 부족함을 드러내 주고 '아내가 한 말'에서 내 눈을 떼게 해주었다. 나는 아내를 도와 주는 것처럼 보였지만 실제로는 나를 돕고 있었다. 아내가 더 이상 나에게 압력을 가하지 못하게 만들고 싶었던 것이다. 아내의 고민은 나를 불편하게 만들었고 나는 그 불편함에서 벗어나고 싶었다. 아내에게 손쉬운 해결책을 제시한 것은 쉽게 아내의 입을 막기 위한 것이었다.

아내에게 아내의 말을 듣지 않았던 것을 사과한 날 아침 나는 아내의 방해를 받아들이기 위해 나 자신을 개방하고 있었다. 사과할 때 사람들은 보통 이렇게 말한다. "괜찮아. 사과했으니까 됐어." 자신을 개방하는 것은 위험이 따르는 일이다. 그러나 나는 나를 향한 하나님의 사랑을 확신했다. 그래서 때로는 내가 아내를 제대로 사랑하지 못한다는 아내의 말에 동의할 수 있었다. 그리고 그것은 사실이었다.

또 나는 조용히 아내에게 "아니오"라고 말했다. 아내는 내가 아내를 제대로 사랑하지 못한다고 말했고 나는 내가 아내를 사랑하는 일에 성장하고 있다고 말했다. 그리고 나서 아내가 느끼는 두려움을 함께 나누자고 했을 때 아내의 내면으로 부드럽게 들어갈 수 있었다.

사랑의 원리를 모두 다 안다 할지라도 그냥 기다려야 할 때 간섭하고, 간섭해야 할 때는 기다리고 있는 실수를 여전히 할 수 있다. 우리에게는 우리의 뜻을 형성해 주고 어떻게 사랑해야 하는지를 가르쳐 주는 하나님의 뜻이 필요하다.

4부 사랑은 믿음으로 강해진다
Love is energized by faith

사랑할 수 있는 힘을 주는 믿음

사랑할 수 있는 힘은 어디서 오나?

 퇴근이 늦어질 것 같아 미리 집으로 전화해 남편에게는 세탁기를 돌릴 것을, 아들에게는 숙제를, 딸아이에게는 찌개를 끓여 줄 것을 부탁했다. 그런데 집에 돌아와 보니 빨래거리는 그대로 흩어져 있고 남편은 소파에 벌렁 누워 TV를 보고 있고 아들은 책가방은 열지도 않은 채 방 한구석에 던져놓고 컴퓨터에 푹 빠져 있으며, 딸아이는 찌개거리를 벌려 놓은 채 전화통에 매달려 있다. 그리고 사람이 들어왔는데도 아무도 쳐다보지 않는다. 비명을 지르고 싶었다. 사랑이란 말은 생각조차 하기 싫었다. 그리고 생각에 잠겼다. '누군가 나를 사랑해 주고 내 필요를 채워줄 수 있는 때는 언제나 오려나?'
 사랑에 관련된 가장 어려운 문제는 '어떻게 사랑하는가?' 가 아니다. 먼저 사랑하기 원할 때 사랑할 힘을 갖게 되는 것이다. 사랑하기 위해서는 사랑할 힘이 있어야 하는데 우리에게는 보통 그 힘이 없다.

예수님은 하나님께로부터 힘을 얻는다고 말씀하셨다. "내가 아버지로 인하여 사는 것 같이"(요 6:57) 하나님께 대한 단순한 신뢰에 해당하는 말이 바로 '믿음'이다. 믿음은 불합리한 것이나 이해할 수 없는 것을 신뢰하는 것이다. 그 동안 생각해 왔던 믿음에 대한 정의는 그것이 어떤 것이건 다 지워 버리라. 왜냐하면 예수님께는 하나님 아버지로 인해 사는 것, 그것이 믿음이었으며 그 믿음이 모든 관계에 영향을 미쳤기 때문이다. 우리는 모두 누군가 또는 무언가를 의존하는 존재이므로, 무엇인가에 대한 '믿음'을 가지고 있다.

예수님께서 세상을 떠나시기 일 년 전 사랑하는 데 필요한 힘에 관련된 문제와 씨름하셨던 날을 살펴보도록 하자. 그 특별한 날이 사복음서 모두에 기록된 것을 보면 그날 일어난 사건들이 제자들의 삶을 뿌리까지 흔들어 놓은 것이었음을 알 수 있다.

오전 : 방해받은 휴식

팔레스타인 지역의 아름다운 봄철, 유월절이 다가오는 갈릴리의 금요일 아침이다. 그러나 그날은 지평선상에 먹구름이 끼어 있었다. 헤롯이 예수님의 사촌 세례 요한을 죽였다는 소식이 막 퍼지고 있었다. 헤롯이 자기 형의 아내와 결혼한 것을 비난했기 때문이다. 요한이 메시아일지도 모른다고 생각한 사람들이 많았고 혁명이 일어날지 모른다는 소문이 퍼지고 있었다.

수백 년 전 유대인의 선지자들은 이스라엘을, 또 모든 인류를 구원하기 위해 하나님께서 보내신 메시아(헬라어로 그리스도)가 오실 것이라 예언했다. 유대인들은 수백 년 동안 메시아를 기다려 왔다. 교육을 받은 로마인들 조차도 팔레스타인에서 세상을 구원할 자가 나오게 될 것을 기대했다.[1]

예수님의 인기는 치솟아 오르고 있었다. "오고가는 사람이 많아 음식 먹을 겨를도 없음이라." 그래서 예수님은 제자들에게 호수 반대편으로 가서 잠시 쉬라고 하셨다. "너희는 따로 한적한 곳에 와서 잠깐 쉬어라." 그들은 배를 타고 한적한 곳으로 갔다(막 6:31~32). 호수 반대편은 헤롯이 다스리는 지역 밖이었고 그 곳에서 예수님은 위험을 피할 수 있으셨다.[2]

예수님은 제자들에게 육체적인 휴식을 취하게 하셨을 뿐 아니라 더 깊은 영적 휴식을 취하도록 초청하셨다. "수고하고 무거운 짐진 자들아, 다 내게로 오라. 내가 너희를 쉬게 하리라"(마 11:28). 그러나 그들의 휴식은 잠깐 동안에 불과했다.

> 그 가는 것을 보고 많은 사람이 저희인 줄 안지라. 모든 고을로부터 도보로 그 곳에 달려와 저희보다 먼저 갔더라. 예수께서 나오사 큰 무리를 보시고 그 목자 없는 양 같음을 인하여 불쌍히 여기사 이에 여러 가지로 가르치시더라.
> (막 6:33~34)

예수님은 무리를 보고 불쌍히 여겨 가르치시기 시작하셨다. 그런 다음 그들이 원하는 것과 절실한 요구에 따라 그들에게 나아가셨다.

오후 : 보잘 것 없는 자원

태양이 갈릴리 바다 너머로 지기 시작하자 예수님은 빌립에게 물으셨다.

"우리가 어디서 떡을 사서 이 사람들로 먹게 하겠느냐?" 하시니 이렇게 말씀하심은 친히 어떻게 하실 것을 아시고 빌립을 시험코자 하심이라. 빌립이 대답하되 "각 사람으로 조금씩 받게 할지라도 이백 데나리온의 떡이 부족하리이다." 제자 중 하나 곧 시몬 베드로의 형제 안드레가 예수께 여짜오되 "여기 한 아이가 있어 보리떡 다섯 개와 물고기 두 마리를 가졌나이다. 그러나 이것이 이 많은 사람에게 얼마나 되겠삽나이까?"(요 6:5~9)

예수님은 보리떡 다섯 개와 물고기 두 마리로 수천 명에 달하는 배고픈 사람들에게 먹을 것을 주어야 하는 엄청난 문제를 안고 있는 제자들을 마주 대하고 계셨다. 예수님은 제자들이 도움을 청하고 인간의 한계를 넘어서는 생각을 하고 자신이 아버지께로 향하는 것처럼 그들도 그렇게 예수님께로 향할 수 있게 되기를 원하셨다.

빌립은 평소처럼 솔직하게 "말도 안 됩니다!"라는 반응을 보였다. 안드레는 자기들에게 있는 얼마 안 되는 자원을 말씀드렸다. 그것은 가난한 사람의 한 끼 식사 정도에 불과했고 또 생선에서는 우리가 먹는 꽁치 같은 비린내가 났다.

저녁 식사시간 : 흘러 넘치는 풍성함

제자들을 명하사 그 모든 사람으로 떼를 지어 푸른 잔디 위에 앉게 하신 대로 혹 백씩, 혹 오십씩 앉은지라. 예수께서 떡 다섯 개와 물고기 두 마리를 가지사 하늘을 우러러 축사하시고 떡을 떼어 제자들에게 주어 사람들 앞에 놓게 하시고 또 물고기 두 마리도 모든 사람에게 나누어 주시매 다 배불리 먹고 남은 떡 조각과 물고기를 열두 바구니에 차게 거두었으며 떡을 먹은 남자가 오천 명이었더라(막 6:39~44).

사람들의 배가 고팠기 때문에 예수님은 그들에게 먹을 것을 주셨다. 분명하고 간단하다. 그러나 또 이 사건은 예수님께서 생명의 근원이 되심을 보여 주는 하나의 비유가 될 수 있다. 사람들을 푸른 잔디 위에 앉게 하셨다. "여호와는 나의 목자시니 내게 부족함이 없으리로다. 그가 나를 푸른 초장에 누이시며 …"라고 한 시편 23편과 매우 흡사한 광경이다. 그런 다음 예수님께서 그들을 위해 상을 베푸시고 남은 음식이 열두 바구니가 될 정도로 그들의 잔을 넘치게 하셨다. 가나 혼인 잔치에서 하셨던 것처럼 작은 것으로 흘러 넘치는 풍성함을 만들어 내셨다. 정녕 예수님의 선하심과 인자하심이 사람들을 따랐다. 그들은 선한 목자의 돌보시는 은혜를 경험했다.

우리 삶이 아무리 엉망진창이 되었다 해도 선한 목자께서 사랑의 눈길로 바라보시며 동정심을 가지고 우리를 두 팔로 감싸 안으시고 삶의 세밀한 부분까지 돌보신다는 사실을 알 때 그 기분을 어찌 다 표현할 수 있겠는가? 사랑은 사랑하는 것으로 시작하지 않는다. 사랑은 사랑 받는 것으로 시작한다. 사랑 받을 때 사랑할 수 있는 자유와 자원을 가지게 된다. 그러므로 받은 것만을 줄 수 있다.

가장 단순한 형태의 믿음은 누군가와 함께 있으면 안전할 것이라 믿으며 그의 사랑을 받아들이는 것이다. 예수님의 행동은 사람들에게 그분은 신뢰할 만한 분이라는 사실을 말해 주었다. 그분께 나아가면 돌봐 주실 것이다. 그러나 사람들은 예수님을 신뢰하기보다 그분을 조종하려 했다.

저녁 식사 후 : 하나님의 능력을 이해함

식사를 마친 후 예수님은 즉시

제자들을 재촉하사 자기가 무리를 보내는 동안에 배를 타고 앞서 건너편 벳새다로 가게 하셨다(막 6:45). 왜 제자들을 먼저 가게 하시고 혼자서 그 많은 사람들을 집으로 돌려 보내셨을까? 예수님을 왕으로 추대하려는 유혹에 제자들이 굴복할 수도 있었기 때문이었다. "그 사람들이 예수의 행하신 이 표적을 보고 말하되 '이는 참으로 세상에 오실 그 선지자라' 하더라. 그러므로 예수께서 저희가 와서 자기를 억지로 잡아 임금 삼으려는 줄을 아시고 무리를 작별하신 후에 기도하러 산으로 가시다"(요 6:14~15, 막 6:46).

무리들은 모세가 자기와 같은 선지자가 올 것이라고 한 예언을 기억했을 것이다(신 18:15). 일 세기 당시의 유대인들은 메시아가 이스라엘의 역사를 다시 재현하게 될 것을 고대하고 있었다. 모세가 광야를 지나던 이스라엘 백성들에게 먹을 것을 주었듯이 메시아 역시 그렇게 할 것이라 기대했다. 모세가 했던 일을 할 것이며 모세가 했던 것보다 더 훌륭한 일을 할 것이다.

사람들은 이렇게 생각했다. '바로 이거야. 우리가 그렇게 기다려 왔던 바로 그 일을 보여 주는 징표다. 예수님은 왕이다! 이분은 우리가 오랫동안 고대해 온 이스라엘을 다스리게 될 다윗왕의 자손이다. 순간을 포착해야 한다. 이제 로마인들을 바다로 몰아내자.'

그들은 그저 정치적인 이유 때문에 메시아를 기다린 것만은 아니었다. 개인적인 이유들도 있었다. 그 해 봄 타작이 흉작이라 몇 달만에 처음으로 제대로 배불리 먹게 된 사람들도 있었을 것이고, 어떤 사람들은 한 주쯤 전에 로마 병사들에게 노략을 당했을지도 모른다. 또 예수님께서 병을 고쳐 주신 사람들도 있었을 것이다. 그들은 이렇게 생각했다. '모든 게 너무나 분명해. 예수님이 거부를 한다면 그

땐 우리가 억지로라도 왕을 삼을 수밖에 없어.'

무리들은 예수님을 자기들이 가진 문제의 해결책으로 보았다. 그리고 자신들이 원하는 새로운 인물로 만들려 했다. '백만 달러만 있다면 … 남편이 내 말에 귀를 기울여 주기만 한다면 … 아내가 바가지만 긁지 않는다면 … 만일 ….' 그들은 자신들의 삶을 편안하게 해줄 하나님을 원했던 것이다.

사단이 이 세상의 문제들에 대한 쉽고 가벼운 해결책을 제시하며 다시 등장했다. 예수님을 이동 복리후생과 빵 만드는 기계로 삼게 만드는 것이었다. 그것은 이 세상 사람들이 도취할 그런 견해였다. 그러나 예수님은 그런 견해와 손잡지 않으셨다. 서둘러 제자들을 배에 태워 떠나 보내셨다. 사람들에게 휩쓸리지 않는 진정한 왕이신 그분은 무리들을 흩어 보내심으로 그들을 다스리셨다.

인간의 속성에 기본적으로 문제가 없다면 왕이 되어 달라는 그들의 요구는 이해할 만한 것이 될 수도 있었다. 왜냐하면 보다 나은 교육이나 더 좋은 직장 등과 같은 표면적인 외적 변화만 채워지면 되기 때문이다. 그러나 악이 각 사람의 마음에 영향을 미치고 보편적으로 널리 퍼져 있다면 보다 철저한 변화가 필요하다. 로마가 아니라 인간의 마음이 문제라면 인간의 마음을 다스릴 새로운 왕이 필요하다.

사람을 찾기가 왜 그렇게 어려운가? 우리는 통치자가 되어 다스리고 다른 사람들의 섬김을 받고 싶어한다. '우리 스스로 아무것도 하지 않고 하나님 아버지께서 원하시는 것을 하려는' 대신 우리를 기분 좋게 해주는 우상들을 만들어 내면서 하나님을 무시해 왔다. 믿음은 "지금까지 내 마음대로 했지만 저는 도움이 필요합니다"라고 고백하며 하나님께로 돌아가는 것이다. 하나님과 분리된 삶을 살아가는 것이 우리에게서 사랑할 수 있는 힘을 앗아가고 결국에는 사랑을 파괴한다.

다음 날 아침

예수님은 무리들을 흩어 보내신 후 아버지와 이야기하기 위해 혼자 산으로 가셨다. 그날 밤 늦게서야 배를 타고 있던 제자들을 찾아가셨다. 다음 날 아침 바다 반대편 가버나움에 도착하셨을 때 같은 무리들이 다시 모여 예수님을 환영했다. 바다 건너편에서 만나 예수께 물었다. "랍비여, 어느 때에 여기 오셨나이까?"(요 6:25) 그러나 그들은 예수님께서 말씀하시는 것을 듣고 싶어하지 않았다. 또 한 차례의 식사를 원했을 뿐이었다. 저녁 식사는 매우 맛있었다. 아침 식사도 더할 나위 없을 것이다. 그런 마음을 예수님은 이미 알고 계셨다. "내가 진실로 진실로 너희에게 이르노니 너희가 나를 찾는 것은 표적을 본 까닭이 아니요. 떡을 먹고 배부른 까닭이로다"(요 6:26).

예수님은 그들에게 즉각적인 만족에 관심을 집중시키는 대신 진정한 만족을 주는 것을 먹으라는 도전을 하셨다. "썩는 양식을 위하여 일하지 말고 영생하도록 있는 양식을 위하여 하라. 이 양식은 인자가 너희에게 주리니 인자는 아버지 하나님의 인치신 자니라"(요 6:27). 그러나 무리들은 언제나 대기하고 있는 심부름꾼을 원했다. 하나님을 벗어나서 살아보려 했다. 하나님께로부터 온 메시지인 예수님이 아니라 자기들이 만든 예수님이 해결책이라 생각했다. 예수님께서 그저 5단계 프로그램을 보여 주시기만을 원했다. 저희가 묻되 "우리가 어떻게 하여야 하나님의 일을 하오리이까?" 예수께서 대답하여 가라사대 "하나님의 보내신 자를 믿는 것이 하나님의 일이니라" 하시니(요 6:28~29).

일 세기 당시 적어도 열 명 이상에 달했던 '메시아' 지망생들은 모두 그 추종자들에게 자신을 믿으라고 말했다. 그러나 로마를 물리칠 자기들의 '사람'으로 예수님을 믿기 위해서는 예수님의 능력을 보여 주는 마술 같은 표적을 봐야 했다. 그리고 아침 식사보다 더 좋은 표적이 어디 있겠는가? 저희가 묻되 "그러면 우리로 보고 당신을 믿게 행하시는 표적이 무엇이니이까? 하시는 일이 무엇이니이까? 기록된 바 하늘에서 저희에게 떡을 주어 먹게 하였다 함과 같이 우리 조상들은 광야에서 만나를 먹었나이다"(요 6:30~31). 이 말을 해석하면 이렇다. "모세는 광야에서 우리 조상들에게 먹을 것을 주었어요. 아직도 모르시겠어요, 예수님? 아침 먹을 시간이라구요."

그러나 예수님은 아침 식사보다 더 좋은 것을 가지고 계셨다. 예수께서 이르시되 "내가 진실로 진실로 너희에게 이르노니 하늘에서 내린 떡은 모세가 준 것이 아니라. 오직 내 아버지가 하늘에서 내린 참 떡을 너희에게 주시나니 하나님의 떡은 하늘에서 내려 세상에게 생명을 주는 것이니라"(요 6:32~33).

예수님은 자신이 생명의 근원이 되심을 보여 주시기 위해 인간의 필요를 사용하셨다. 그러나 무리들은 이해하지 못했고 예수님께서 다시 떡에 대해 이야기하시는 것만을 기뻐했다. 왜 아침 식사로만 끝날 것인가? 점심으로 멕시코 파이를 먹으면 어떻겠는가? 평생 식권을 얻어내자. 그래서 그들은 이렇게 말했다 "주여, 이 떡을 항상 우리에게 주소서"(요 6:34).

예수님은 자신이 인간의 필요를 채워 줄 수 있는 해결책이라고 말씀하셨다. "내가 곧 생명의 떡이니 내게 오는 자는 결코 주리지 아니할 터이요. 나를 믿는 자는 영원히 목마르지 아니하리라"(요 6:35).

나중에 사람들이 대화를 가버나움 회당에 대한 주제로 옮겨가자 예수님은 이렇게 말씀하셨다. "살아계신 아버지께서 나를 보내시매 내가 아버지로 인하여 사는 것같이 나를 먹는 그 사람도 나로 인하여 살리라"(요 6:57). 하나님 아버지께서 예수님께 권능을 주셨고, 다시 예수님께서 제자들에게 권능을 부여해 주신 생명의 고리를 설명하셨다. 예수님은 하나님을 의존했을 뿐 아니라 제자들에게도 의존할 것을 권하셨다. 예수님은 제자들에게 예수님 자신이 이미 하고 있는 일이 아닌 다른 일을 하도록 요구하지 않으셨다.

예수님은 절대적인 생명인 자신을 믿으라고 말씀하셨다. 그런 믿음이 없이는 사랑할 수 없었다. 또 다른 곳에서는 제자들에게 "너희도 내 안에 있지 아니하면(나를 믿지 아니하면) 과실을 맺을 수 없나니"(요 15:4) 라고 말씀하셨다.

사랑의 모델들이 예수님처럼 반드시 우리에게 격려가 되는 것은 아니다. 격려를 받을 수는 있지만 그렇다고 우리가 달라지는 것도 아니다. 좋은 모델 때문에 오히려 실망에 빠질 수도 있다. 왜냐하면 지친 삶의 권태를 해결해 주지 않기 때문이다. 대부분의 사람들이 하루하루 삶을 꾸려나가기에 급급하다. 또 사랑의 모델이 왜곡된 우리 내면의 문제를 해결해 주지도 못한다. 종종 우리는 사랑의 모델을 원하지 않는다. 그저 삶을 누리고 우리가 얼마나 합리적인 사람들인지를 다른 사람들에게 보이고 싶어할 뿐이다. 그리고 '다른 사람들'이 어떻게 '우리'를 사랑하고 우리의 기대에 부응할 수 있는지를 배우게 되길 바라며 그렇게 된다면 훨씬 더 좋을 것이라 생각한다.

사랑하기는 어렵다. 예수님은 우리 자녀들 뿐 아니라 두들겨 맞고 길에 누워있는 사람, 심지어는 원수까지도 사랑하라고 말씀하셨다! 어떻게 그렇게 할 수 있겠는가? 빈손으로 하나님께 나아가 당신의 필요를, 사랑할 수 있는 힘이 필요하다는 사실을 말씀드리라. "수고하고 무거운 짐진 자들아, 다 내게로 오라. 내가 너희를 쉬게 하리라"(마 11:28)고 예수님께서 말씀하셨다. 그리고 우리에게 어떻게 사랑해야 하는지를 보여 주셨을 뿐 아니라 사랑할 수 있는 힘을 어떻게 얻을 수 있는지를 보여 주셨다.

아침밥을 더 이상 요구하지 않게 된 이후

그러나 믿음은 어떤 것인가? 우리는 어떻게 믿을 수 있는가? 나는 두 사람의 동료와 함께 새로운 프로젝트에 관한 논의를 하고 있었다. 모임이 서서히 끝나갈 무렵 그 프로젝트에 대한 아이디어를 낸 사람이 나라는 사실을 그들이 분명하게 인식하지 못하고 있음을 감지하게 되었다. 그래서 곧 해결책을 생각해 냈다. 그리고 "이 프로젝트에 대한 아이디어가 처음 떠올랐을 때 나는…"이라고 말하고 싶었다. 드러내 놓고 자랑하지 않더라도 내 아이디어였다는 사실을 '분명히' 해둘 수 있을 것이다.

그러나 그렇게 하지 않았다. 자랑하는 것은 예수님께 아침 식사를 달라고 요구하는 것과 같다는 생각이 들었기 때문이었다. 그렇게 한다면 동료들이 나를 좋아하도록 만드는 것이 내 식량이 되었을 것이다. 그들의 인정을 받고 싶어하는 것은 썩을 양식을 위해 일하는 것이었다. 그것은 여전히 내게 시장기를 남겨둘 것이다.

두 사람이 떠났고, 그 일에 대해 아무 말도 하지 않고 모임이 끝났다. 혼자 남아 있는 동안 나는 공허하고 허무하다는 느낌에 휩싸였다. 살아야 할 가치가 없는 듯한 느낌이었다. 그 느낌이 얼마나 강한지를 의식하며 나는 깜짝 놀랐다. 나는 아무 자랑도 하지 않았다. 그런데 왜 이런 느낌이 든단 말인가?

나는 하나님이 없는 것과 같은 마음을 느끼고 있었다. 자랑은 우리에게 '정말로 살아 있다'는 거짓된 느낌을 갖게 한다. 우리가 얼마나 훌륭한 사람인지를 다른 사람들에게 알리는 것은 사랑을 훔치는 아주 교묘한 방법이다. 내가 자랑하지 않음으로 그 훔치는 일을 멈추었을 때 나는 공허감을 느꼈던 것이다.

거기 앉아 있는 동안 나는 하나님을 갈망하게 되었다. 진정한 삶을, 갈비에 붙어있는 살코기를 갈망하게 되었다. 극적인 일은 아무것도 일어나지 않았다. 그러나 나는 포만감을 가지고 방을 걸어나왔다. 자랑이라는 군것질 대신 진짜 음식을 먹었던 것이다. 토요일 아침 나는 무리들에게 하셨던 예수님의 말씀을 생각했다. "내가 진실로 진실로 너희에게 이르노니 인자의 살을 먹지 아니하고 인자의 피를 마시지 아니하면 너희 속에 생명이 없느니라"(요 6:53). 이 말씀이 이상하게 들리는가? 당신만 그런 것이 아니다. 이 말씀을 들은 무리들의 말을 들어보라.

자기가 하늘로서 내려온 떡이라 하시므로 유대인들이 예수께 대하여 수군거려 가로되 "이는 요셉의 아들 예수가 아니냐? 그 부모를 우리가 아는데 제가 지금 어찌하여 하늘로서 내려왔다 하느냐?"(요 6:41~42)

이 사람을 우리가 아는데, 그리고 그 부모도 알고 있는데 자기를 누구라고 생각하는 거야? 인류에게 주신 하나님의 선물이라구? 받아들이기에는 너무 지나치다고 생각하는 사람들도 있었다.

이러므로 제자 중에 많이 물러가고 다시 그와 함께 다니지 아니하더라. 예수께서 열두 제자에게 이르시되 "너희도 가려느냐?" 시몬 베드로가 대답하되 "주여, 영생의 말씀이 계시매 우리가 뉘게로 가오리이까? 우리가 주는 하나님의 거룩하신 자신 줄 믿고 알았삽나이다"(요 6:66~69).

주도권을 내어 드리는 믿음

필요를 가지고 하나님께 나아감

최근에 비행기 안에서 내 옆에 앉은 사람에게 인간이신 예수님에 대해 어떻게 생각하는지를 물었다. 그는 이렇게 대답했다. "그런 질문은 다른 사람들에게 하세요. 저는 무신론자입니다." 그의 솔직함이 내 호기심을 자극했다. 하나님이 존재하지 않는 것처럼 행동하는 사람들은 많지만 자신은 무신론자라고 말하는 사람은 실제로 그리 많지 않기 때문이다. 호기심을 가지고 나는 그 이유를 물었다. 그는 자신의 장애인 아들에 대한 이야기를 시작했다. 그는 그런 고통을 허락하신 하나님을 믿을 수 없었다. 나는 그저 듣고 있었다. 우리에게는 많은 공통점이 있었다.

나는 킴에 대해 이야기해 주었다. 그리고 킴의 믿음이 그녀에게 얼마나 큰 힘과 용기를 주는지에 대해서도 이야기했다. 킴은 예수님께서 종일 자신과 함께 하신다고 말한다. 어려움에 처하면 킴은 곧바로 살아 계시며, 항상 함께 계시며 일하시는 예수님께 도움을 구한다. 비행기가 이륙할 즈음 내 옆에 있던 사람은 아들에게 하나님을 이야기해 주지 않음으로 자신이 아들에게 해를 가하고 있는 것은 아닐까라는 생각을 하게 되었다.

   제자들이 갑자기 예수님을 믿게 된 것은 아니었다. 그들은 사랑에 빠질 때와 거의 비슷한 중요한 단계들을 거쳤다. 제자들이 예수님을 알게 되었다고 생각할 때마다 예수님께서는 그들의 그 틀을 깨셨다. 예수님을 이해하게 되는 것은 자신들을 이해하는 것과 분리될 수 없는 일이었다. 예수님을 보는 것은 자신들의 부족함을 보는 것이었다. 그 일은 그들이 예수님을 따르기로 결정했던 날 일어났다.

관계에 대한 생각을 재고함

   베드로와 그 친구들이 그물을 씻고 있던 갈릴리 해변가에서 예수님은 무리들에게 말씀하셨다. 예수님께서 사람들에게 떠밀리지 않고 많은 사람들에게 좀더 효과적으로 말씀하시기 위해 그들의 배를 빌려 타셨다. 우리는 그 배의 크기를 잘 알고 있다. 왜냐하면 최근에 고고학자들이 갈릴리 해안에 묻혀 있던 4.8미터 크기의 일 세기 당시 고기잡이배를 발견했기 때문이다.

   말씀을 마치시고 시몬에게 이르시되 "깊은 데로 가서 그물을 내려 고기를 잡으라" 시몬이 대답하여 가로되 "선생이여 우리들이 밤이 맞도록 수고를 하였으되 얻은 것이 없지마는 말씀에 의지하여 내가 그물을 내리리이다"(눅 5:4~5). 화를 꾹 참고 있는 베드로를 느낄 수 있을 것이다. "당신은 설교나 하세요. 고기잡이는 내가 할테니까요." 갈릴리 바다에서 고기는 이른 새벽이나 밤늦게 등불을 밝힌 바다 입구에서 가장 잘 잡힌다. 고기잡이를 하는 사람이라면 대낮에 바다 깊은 곳에서는 물고기가 미끼를 물지 않는다는 사실을 모두 다 알고 있다. 그러나 베드로는 어쨌거나 한번 해보기로 했다.

그리한즉 고기를 에운 것이 심히 많아 그물이 찢어지는지라. 이에 다른 배에 있는 동무를 손짓하여 와서 도와 달라 하니 저희가 와서 두 배에 채우매 잠기게 되었더라. 시몬 베드로가 이를 보고 예수의 무릎 아래 엎드려 가로되 "주여, 나를 떠나소서. 나는 죄인이로소이다" 하니 이는 자기와 및 함께 있는 모든 사람이 고기 잡힌 것을 인하여 놀라고 세베대의 아들로서 시몬의 동업자인 야고보와 요한도 놀랐음이라. 예수께서 시몬에게 일러 가라사대 "무서워 말라. 이제 후로는 네가 사람을 취하리라" 하시니 저희가 배들을 육지에 대고 모든 것을 버려 두고 예수를 좇으니라(눅 5:6~11).

이 일 이전에 제자들은 예수님을 그저 선생 또는 랍비로만 알고 있었다. 그 생각은 이제 산산조각 났다. 그리고 곧 무리들과 함께 예수님이 선지자, 하나님께로부터 온 전령이라는 결론을 내렸다(눅 7:16, 막 8:28). 고대 히브리 선지자들의 말을 들을 때처럼 예수님과 만나며 그들은 하나님의 거룩하심을 접할 수 있었고 그것은 마음에 동요를 일으키는 일이었다. 그러나 동시에 그들은 예수님께 이끌려 그분의 초청을 받아들였다. 이 사건을 기록한 마가복음(1:17)의 헬라어 성경에는 예수님께서 그들을 사람 낚는 어부로 부르셨을 때 그들이 일련의 과정을 거치게 된 것을 암시하고 있다. 그러나 사랑에 빠지게 되는 것처럼 그들은 자신들이 어떤 일에 뛰어들고 있는지 전혀 모르고 있었다.

주도권의 상실

몇 개월 후 바다 한가운데서 폭풍우를 만나게 되었을 때 예수님에 대한 제자들의 생각이 또다시 방해받게 되었다. 사막에서 일어난 바람이 고도가 낮은 갈릴리 바다의 수심(해저 212미터)과 섞여 갑작스럽고도 격렬한 폭풍우를 만들어 냈다. 하루 종일 가르치다 지치신 예수님은 노를 젓는 사람들이 보통 사용하는 베개를 베고 배 고물에 누워 곤히 주무시고 계셨다. 처음에 제자들은 돛을 정리하고 배에 고인 물을 퍼내느라 예수님이 주무시고 계신 것을 모르고 있었다. 그리고 "우리의 죽게 된 것을 돌아보지 아니하시나이까?"라고 소리를 질렀다(막 4:38). 적어도 물을 같이 퍼낼 수는 있는 일이 아닌가 말이다. 예수님은 자리에서 일어나 크고 분명한 소리로 바람과 물결을 명하셨다.

"잠잠하라 고요하라" 하시니 바람이 그치고 아주 잔잔하여지더라. 이에 제자들에게 이르시되 "어찌하여 이렇게 무서워하느냐? 너희가 어찌 믿음이 없느냐?" 하시니 저희가 심히 두려워하여 서로 말하되 "저가 뉘기에 바람과 바다라도 순종하는고" 하였더라(막 4:39~41, 마 8:27).

제자들은 놀라 어안이 벙벙해졌다. 폭풍우 때문에 두려웠지만 잠잠해진 바람과 바다를 보고 공포에 질렸다. "폭풍우는 이해할 수 있지만 예수님은 이해하지 못하겠다." 그들이 생각할 수 있는 그 어떤 유형에도 속하지 않는 분이셨다. 물고기를 잡게 된 것과 한 마디 명령으로 엄청난 폭풍우를 다스린 것과는 전혀 차원이 달랐다. 예수님을 선지자라고 생각하는 것으로는 기상 체계를 잠잠케 할 수 있는 힘을 설명할 수 없었다. 무언가 전혀 다른 일이 벌어지고 있었고 그들은

"이분은 도대체 누구시냐?"고 물었다. 예수님께서 다시 그들이 생각하고 있던 틀을 분쇄해 버리셨다.

예수님은 그들이 예수님을 신뢰하지 못하는 것에 도전을 가하셨다. 누군가 물을 퍼내면서 자기들을 도와 주기 바랐다. 전체적인 상황을 다스리실 수 있는 누군가를 기대하지는 않았다. 그렇게 빨리 그런 도움을 받을 수 있었던 적이 없었다. 예수님은 그분을 초대하는 모든 삶을 전체적으로 다스리신다.

예수님을 따르는 것은 주도권을 상실하는 것을 뜻한다. 오천 명을 먹인 날 밤 예수님은 배에 있던 제자들을 찾아가셨다.

밤 사경에 예수께서 바다 위로 걸어서 제자들에게 오시니 제자들이 그 바다 위로 걸어오심을 보고 놀라 유령이라 하며 무서워하여 소리지르거늘 예수께서 즉시 일러 가라사대 "안심하라. 내니 두려워 말라." 베드로가 대답하여 가로되 "주여, 만일 주시어든 나를 명하사 물 위로 오라 하소서" 한대 "오라" 하시니 베드로가 배에서 내려 물 위로 걸어서 예수께로 가되 바람을 보고 무서워 빠져가는지라. 소리질러 가로되 "주여, 나를 구원하소서" 하니 예수께서 즉시 손을 내밀어 저를 붙잡으시며 가라사대 "믿음이 적은 자여, 왜 의심하였느냐?" 하시고 배에 함께 오르매 바람이 그치는지라. 배에 있는 사람들이 예수께 절하며 가로되 "진실로 하나님의 아들이로소이다" 하더라(마 14:25~33).

예수님에 대한 제자들의 관점은 점점 확대되었다. 그들은 예수님이 선지자 그 이상이라는 결론을 내리기 시작했다.[1] 동시에 예수님의 메시지는 간단했다. "베드로, 내게서 눈을 떼고 환경을 보게 되면 두려움에 빠져들게 될 거야. 내게 시선을 고정시키고 있어야 해. 나만 있으면 모든 것이 충분해." 무리들을 먹일 수 있는 충분한 음식이 없을 때 빌립이 예수님을 바라보기 원하셨던 것처럼 폭풍우 속에서 베드로가 예수님을 바라보기 원하셨다. 그렇게 하는 것이 사랑을 포함한 삶의 힘을 발견하는 방법이다.

예수님은 사랑으로 사람들을 바라보셨다. 그리고 우리는 믿음으로 예수님을 바라본다.

필요를 가지고 예수님께 나아감

몇 주 지난 후 예수님과 제자들은 또다시 함께 배를 타고 바다를 건너가며 조용한 시간을 가질 수 있었다. 많은 요구를 하는 무리들을 떠나 그저 노 젓는 소리만이 잔잔하게 그들의 대화를 방해하는 평화로운 시간에 예수님은 제자들에게 방금 전에 또다른 표적을 요구했던 바리새인들의 누룩을 조심하라고 경고하셨다.

제자들이 떡 가져오기를 잊었으매 배에 떡 한 개밖에 저희에게 없더라. 예수께서 경계하여 가라사대 "삼가 바리새인의 누룩과 헤롯의 누룩을 주의하라" 하신대 제자들이 서로 의논하기를 "이는 우리에게 떡이 없음이로다" 하거늘 예수께서 아시고 이르시되 "너희가 어찌 떡이 없음으로 의논하느냐? 아직도 알지 못하며 깨닫지 못하느냐? 너희 마음이 둔하냐? 너희가 눈이 있어도 보지 못하며 귀가 있어도 듣지 못하느냐? 또 기억지 못하느냐? 내가 떡 다섯 개를 오천 명에게 떼어 줄 때에 조각 몇 바구니를 거두었더냐?" 가로되 "열 둘이니이다." "또 일곱 개를 사천 명에게 떼어 줄 때에 조각 몇 광주리를 거두었더냐?" 가로되 "일곱이니이다." 가라사대 "아직도 깨닫지 못하느냐?" 하시니라(막 8:14~21).

바리새인과 헤롯의 누룩은 예수님께서 상징적으로 말씀하신 것이었다. 유대인 문화 속에서 누룩은 세계에 널리 퍼진 부정한 것을 상징했다. '부정한' 바리새인들은 하나님을 신뢰하는 것처럼 보이면서 사실은 자신들을 신뢰했다.

그러나 제자들은 그 상징을 깨닫지 못했다. 그들은 누룩이란 단어를 듣고 떡을 생각했다. "피자 주문하는 걸 잊었다! 피자 없이 어떻게 파티를 열 수 있단 말인가?" 그들은 당황했고 예수님께서 점심 도시락을 잊어버린 그들에게 화를 내는 것이라 생각했다.

자기들이 예수님을 짜증나게 만들었다. 그들에게 예수님은 마치 사흘 동안 계속해서 점심 도시락을 잊어버리고 학교로 간 아이에게 "도대체 몇 번이나 더 도시락을 가방에 미리 넣으라고 말해야 하는 거니?"라고 짜증을 부리는 어머니처럼 보였다.

그러나 예수님은 떡을 가져오지 않았기 때문이 아니라 그들이 예수님을 오해하고 있었기 때문에 화를 내셨다. 예수님은 필요를 가진 제자들이 예수님을 바라보는 대신 자기 자신들을 바라보고 있었기 때문에 화가 났다. "내가 만여 개의 떡 덩어리를 만들었을 때 자네들은 모두 자고 있었단 말인가? 내가 다시 그렇게 할 수 있다고 왜 생각하지 못하는가?" 그들은 마치 예수님이 그들을 도울 수 없을 만큼 무력한 분인 것처럼 행동했다. 그들은 자신들의 삶을 조각조각 구분지어 생각했다. "위기가 발생했을 때 또는 거대한 무리의 사람들이 모였을 때 예수님만이 떡을 만들 수 있었다. 예수님께서 특별한 무슨 일인가를 하실 것이다." 그들은 두 번에 걸쳐 큰 무리를 먹였던 기적들을 하나의 영적인 범주 속에 집어넣었다.

제자들은 떡을 가져오지 않은 것을 염려했지만 실제로는 배 안에 이동 떡집이 있었다. 그들은 자동 판매기에서 음료수를 빼 먹을 수 있는 동전을 주머니에 가득 가지고 있으면서도 목이 말라 죽을 지경에 있는 사람과 같았다. "얼마나 많이 남았는지, 남은 떡이 몇 바구니나 되는지 보지 못했는가? 내가 필요 이상으로 채워줄 수 있다는 사실을 보지 못했는가? 왜 자기 속을 들여다 보면서 스스로를 걷어차는 것인가? 나를 바라보라!"

오천 명의 무리들을 먹이셨을 때 사람들이 예수님을 자기들 마음대로 조종하려 했기 때문에 예수님은 화를 내셨다. 그리고 여기서는 제자들이 예수님과 먼 거리에 있었기 때문에 화가 나셨다. 무리들은 잘못된 믿음을 가지고 있었다. 반면에 제자들은 믿음이 없음을 드러냈다. 믿음은 일종의 영적 에너지 같은 것이 아니다. 믿음은 삶의 원천이 자신에게 있는 것이 아님을 인식하는 것이다. 예수님을 바라보며 "제게는 떡도, 술도, 사랑도 없습니다"라고 말하는 것이다. 성전에서 기도하던 세리처럼 "하나님이여, 불쌍히 여기옵소서. 나는 죄인이로소이다. 더 이상 제 힘만으로는 살아갈 수 없습니다"라고 말하는 것이다. 믿음은 예수님께서 제자들이 나아오기를 원하셨던 것처럼 우리의 연약함을 가지고 하나님께로 가는 것이다. 하나님과의 연합이 떡을 가져오는 것을 잊어버렸던 일과, 또 부모나 함께 방을 쓰는 친구를 사랑하지 못하는 것과 실제적인 문제들을 해결해 준다.

병든 사람과 세상에서 소외된 사람들이 예수님께 나왔던 것처럼 제자들도 그렇게 하길 원하셨다. 삭개오는 예수님을 보기 위해 나무 위로 기어올라갔다. 혈루증을 앓던 여인은 예수님을 만지기 위해 무리를 헤치고 나아갔다. 사람들이 소경 바디매오에게 조용히 하라고 했을 때 그는 더욱 심히 소리질러 "다윗의 자손 예수여, 나를 불쌍히 여기소서"(막 2:4)라고 외쳤다. 예수님이 사랑을 가지고 사람들에게 나아가셨던 것처럼 예수님은 사람들이 믿음을 가지고 예수님께 나오기를 바라셨다. 거듭 거듭 사람들에게 이렇게 말씀하셨다. "너의 믿음이 너를 구원하였느니라. 빈손으로 내게 나온 것이 내가 너를 도울 수 있는 문을 여는 계기가 되었다."

두 손이 꽉 차 있으면 예수님께 나아가기가 어렵다. 예수님을 찾아온 부자 청년이 영생을 얻으려면 어떻게 해야 하는지를 물었다. 예수님께서 십계명을 지키라고 하시자 그는 "선생님이여, 이것은 내가 어려서부터 다 지키었나이다"라고 대답했다. 예수께서 그를 보시고 사랑하셨다(막 10:20~21). 정말 훌륭한 그 청년에게 예수님의 마음이 끌렸다. 그리고 한 가지 더 할 일이 남았다고 말씀하시며 그를 도와주려 하셨다. "네게 오히려 한 가지 부족한 것이 있으니 가서 네 있는 것을 다 팔아 가난한 자들을 주라. 그리하면 하늘에서 보화가 네게 있으리라. 그리고 와서 나를 좇으라"(막 10:21). 예수님은 그에게 돈의 속박으로부터 벗어나는 자유와 새로운 삶의 무게중심을 제시하셨다. 그러나 그는 돈이 주는 편안한 만족과 거짓 안전에 붙들려 있었다. "그 사람은 재물이 많은 고로 슬픈 기색을 띠고 근심하며 가니라"(막 10:22). 예수님은 보고 느끼고 도움을 제시하셨다. 그러나 그가 도움을 거절했을 때는 아무것도 하지 않으셨다. 그는 청년이 떠나가는 것을 말리지 않으셨다. 예수님은 자신의 동정심에 얽매이지 않으셨고, 재산은 많지만 슬픈 기색을 띤 그 청년을 구하기 위해 떠밀리지도 않으셨다.

믿음의 느낌

C. S. 루이스는 한 동화 속에서 믿음이 주는 느낌을 잘 설명했다. 질 폴(Jill Pole)이라는 소녀가 물을 마시려고 시냇가로 갔다. 그러나 그 냇물 옆에는 커다란 사자가 지키고 있었다. 질이 멈추어 서자 사자는 이렇게 말했다. "목이 마르면 마시도록 하렴." 질은 망설였다.

사자가 물었다. "목이 안 마르니?" "목이 말라서 죽을 것 같아요." 질이 대답했다. "그럼 어서 마셔." "제가 물을 마실 동안 저리 좀 가 계실래요? 저리 좀 가 계시면 안 될까요?" 사자는 그저 바라보면서 낮은 소리로 으르렁 거렸다. "제가 다가가도 해치지 않겠다고 약속하실 수 있으세요?" 질이 다시 물었다. "응, 약속할께." "어린 여자아이도 잡아먹나요?" "난 어린아이나 어른이나 왕이나 황제나 도시나 나라나 모두 집어삼키지" 라고 사자가 대답했다. 자랑을 하려거나 아니면 미안하거나 또는 화가 나서 그렇게 말한 것이 아니었다. 그냥 그렇다고 말한 것이었다.
"그럼 전 그리 가서 마실 수 없어요." "그럼 목이 말라 죽을텐데." 질은 한 걸음 더 나아가며 "아, 어떻게 하지? 그럼 가서 다른 시냇물을 찾을 수밖에 없겠어요." "이 물 말고 다른 시내는 없어."[2]

이 이야기 속에서 질은 우리를 대신한다. 그리고 사자는 예수님을 상징한다. 질처럼 우리는 시원한 시냇가로 다가간다. 그러나 사자를 두려워한다. 우리 삶의 주도권을 잃고 싶어하지 않는다. 그러나 동시에 물을 마시고 싶다. '광신자' 나 어리석은 사람처럼 보이고 싶지 않다. 그렇지만 우리 삶이 마음대로 잘 되지 않는다. 예수님에 대한 우리의 감정은 복잡하다.

가장 기쁜 절기라 할 수 있는 초막절 기간 중 유대인들은 실로암

못에서 물을 길어와 부었다. 그 물은 메시아가 오실 때 쏟아 부어질 하나님의 사랑을 상징하는 것이었다. 절기 기간 중 예수님은 성전으로 가셨다. 그리고 사람들의 가장 깊은 목마름을 해결해 줄 수 있다고 태연하게 주장하셨다. 명절 끝날에 예수께서 서서 외쳐 가라사대 "누구든지 목마르거든 내게로 와서 마시라. 나를 믿는 자는 성경에 이름과 같이 그 배에서 생수의 강이 흘러나리라"(요 7:37~38).

일상 생활 속에서 믿음은 어떻게 나타나는가?

어느 해 우리 아이들 다섯을 데리고 캠핑을 떠났다. 아내는 그 전 해 캠핑에서 혼이 난 이후 다시는 캠핑을 떠나지 않겠다고 맹세했었다. 그래서 그 당시 여덟 살이었던 킴과 함께 집에 남아 있었다.

우리가 가기로 한 목적지까지는 4시간이 걸렸다. 차를 몰고 약 한 시간쯤 달리자 앤드류(Andrew, 5세)와 에밀리(Emily, 3세)가 물었다. "아직 한참 더 가야 돼요?" 우리는 산기슭에 파 놓은 한 줄로 된 나무 계단을 올라가 캠핑에 좋은 멋진 자리를 찾았다.

그런데 우리 캠프 스토브를 빌려갔던 사람이 프로판 가스통에 연결시켜야 하는 호스를 되돌려 주지 않았다는 사실을 알게 되었다. 그래서 캠핑 첫날 밤 우리는 나무로 불을 피워 스파게티를 해 먹었다.

큰 아이들은 해먹을 치고 한 몇 분 동안 재미있게 놀더니 서로 다투기 시작했다. 나는 테이블을 정돈하고 있었는데 종이 접시들이 바람에 날려 갔고, 또 불 옆에서 오락가락 하는 에밀리에게서 눈을 뗄 수 없었다.

앤드류는 공을 가지고 있었다. 엄마가 없는 상황에서 나는 앤드류에게 땔감을 모으는 데 손도끼를 사용하게 해주었다. 앤드류는 큰 아이들이 "아빠, 공원 계단 나무를 잘라오는 거예요."라고 비밀을 누설하게 될 때까지 계속해서 적당하게 자른 땔감을 날라 왔다. 그 일을 마치고 우리는 저녁으로 불에 탄 스파게티를 먹으려고 둘러 앉았다. 모두 짜증을 내고 있었다.

다음날 우리는 호스를 사기 위해 마을로 내려갔다. 각 점원마다 다른 가게에 가보라고 했다. 가게를 네 군데나 들러 보느라 오전 시간을 다 보낸 후 한 점원이 추천해준 고체 연료를 몇 개 샀다. 그리고 고체 연료로 요리를 하려는 것은 촛불로 집안을 따뜻하게 하려는 것과 같다는 사실을 곧 알게 되었다.

그날 밤에는 비가 내렸다. 우리가 텐트를 친곳은 작은 산자락 아래였는데, 손전등을 들고 밖으로 나가 텐트 주위에 임시 도랑을 팠지만 습기가 올라오고 있었다. 비에 젖은 우리 텐트는 너무 낡아서 만지기만 해도 찢어져 물이 새어 들어왔다. 엎친 데 덮친 격으로 텐트의 지퍼가 고장나 출입문으로 비가 쏟아져 들어왔다. 신발끈을 사용해 부분적으로 텐트 문을 칠 수는 있었지만 우리는 신발끈을 풀어낼 수 없을 정도로 피곤했고 비에 흠뻑 젖어 있었기 때문에 신발들이 텐트 문에 달랑 달랑 매달려 있었다.

아침에 우리는 모두 투덜대면서 신경질을 부리고 폭삭 젖어 있었다. 옷을 말리기 위해 무언가를 해야 했다. 그래서 나는 한 시간 반 가량 정도 밖에 걸리지 않을 것으로 보이는 다른 캠프장까지 가기로 했다. 차의 히터를 켜서 차 안에서 옷을 말렸다.

점점 조용해졌다. 아이들을 돌아보니 하나둘씩 지쳐 젖은 채 잠에 떨어졌다. 지독하게 짜증을 부리고 이기적으로 굴던 아이들이 이제는 모두 사랑스러워 보였다. 아이들의 태도가 전체 여행 중 가장 다루기 힘든 부분이었다. 모두들 형편없었다. 그래서 나는 걱정하기 시작했다.

그리고 소리를 지르며 명령하고 쉽게 비난하고 성급하게 굴었던 내 모습을 생각하며 점점 더 초조해졌다. 나야말로 엉망진창이었다. 사실 우리 식구가 다 그랬다. 그런 모습을 보는 것이 캠핑에 따르는 곤경이었다. 나는 식구들이나 나 자신을 고칠 수 없었다. 내게는 예수님이 필요하다는 생각이 들었다. 그건 기도도 아니었다. 사실 그 자체였다. 예수님께서 우리를 도와 주시지 않는 한 우리는 낭패를 당하고 말 것이다.

나는 도움을 구하기 위해 전과는 다른 방식으로 예수님께로 향했다. 내 그 믿음 때문에 무슨 일이 일어났는지 궁금할 것이다. 우리 식구들이 훨씬 덜 까다롭게 굴었는가? 그렇다. 그러나 그 일은 아주 충격적이고 고통스런 방식으로 일어났다. 예수님께서 우리 아이들로 시작하지 않고 나부터 시작하셨다. 그 해 가을 지금 돌아보면 전혀 중요하지 않은 일에 몰두하다가 과로로 쓰러지게 하심으로 내 기도에 응답해 주셨다. 그리고 아내는 좀 거칠어졌다. 그 해 겨울이 바로 아내가 내게 "여보, 나 사랑해요?"라고 물었던 그 때이다.

캠핑을 통해 내게 주도권이 없음을 깨달았다. 신속하고 확신에 찬, 그리고 쉽게 조언해 주는 자녀 양육이 효과가 없었기 때문에 거기서 벗어나지 못하고 있었다. 나는 무능했다. 그래서 절실하게 기도하게 되었다. 그러나 나는 그 때까지도 나 자신이나 혹은 나의 가장 기본적인 필요가 무엇인지 이해하지 못하고 있었다. 그저 도움을, 동료를, 물 퍼내는 일을 도와 줄 수 있는 사람을 원했을 뿐이었다. 그런데 대신 나는 왕을 얻게 되었고 결국은 점점 나의 주도권을 내어 놓게 되었다. 예수님은 예상치 못했던 일을 계속해서 하셨다.

도움을 구하는 기도를 했을 때 나는 믿음을 '실천했던' 것이다. 믿음의 양면을 모두 구사했다. 즉 내게 도움이 필요하다는 사실을 인식했고 그 필요를 가지고 하나님께로 갔다. 그리고 그 믿음이 우리 가정에 사랑을 불러왔다.

친근하게 다가온 낯선 사람

사랑의 직물 짜기

지금까지 우리는 예수님의 사랑을 개별적으로 살펴보았다. 처음 운전을 배울 때는 제한된 환경 속에서 속도를 내는 법, 핸들을 다루는 법, 주차하는 법 등등 한 가지씩을 따로 따로 배운다. 그러나 마침내 거리로 나가 동시에 모든 동작을 연결시켜야 할 때가 온다. 예수님께서 어느 날 정오쯤 만난 한 여인과 대화를 시작하시며 독특한 사랑의 패턴들을 아름다운 직물로 엮어 내시는 모습을 살펴보자.

먼저 동정심을 가지고

요단 계곡을 따라 내려오신 예수님과 제자들은 사마리아로 이어지는 좁은 골짜기로 들어가 야곱의 우물이 있는 곳으로 향했다. 우물 위로는 사마리아인들이 신성하게 생각하는 두 산, 그리심산과 에발산이 거대한 모습을 드러내고 있었다. 에발산 자락에는 싯갈이라는 마을이 있었고 그 곳은 예수님이 앉아 계신 우물에서 반 마일 가량 떨어져 있었다.[1] 은빛 감람나무로 뒤덮힌 사마리아 계곡이 그 아래로 펼쳐져 있었고 익어가는 보리밭이 한낮의 부드러운 바람결에 흔들리고 있었다.

〈팔레스타인 중부 지역〉

유대를 떠나사 다시 갈릴리로 가실새 사마리아로 통행하여야 하겠는지라. 사마리아에 있는 수가라 하는 동네에 이르시니 야곱이 그 아들 요셉에게 준 땅이 가깝고 거기 또 야곱의 우물이 있더라. 예수께서 행로에 곤하여 우물곁에 그대로 앉으시니 때가 제 육 시쯤 되었더라. 사마리아 여자 하나가 물을 길러 왔으매 예수께서 "물을 좀 달라" 하시니(이는 제자들이 먹을 것을 사러 동네에 들어갔음이러라) 사마리아 여자가 가로되 "당신은 유대인으로서 어찌하여 사마리아 여자 나에게 물을 달라 하나이까?" 하니 (이는 유대인이 사마리아인과 상종치 아니함이러라) (요 4:3~9).

유대의 언덕 동쪽 산마루는 사막이었고 좁은 골짜기를 따라 올라가다 보면 덥고 목이 말랐다. 예수님께서 우물을 덮어놓은 뚜껑 위에 앉아 있는 동안 제자들은 싯갈로 음식을 사러 갔다. 정오 경에 머리에 물동이를 인 여인이 혼자서 다가왔다. 그것은 이상한 일이었다. 마을 여자들은 보통 초저녁이나 이른 아침에 함께 모여 물을 길러 다녔다. 그녀에게 물을 길어 주는 하인이 없는 것으로 보아 하층 시민임을 알 수 있었다.

예수님이 그녀에게 말을 건 것은 매우 놀라운 일이었다. 무엇보다 먼저 여자들은 열등하게 취급되었다. 남편에게 구타를 당해도 아무런 법적 보호를 받을 수 없었다. 남편은 그저 "이제 우리는 이혼하는 거야"라는 말을 세 번 하는 것으로 아내와 이혼할 수 있었다. 유대인 랍비들은 사람들에게 길거리에서 여자와 이야기해서는 안 된다고 가르치고 경고했다.[2] 예수님께서 그 여인과 이야기하는 것은 마치 1950년대 한 백인이 버스 뒷자리에 흑인과 함께 앉는 것과 같은 것이었다.

또 유대인과 사마리아인은 오랫동안 서로 미워했고 적대적이었다. 사마리아인들은 모세오경만을 신성시하며 예루살렘 성전 대신 그리심산에 세운 자기들의 성전에서 예배를 드리던 유대인의 한 분파였다. 유대인이 주로 사는 북쪽의 갈릴리 지역과 남쪽의 유대 지역 사이에 있었지만 유대인들 중에는 사마리아 땅에 발을 대지 않으려고 요단 계곡을 따라 멀리 돌아서 다니는 사람들도 있었다. 유대인은 사마리아인이 만진 그릇에 담긴 음식은 먹지도 않을 정도였다.

그러나 예수님은 사마리아 여인에게 마실 물을 구하였고 그것은 그녀에게 위엄과 존경을 표하는 것이었다. 그녀는 아마도 예수님의 갈릴리 액센트나 옷에 달린 푸른색 술을 보고(사마리아인들은 노랑색 술을 달고 다녔다.) 예수님의 민족적 배경을 알 수 있었을 것이다. 길에서 랍비의 부탁을 받게 되면 일반적으로 시골 여인들은 조용히 물을 길어 눈을 마주치지 않고 마시도록 건네준 다음 친구들에게 말하기 위해 마을로 돌아갔을 것이다. 그러나 그녀는 그렇게 하지 않았다. 그녀는 자신과 예수님의 차이점을 서슴없이 들추어 냈다. 오늘날에도 전혀 모르는 사람에게 그렇게 말하는 것은 실례가 되는 일이다. 놀란 그녀는 직선적이고 무례하고 약간 뻔뻔스럽게 대꾸했다. "어떻게 제게 물을 달라고 하실 수가 있어요? 길에서 사마리아 여자와 얘기해서는 안 된다는 걸 모르세요? 절 미워해야 하는 거 아닌가요? 도대체 어디서 오셨어요?" 예수님 역시 직선적으로 대담하게 말씀하셨다.

예수께서 대답하여 가라사대 "네가 만일 하나님의 선물과 또 네게 물 좀 달라 하는 이가 누구인 줄 알았더면 네가 그에게 구하였을 것이요. 그가 생수를 네

사랑은 믿음으로 강해진다

게 주었으리라." 여자가 가로되 "주여, 물 길을 그릇도 없고 이 우물은 깊은데 어디서 이 생수를 얻겠삽나이까? 우리 조상 야곱이 이 우물을 우리에게 주었고 또 여기서 자기와 자기 아들들과 짐승이 다 먹었으니 당신이 야곱보다 더 크니이까?"(요 4:10~12)

호기심을 자극하는 예수님의 대답은 그녀의 직선적인 스타일과 잘 맞아떨어졌다. 예수님은 계속해서 그녀가 강하게 나오도록 초청하셨다. 얼굴을 맞대고 도전하셨다. 두 사람이 '너'라는 단어를 얼마나 자주 주고받았는지를 보라. 예수님은 생수를 줄 수 있다는 제안으로 그녀의 관심을 자극하시며 그녀의 입장에 맞는 대화를 유도하셨다. 그녀의 대답은 당신이란 단어를 예수님의 코트 쪽으로 날려 보내며 게임을 계속 이어나가게 만들었다. "좋아요. 또 무슨 말씀을 하실 건가요? 야곱보다 당신이 더 위대하단 말인가요?"

그녀의 도전에 예수님은 생수라는 말의 뜻을 알려주기 위한 힌트를 제시하면서 계속 그녀의 호기심을 부추기셨다. 예수께서 대답하여 가라사대 "이 물을 먹는 자마다 다시 목마르려니와 내가 주는 물을 먹는 자는 영원히 목마르지 아니하리니 나의 주는 물은 그 속에서 영생하도록 솟아나는 샘물이 되리라"(요 4:13~14). 예수님은 물보다 더 절실한 필요를 채워줄 수 있는 것을 가지고 있다고 말씀하셨다. 잠시 후에 볼 수 있듯이 그 여자는 그 동안 제대로 이루어지지 않았던 남자들과의 관계 속에서 느끼는 목마름을 해갈하려 하고 있었다. 유대인들이 정치적인 메시아에게서 찾으려 했던 것을 그 여자는 남자들에게서 찾으려 했었다. 오래된 똑같은 우물을 계속 반복해서 찾았지만 늘 공허감만 맛볼 뿐이었다.

그러나 이제 그녀는 '예수님이 들고 있는 패'를 보여 달라고 했다. "여자가 가로되 주여, 이런 물을 내게 주사 목마르지도 않고 또 여기 물 길러 오지도 않게 하옵소서"(요 4:15). 그녀는 두 팔을 허리에 얹고 예수님의 눈을 들여다보고 있었다. 도대체 이 사람이 무슨 말을 하고 있는 것일까?

그런 다음 정직하게

그녀는 다섯 번이나 결혼을 했었고 그 때도 결혼하지 않은 남자와 살고 있었다. 예수님은 그녀에게 "가서 네 남편을 불러 오라"고 하셨다. 예수님은 매우 심각하게 말씀하셨고 그녀는 그것을 느낄 수 있었다.

그녀는 퉁명스럽게 대답하며 문을 닫아버렸다. "나는 남편이 없나이다"(요 4:16). 평균 서른 두마디나 되던 그녀의 대답들과 비교해 보라. 그녀는 거침없이 솔직하게 드러내다가 완전히 숨어 버렸다. "즐거웠어요. 근데 이젠 더 이상 재미가 없네요." 이상 끝. 그러나 예수님은 솔직하게 그녀의 삶을 파고 드셨다. "예수께서 가라사대 네가 남편이 없다 하는 말이 옳도다. 네가 남편 다섯이 있었으나 지금 있는 자는 네 남편이 아니니 네 말이 참되도다"(요 4:17~18).

먼저 예수님은 그녀의 어두운 부분을 드러내셨다. 그런 다음 그녀의 정직하지 못한 대답을 지적하셨다. 네 말이 옳도다 … 사실은 … 네 말이 참되도다 라고 세 번씩이나 분명하게 말씀하시며 그녀의 반쯤 가린 진실을 그녀 앞에서 끈질기게, 그리고 친절하게 드러내셨다. 자신의 갈증을 해소해 줄 물을 달라고 요구하는 그녀에게 예수님은 이렇게 말씀하셨다. "네가 만족을 주지 못하는 우물에서 길어 마시는데 내가 어떻게 네게 생수를 줄 수 있겠느냐?" 그녀는 계속해서 새 우물을 찾아다니고 있었기 때문에 갈증이 가시질 않았다. 예수님은 자신을 믿으라고 그녀를 초청하셨다. 그러나 계속 남자들을 신뢰하려 한다면 예수님을 믿을 수 없다는 사실을 지적해 주셨다. 예수님은 그녀를 있는 그대로 사랑하셨다. 그러나 그녀를 있는 그대로 두고 떠나려 하지 않으셨다.

궁지에 몰리게 되자 그녀는 어떻게 했는가? 예수님의 통찰력을 칭찬했다. 여자가 가로되 "주여, 내가 보니 선지자로소이다. 우리 조상들을 이 산에서 예배하였는데 당신들의 말은 예배할 곳이 예루살렘에 있다 하더이다"(요 4:19~20).

그녀는 남자들의 자만심을 잘 알고 있었다. 추켜세워 주는 일은 적어도 6명의 남자들에게는 효과가 있었다. 그러니 왜 한번 더 써먹지 않겠는가? 그녀는 가까운 듯하다가 거리를 두고 있었고, 매력적인 동시에 간교했다. 칭찬은 종교적인 논쟁을 시작하면서 자신의 이야기를 피해 보려는 하나의 전술이었다. 사마리아인들이 가장 신성시하는 장소를 바로 뒤에 두고 예루살렘과 유대인의 종교를 겨누어 방망이를 휘두르는 것은 완벽해 보였다. 그녀는 분명한 메시지를 전달했다. "당신은 당신의 종교가 있고 나는 내 종교가 있다구요. 날 변화시킬 생각은 하지 마세요."

그녀는 다시 기운을 회복했고 대답은 다시 스물 여덟 단어로 늘어났다! 재빠르게 예수님을 칭찬하면서 화제 거리를 돌려 논쟁을 시작하려 했다.

그리고 다시 동정심으로 돌아감

그러나 예수님은 그저 평범한 유대인 남자가 아니었다.

예수께서 가라사대 "여자여, 내 말을 믿으라. 이 산에서도 말고 예루살렘에서도 말고 너희가 아버지께 예배할 때가 이르리라. 너희는 알지 못하는 것을 예배하고 우리는 아는 것을 예배하노니 이는 구원이 유대인에게서 남이니라. 아버지께 참으로 예배하는 자들은 신령과 진정으로 예배할 때가 오나니 곧 이때라. 아버지께서는 이렇게 자기에게 예배하는 자들을 찾으시느니라. 하나님은 영이시니 예배하는 자가 신령과 진정으로 예배할지니라"(요 4:21~24).

그녀에게 귀를 기울이라고 강요하는 대신 예수님은 그녀의 질문에 대답하심으로 그녀를 존중해 주셨다. 하나님을 아버지라 부르셨다. 그리고 아버지께서 모든 종교 행위를 바꾸실 것이며 누구나 하나님께 온전히 나가게 될 것이므로 하나님께 예배하기 위한 특정한 장소는 더 이상 필요하지 않게 될 것이라고 설명하셨다. 그리고 하나님은 그 여자처럼 하나님께 예배할 사람들을 찾으신다.

여전히 자신의 이야기를 피하기 위해 그녀는 종교적인 전문가들을 위한 문제라는 제안을 했다. 여자가 가로되 "메시아, 곧 그리스도라 하는 이가 오실 줄을 내가 아노니 그가 오시면 모든 것을 우리에게 고하시리이다"(요 4:25). 다시 말해서 "이제 설명은 그만하십시오"라는 뜻이었다. 그녀는 싸움에 지쳤고 그녀가 익숙해진 세상이 비틀비틀했다. 몇 분만에 주치의는 정확하게 그녀의 암을 드러냈고 완전하게 치료해 주겠다는 제안을 했다.

그리고 거기서 끝내지 않으셨다. 예수께서 이르시되 "네게 말하는 내가 그로라" 하시니라(요 4:26). 이 뻔뻔스럽고, 퉁명스럽고, 정직하지 못한 사마리아 여인에게 자신이 누구인지를 말씀하셨다. 예수님께서 자신을 메시아라고 밝힌 또 다른 경우는 심문을 받으며 대제사장 가야바에게 말씀하셨을 때이다. 평소처럼 예수님은 다시 순서를 뒤집어 놓으셨다. 앞에서 우리는 종교 지도자들을 공개적으로 책망하고 여자와 아이들을 변호해 주시는 예수님을 보았다. 예수님은 마치 법률을 다시 제정할 수 있는 권위가 있는 사람처럼 행동하셨다.

돌아온 제자들은 예수님이 여자와 이야기하시는 것을 보았다. 그것은 사마리아인에 대한 자신들의 일반적인 선입견에 맞지 않는 일이었기 때문에 상당한 충격을 받았다. "이 때에 제자들이 돌아와서 예수께서 여자와 말씀하시는 것을 이상히 여겼으나 (무엇을 구하시나이까) 묻는 이가 없더라"(요 4:27)[3] 제자들은 예수님께서 그녀를 찾는 것을 보았다. 아버지께서 예배하는 자들을 찾는 것처럼 예수님께서 사랑하는 마음으로 그녀에게 다가가시는 것을 보았다.

여자는 물동이를 버려두고 동네로 들어가 사람들에게 이르되 "나의 행한 모든 일을 네게 말한 사람을 와 보라. 이는 그리스도가 아니냐?"라고 극적으로 이야기했다. 그러자 저희가 동네에서 나와 예수께로 오더라(요 4:28~30). 그녀는 "이분이 그리스도시다"라고 말하지 않았다. 와서 보게 될 사람들이 그녀의 말이 진짜인지를 스스로 알아볼 것을 기대하며 질문을 던졌다.

그녀는 이렇게 말했다. "나의 세계 속으로 들어온 사람을 와 보라. 나를 다 알면서도 나를 받아준 이 사람을 와서 보라! 나를 있는 그대로 사랑해준 사람을 와 보라! 내가 얼마나 텅 비어 있는지를 보여준 사람을 와 보라! 이 사람이 우리를 구원하기 위해 하나님께서 약속하신 분이 아니신가?" 싯갈 사람들이 동네에서 나와 예수님께로 몰려오기 시작했다('나의 행한 모든 일'이 드러나게 되는 것이 좀 떨리는 사람들도 있었을 것이다). 그러나 제자들은 점심 먹는 일에 신경을 쓰고 있었다.

그 사이에 제자들이 청하여 가로되 "랍비여, 잡수소서." 가라사대 "내게는 너희가 알지 못하는 먹을 양식이 있느니라." 제자들이 서로 말하되 "누가 잡수실 것을 갖다 드렸는가?" 한대 예수께서 이르시되 "나의 양식은 나를 보내신 이의 뜻을 행하며 그의 일을 온전히 이루는 이것이니라. 너희가 넉 달이 지나야 추수할 때가 이르겠다 하지 아니하느냐? 내가 너희에게 이르되 눈을 들어 밭을 보라. 희어져 추수하게 되었도다"(요 4:31~35).

예수님은 더 이상 시장하지 않으셨다. 그 여자에게 사랑을 베푸셨고 남자와는 비교할 수 없는 뜻깊은 삶의 근원과 기쁨을 보여 주셨고 아버지의 뜻을 행하셨기 때문에 배가 부르셨다. 여자에게 믿으라고 청하실 때도 예수님은 아버지를 의존하셨다. 그리고 여자가 사람들을 이끌고 돌아오는 것을 보고 제자들에게 이렇게 말씀하셨다. "눈을 들어 밭을 보라. 이 사람들을 보라. 그들이 바로 추수밭이다. 아버지 하나님께 예배 드리게 될 사랑해 주어야 할 사람들이 많이 있다."

이 사건에서 예수님은 사랑의 직물을 짜셨다. 낯선 사람이었지만 가까이 다가가셨다. 피곤했지만 이야기를 나누셨다. 유대인이었지만 사마리아인을 섬기셨다. 일 세기 당시의 남자였지만 시골 여인을 정중하게 대하셨다. 진지하셨지만 즐기셨다. 동정심을 보이셨지만 또 솔직하셨다. 옳았지만 강요하지 않으셨다. 시장하셨지만 배가 부르셨다. 그 어떤 사람과도 같지 않으셨다. 예수님을 더 바라보면 바라볼수록 우리가 얼마나 깨어지고 부서져 있는지를 더 분명하게 볼 수 있다. 원래 인간이 지녀야 할 참 모습을 갖추신 분이셨다.

예수님께서 초막절에 "누구든지 목마르거든 내게로 와서 마시라"고 말씀하셨을 때 종교 지도자들과 성전지기들은 예수님을 잡아들이려 했다. 성전을 지키는 사람들이 빈손으로 돌아오자 제사장은 그들에게 "어찌하여 잡아오지 아니하였느냐?"고 물었다. 그러자 그들은 이렇게 대답했다. "그 사람의 말하는 것처럼 말한 사람은 이 때까지 없었나이다"(요 7:45~46).

엘바 섬에서 그의 마지막 생애를 보내며 사복음서를 읽기 시작한 나폴레옹도 그들과 같은 말을 했다. 그는 버트란트 장군에게 다음과 같이 말했다.

"나는 사람을 아는데, 예수 그리스도는 사람이 아니야. 피상적인 생각으로는 '그리스도'와 '제국을 건설한 사람들'과 '다른 종교에서 신봉하는 신들'의 닮은 점이 보이지만 사실은 전혀 닮지 않았어. 예수님은 모든 면에서 나를 놀라게 해. 그분의 정신이 나를 두렵게 하고 그분의 의지가 나를 사로잡아. 그분과 견줄 수 있는 사람은 이 세상에 그 누구도 없어. 그분은 정말 유일하신 분이야."[4]

연합

친밀감을 불러오는 사랑

 사랑은 다른 사람에게로 다가가는 즐거운 여행이다. 그것은 하나 됨과 친밀감을 가져온다. 그러나 친밀감은 쉽게 우리를 빠져나간다. 친밀감은 깨지기 쉽고, 유지하기 어렵고, 잃어버리기 쉽다. 너무 좋지만 너무 희귀하다.

 우리들처럼 예수님께는 점점 더 깊어가는 친밀감을 나눌 수 있는 친구들이 있었다. 많은 제자들이 있었지만 대부분의 시간을 열두 제자와 함께 보내셨다. 베드로와 야고보와 요한과 특별히 가까우셨고 그 중에서도 요한과 더욱 가까우셨다. 그러나 무엇보다 하나님 아버지와 가장 깊은 친밀감을 나누셨다.

 아버지와의 관계에 대해 이렇게 말씀하셨다. "아버지께서 아들을 사랑하사 자기의 행하시는 것을 다 아들에게 보이시고"(요 5:20). 예수님과 아버지는 서로 숨기는 것이 하나도 없었다. 두 분은 서로를 완전하게 아셨다. "아버지께서 나를 아시고 내가 아버지를 아는 것 같으니 …"(요 10:15). 우리가 사용하는 '안다' 라는 단어는 '어떤 것에 대한 정보를 알고 있다' 라는 뜻이다. 그러나 '안다' 라는 히브리 단어는 알고 알려진다는 뜻으로 친밀감을 의미한다.[1] 아담과 이브가 한 몸이 되었을 때 아담이 이브를 '알았다' 고 성경은 말하고 있다. 이런 앎은 책을 통해 배울 수 있는 것이 아니다.

아버지와 아들은 기탄 없이 서로에게 주었다. 마지막 기도에서 예수님은 "내 것은 다 아버지의 것이요. 아버지의 것은 내 것이온데"(요 17:10) 라고 말씀하셨다. "내 것은 아무것도 없습니다. 모두 아버지께 드립니다. 아버지 것은 아무것도 없습니다. 모두 내게 주셨습니다. 우리 둘 모두 아무것도 숨겨 두지 않았습니다. 서로에 대한 우리의 신뢰는 완벽한 것입니다." 아버지에 대해 말씀하실 때 예수님은 친근한 언어를 사용하셨다. "아버지께서 내 안에, 내가 아버지 안에 있는 것 같이"(요 17:21). 두 분은 같은 목적과 같은 지식과 같은 애정으로 하나가 되셨다.

아버지는 아들에 대한 사랑을 말씀하셨다. 예수님께서 요단강에서 세례를 받으실 때 "너는 내 사랑하는 아들이라. 내가 너를 기뻐하노라"(눅 3:22) 하시는 소리가 하늘에서 들려왔다. 또 이스라엘 북부에 있는 한 산에서 예수님을 "내 사랑하는 아들이요. 내 기뻐하는 자"(마 17:5)라고 말씀하셨다.

예수님도 아버지께 비슷한 애정을 표현하셨다. 군병들에게 잡혀가시기 바로 전 겟세마네 동산에서 "아바 아버지여"(막 14:36)라고 부르며 기도하셨다. '아바'라는 아람어 단어는 우리말 '아빠'와 같은 말이다. 다만 보다 더 존경어린 뜻을 담고 있다. 예수님은 하나님을 '아빠'라 부르실 만큼 가깝고 절친했으며 의존하셨다. 그 때까지 아무도 하나님을 부를 때 아바란 단어를 사용하지 않았다. 그러나 하나님을 향한 예수님의 친밀감은 헬라어를 사용하는 교회들이 계속해서 아바라는 단어를 사용할 정도로 제자들에게 강한 영향을 미쳤다.

아버지와의 관계에 대한 예수님의 묘사는 '하나됨'의 의미가 이기심이 없는 순수하고 지속적인 동정심을 가진 상태를 말하는 것임을 요약해 준다. 상대방의 필요는 순수하게 나의 필요이기 때문에 '내가 네 안에' 있다. 또 나의 필요는 순수하게 상대방의 필요이기도 하기 때문에 '너는 내 안에' 있다. 둘 사이에는 비밀이 없다. 서로의 마음이 완전하게 닿아 있다. 각자 자신이 가진 전부를 상대방에게 준다. 둘의 기쁨은 서로에게 완전해진다.

친밀감은 이상한 것이다. 아내가 마음을 열 수 있을 만큼 안전하다고 느끼면 숨겨둔 슬픔이나 단순한 기쁨을 나누게 된다. 아내의 숨겨진 마음의 부분들이 매우 소중하다는 것을 내가 이해하고 있음을 아내는 안다. 그런데 그런 순간들은 다시 재연할 수 없는 순간들이다. 그런 순간들을 잡아서 병에 담아두고 싶지만 그렇게 할 수 없다. 그저 기억할 수 있을 뿐이다. 똑같은 분위기를 다시 만들고 똑같은 말을 한다 해도 우리가 느꼈던 그런 친밀감을 다시 만들어낼 수는 없다. 친밀감은 강요할 수 없다. 그것은 우리가 사랑할 때 생겨난다.

친밀감은 언제나 절실하고 강렬하게 느껴지는 것은 아니다. 때때로 아내와 나는 그저 함께 일상에서 벗어나 아이들의 다투는 소리 대신 교외에서 들려오는 경쾌한 말발굽 소리를 듣고 있을 때 서로 가까워지는 것을 느낀다. 또는 킴도 함께 즐겁게 할 수 있는 게임을 드디어 발견하고 가족들이 기쁨을 함께 나누는 순간 친밀감을 경험한다. "R 자로 시작하는 맥주의 이름은?" 등과 같은 질문은 우리 모두를 난감하게 한다. 그러나 킴에게는 문제도 아니다. 킴은 음성 장치가 된 자기 컴퓨터에 서슴없이 'root beer(루트 비어)'라고 쓴다.

친밀감은 자란다. 수년에 걸친 동정심과 솔직함이 요구된다. 그리고 서서히 조용하게 두 사람은 지속적인 연합을 이루게 된다. 상대방의 약점에 짜증을 내는 대신 함께 웃을 수 있고, 멀었던 거리가 가까워지는 것이다.

우주를 이해하는 열쇠

예수님은 아버지와의 관계를 이렇게 요약하셨다. "아버지와 나는 하나이니라"(요 10:30). 두 사람이 이보다 더 가깝고 더 친밀할 수는 없을 것이다. 예수님께서 이 말씀을 하셨을 때 유대인들은 예수님이 자신을 하나님이라고 주장한다는 것을 알고 몹시 분개했다.

유대인들이 다시 돌을 들어 치려 하거늘 예수께서 대답하시되 "내가 아버지께로 말미암아 여러 가지 선한 일을 너희에게 보였거늘 그 중에 어떤 일로 나를 돌로 치려 하느냐?" 유대인들이 대답하되 "선한 일을 인하여 우리가 너를 돌로 치려는 것이 아니라. 참람함을 인함이니 네가 사람이 되어 자칭 하나님이라 함이로라"(요 10:31~33).

제자들과 최후의 만찬을 드시며 예수님께서 이렇게 기도하셨다. "아버지여, 창세 전에 내가 아버지와 함께 가졌던 영화로써 지금도 아버지와 함께 나를 영화롭게 하옵소서"(요 17:5). 예수님은 세상이 창조되기 전부터 살아 계셨다고 말씀하셨다. 그 어떤 것보다 먼저 아버지께서 아들을 사랑하셨다. 예수님은 "아버지께서 창세 전부터 나를 사랑하시므로"(요 17:24)라고 말씀하셨다. 그 사랑 때문에 다른 모든 만물이 창조되었다. 예수님은 "나를 사랑하신 사랑이 저희 안에 있고"(요 17:26) 라고 아버지께 간구하셨다.

우주의 중심에 있는 사랑이 이제 예수님을 통해 그의 제자들에게 퍼져 나갔다. 예수님은 "아버지께서 나를 사랑하심같이 저희도 사랑하신 것"(요 17:23) 세상에 알리셨다고 말씀하셨다. 아버지는 예수님을 '아셨다.' 예수님은 질문을 하시며 사람들을 '알기' 위한 시간을 내셨다. 그들의 실패를 아셨다. 그들의 고통을 아셨다. 사람들의 감정적인 생활 '속'에 함께 계셨고 그들의 문제 '속'에 함께 계셨다. 사람들에게 손을 대셨다. 예수님을 볼 때 우리는 인간의 고통에 반응하시는 하나님을 본다.

예수님은 이렇게 기도하셨다. "아버지여, 내게 주신 자도 나 있는 곳에 나와 함께 있어 아버지께서 창세 전부터 나를 사랑하시므로 내게 주신 나의 영광을 저희로 보게 하시기를 원하옵나이다"(요 17:24). 너무나 달콤하고 이해를 초월하는 하나님의 사랑이 예수님을 통해 강물처럼 세상으로 흘러들었다. 아버지의 아름다우심(영광)은 공유되어야 했다. 사랑은 언제나 창조와 생명과 소망을 불러왔다. 예수님은 자신이 하나님과 하나된 것과 같은 연합을 우리도 경험하고 그 연합을 드러낼 수 있기를 간절히 원하셨다. 미래를 내다보시며 이렇게 기도하셨다. "아버지께서 내 안에, 내가 아버지 안에 있는 것같이 저희도 다 하나가 되어 우리 안에 있게 하사 … 우리가 하나가 된 것같이 저희도 하나가 되게 하려 함이니이다"(요 17:21~23).

사랑은 물가에 이는 파문처럼 퍼지며 아버지에게서 예수님께로, 예수님에게서 제자들에게로, 그리고 그들에게서 우리에게로 전해진다. 예수님께서 삭개오에게 "오늘 네 집에 유하여야 하겠다"고 말씀하셨을 때 또는 사마리아 여인에게 "물을 좀 달라"고 하셨을 때 우리는 퍼져 나가는 사랑의 파문을 볼 수 있다.

사람들이 제자들을 보면서 예수님을 볼 수 있어야 한다고 예수님은 말씀하셨다. "너희가 서로 사랑하면 이로써 모든 사람이 너희가 내 제자인 줄 알리라"(요 13:35). 그리고 또 예수님을 통해 하나님을 볼 수 있다고 말씀하셨다. 빌립이 "아버지를 우리에게 보여 주옵소서. 그리하면 족하겠나이다"라고 말하자 예수님은 이렇게 대답하셨다. "빌립아, 내가 이렇게 오래 너희와 함께 있으되 네가 나를 알지 못하느냐? 나를 본 자는 아버지를 보았거늘 어찌하여 아버지를 보이라 하느냐?"(요 14:8~9) 예수님을 보았다면 하나님을 본 것과 마찬가지다.

왜 이렇게 사랑이 없는가?

사랑이 우주의 중심이라면 왜 이렇게 많은 분쟁과 미움과 두려움과 환멸 속에서 살아가야 하는가? 왜 이렇게 사랑이 없는 것인가?

이 질문에 대답하기 위해 사랑이 어떻게 작용하고 있는지를 생각해 보라. 사랑을 주려고 하는가, 아니면 받으려고 하는가? 우리는 로봇이 아니다. 싸르트르는 이렇게 말했다.

"사랑 받기 원하는 사람은 그가 사랑하는 사람을 사로잡으려 하지 않는다. 기계적으로 흘러나오는 정열의 대상으로 전락시키지 않는다. 자동 인형을 갖고 싶어하지 않는다. 사랑 받기 원하는 사람에게 굴욕감을 느끼게 하려면 그를 사랑하는 사람의 열정이 그저 심리학적 결정론의 결과일 뿐이라고 그를 설득시키기만 하면 된다. 그러면 자신의 존재와 사랑을 모두 다 값싼 것으로 느끼게 될 것이다. … 자기가 사랑하는 사람이 자동 인형으로 바뀐다면 사랑하는 사람은 자신이 혼자임을 느끼게 된다."[2]

우리는 사랑을 받아들일 수도 거절할 수도 있다. 그럴 수 없다면 사랑이 아니라 컴퓨터 프로그래밍이 되고 만다. 하나님께서 사랑할 수 있는 사람을 지으셨을 때 그 사랑할 수 있는 능력을 하나님으로부터 독립하고 하나님을 거부하는 데 사용할 수 있도록 허용하셨다. 탕자의 비유에 나오는 아버지는 아들에게 아버지의 사랑을 거부할 수 있는 자유를 주었고 집을 떠나지 못하게 막지 않았다.[3]

하나님을 신뢰하는 대신 우리 마음대로 하게 되면 하나님으로부터, 그리고 사람들로부터 분리된다. 세상이 깨어진다. 분열을, 그리고 궁극적으로는 악을 불러올 수도 있다. 성경은 아담과 이브가 하나님을 사랑할 것인지 아니면 하나님으로부터 독립할 것인지를 선택해야 하는 귀로에서 어떻게 자기 의지를 따르는 독립을 선택하게 되는지를 추적하고 있다.

하나님은 자신이 빛으로 계시는 중앙을 바라보며 모두 서서 손을 잡고 커다란 원을 만들도록 자녀들을 부르셨다. 우리는 중앙에서 우리의 얼굴을 비춰 주는 사랑이신 하나님을 둘러싸고 서서 사랑의 리듬에 맞추어 하나님과 함께 춤을 추면서 사람들을 바라보아야 한다.

그러나 반대로 우리는 하나님께 등을 돌리고 서로에게 등을 돌리고 중앙에 있는 빛도, 원을 이루고 있는 사람들의 얼굴도 볼 수 없는 반대쪽을 바라보고 있다. 하나님과 사람들을 즐거워하는 대신 우리 자신의 보잘것 없는 게임을 하면서 각자 중심이 되고 싶어한다. 그래서 더 이상 하나님도, 우리 자신도 이해하지 못하게 되었다. 그러나 하나님의 빛은 여전히 중앙에서 빛나며 우리의 등을 비추고 있다. 우리는 보다 나은 존재로 창조되었기 때문에 온전하지 않다는 사실을 어렴풋이 인식하고 있다. 하나님과 분리된 우리 자신을 느끼는 대신 죽음과 소외감과 우주적인 공허를 느끼게 하는 깊은 외로움과 같은 분리된 결과가 주는 영향을 느끼고 있다.[4]

우리가 자신에게 몰두하고 있는데 하나님께서 어떻게 하나님이 중심이 되는 사랑의 원 안에 우리를 포함시키실 수 있겠는가? 그렇게 하실 수 없다. 사랑 대신 우리의 자아가 지배한다. 완고한 독선과 자기 본위의 죄가 연합을 파괴한다. 우리를 만족시켜 주는 하나님의 사랑 대신 즐거운 휴가나 새로운 애인이나 일이나 아이들로 우리 삶에 난 구멍을 막아보려 한다. 그러나 모든 것에서 공허감을 느낀다. 우리의 열망은 우리가 좀더 나은 것을 위해 만들어졌음을 말해 준다. 우리는 아버지가 중심이 되는 사랑의 원으로 돌아가기를 갈망한다. 우리가 벗어난 바로 그것을 갈망한다. 그것이 이사벨(Isabelle)의 어머니가 경험한 것이었다.

이사벨은 어릴 때 아버지에게 겁탈을 당했다. 성인이 된 이사벨이 그 일을 따지자 어머니가 그 어떤 대화도 거부하며 딸을 내쳤다. 그러나 이사벨은 어머니에게 작은 사랑의 표시를 하기 시작했다. 생일 카드와 휴가철을 보내며 쓴 엽서와 작은 선물들을 보냈다. 십 년이 지난 후 마침내 어머니가 반응을 보이며 "내가 널 그렇게 모질게 대했는데도 너는 변함없이 날 사랑해왔어. 네게 다가가고 싶었지만 그냥 그렇게 하지 못했어"라고 말했다. "그냥 그렇게 하지 못했어"라는 어머니의 말은 친밀감의 아이러니를 보여 준다. 이사벨의 어머니는 딸에게 간절히 다가가고 싶었지만 그렇게 할 수 없었다. 자아가 자기 세계의 중심이었다. 그녀의 자존심이 딸에게 가까이 다가가지 못하게 막았다. 하나님과의 거리감과 사람들과의 거리감, 이 두 문제는 분리될 수 없다.

예수님은 자신이 하나님과 사람의 연합을 회복하러 왔다고 믿으셨다. 지금까지 우리는 예수님께서 사람들을 마주 대하시며 그들을 사랑하시는 것을 보았다. 복음서의 기자들은 예수님께서 죽음을 통해 사랑으로 온 세상을 껴안으셨음을 암시하고 있다. 예수님을 죽이려는 음모는 유대인 지도자들이 산헤드린에 모였을 때 시작되었다. 그들은 예수님께서 로마에 저항하는 반란을 주도하게 될 것이며 그 보복으로 로마가 이스라엘을 멸망시켜 버리게 될 것을 두려워했다. 대제사장이었던 가야바가 마이크를 잡았다.

한 사람이 백성을 위하여 죽어서 온 민족이 망하지 않게 되는 것이 너희에게 유익한 줄을 생각지 아니하는도다 하였으니 이 말은 스스로 함이 아니요. 그 해에 대제사장이므로 예수께서 그 민족을 위하시고 또 그 민족만 위할 뿐 아니라 흩어진 하나님의 자녀를 모아 하나가 되게 하기 위하여 죽으실 것을 미리 말함이러라. 이 날부터는 저희가 예수를 죽이려고 모의하니라
(요 11:50~53)

예수님은 사람들을 모아 하나가 되게 하기 위해 돌아가셨다. 예수님

사랑의 목적은 연합이었다. 유대인 남성의 편견에 대해 '죽으심'으로 우물가의 사마리아 여인과 하나가 되셨다. 십자가에서 돌아가심으로 흩어진 하나님의 자녀를 모아 하나로 회복하셨다. 이 책의 마지막 부분에서 우리는 그것이 어떻게 이루어졌는지 살펴볼 것이다.

기쁨의 회복

연합이 회복되면 기쁨을 되찾게 된다. 예수님께서 탄생하셨을 때 천사가 "보라. 내가 온 백성에게 미칠 큰 기쁨의 좋은 소식을 너희에게 전하노라"(눅 2:10)고 목자들에게 말했다.

이 기쁨이 예수님의 생애를 반영해 주는 전반적인 색조를 이루었다. 즐겁게 생활하셨기 때문에 "먹기를 탐하고 포도주를 즐기는 사람"(마 11:19)이라는 비난을 받기도 했다. 우리는 잔치 자리나 연회장에 함께 하셨던 예수님을 볼 수 있다. 일 세기 당시의 연회장은 때로 며칠씩 연회가 계속되는 즐거운 자리였다. 스가랴 선지자는 메시아가 오면 금식이 변하여 기쁨과 희락의 절기가 될 것이라 말했다(슥 8:19).[5] 사람들이 예수님의 제자들은 왜 금식하지 않느냐고 묻자 예수님은 이렇게 말씀하셨다. "혼인집 손님들이 신랑과 함께 있을 때에 금식할 수 있느냐? 신랑과 함께 있을 동안에는 금식할 수 없나니"(막 2:19). 예수님이 함께 하시는 그 사실 자체만으로도 연회장이 되기에 충분했다.

사회에서 소외된 사람들과 즐거운 시간을 가지셨다. 늘 경계하며 살아가는 바리새인들은 비천한 사람들과 어울리는 예수님이 심기에 거슬렸다. 그들은 "어찌하여 세리와 죄인과 함께 먹고 마시느냐?"고 예수님의 제자들을 비방했다. 그러자 "건강한 자에게는 의원이 쓸데

없고 병든 자에게라야 쓸데 있나니 내가 의인을 부르러 온 것이 아니요 죄인을 불러 회개시키러 왔노라"(눅 5:30~31)고 예수님께서 대답하셨다. 예수님은 사람들이 하나님을 중심으로 그들의 삶을 회복하는 것을 보고 기뻐하셨다.

앞에서 보았듯이 탕자는 아버지의 집을 떠난 것이 잘못이었음을 깨달았다. 정신을 차리고 집으로 돌아온 그는 아버지가 자신을 애타게 기다리고 계셨다는 사실을 알게 되었다. 아버지는 종들에게 "제일 좋은 옷을 내어다가 입히고 손에 가락지를 끼우고 발에 신을 신기라. 그리고 살진 송아지를 끌어다가 잡으라. 우리가 먹고 즐기자. 이 내 아들은 죽었다가 다시 살아났으며 내가 잃었다가 다시 얻었노라"(눅 15:22~24)고 말했다. 송아지를 잡으라고 했을 때 아버지는 온 마을 사람들을 다 초대했다. 그렇게 하지 않았다면 고기는 낭비되었을 것이고(당시에는 냉장고가 없었다.) 마을 사람들에게 모욕거리가 되었을 것이다.[6] 아버지는 너무 기뻐서 잔치를 벌이지 않을 수 없었다.

집에 머물러 있으며 자신을 동생보다 낫다고 생각하는 큰아들이 불평을 털어놓자 아버지는 "너는 항상 나와 함께 있으니 내 것이 다 네 것이로되 이 네 동생은 죽었다가 살았으며 내가 잃었다가 얻었기로 우리가 즐거워하고 기뻐하는 것이 마땅하다"(눅 15:31~32)고 말했다. 탕자는 아버지가 중심이 되는 사랑의 원, 기쁨의 원 안으로 다시 돌아왔다. 그는 집으로 돌아와 태초부터 예수님께서 알고 계셨던 그 기쁨의 맛을 보았다.

아들은 아버지에게 등을 돌리고 아버지의 돈을 쓰면서 스스로 기쁨을 누려보려 했다. 마치 우리 사회가 부자가 되고 잘 생기고 인기를 얻게 되면 행복해질 것이라고 말하지만 실제로는 그렇지 않은 것과 같다. 그 아들처럼 우리 역시 목표를 달성하게 되면 공허해지는 것을 곧 발견하게 된다. 기쁨은 달아난다. 이 아들의 아버지처럼 예수님은 너무 기쁘셨기 때문에 제자들에게 "내 기쁨을 저희 안에 충만히 가지게 하려 함이라"(요 17:13)고 말씀하셨다. 예수님의 기쁨은 예수님의 성품 중심에 늘 변함없이 자리잡고 있는 하나의 소유물('나의 기쁨')이다. 이 기쁨은 우리의 노력이나 인간의 활동을 통해 얻어지는 것이 아니라 아버지께로 돌아가 우리를 사랑하시는 하나님 안에서 안식할 때 얻어지는 것이다. 예수님은 또 제자들에게 이렇게 말씀하셨다. "아버지께서 나를 사랑하신 것 같이 나도 너희를 사랑하였으니 나의 사랑 안에 거하라 … 내가 이것을 너희에게 이름은 내 기쁨이 너희 안에 있어 너희 기쁨을 충만하게 하려 함이니라"(요 15:9, 11). 예수님이 하나님 아버지의 기쁨을 얻게 되는 관문이시다. 그분의 사랑을 경험하는 것은 기쁨을 소유하게 되는 것이다.

이사벨에게 어머니를 단념해도 좋을 만큼 충분한 이유가 있다고 대부분의 사람들은 말했지만 이사벨은 어머니께로 다가갔다. 그것은 마치 미친 짓처럼 보일 수도 있었다. 어머니는 이사벨이 가정에서 일어난 악을 솔직하게 들추어 냈다는 이유만으로 그녀를 거부했다. 이사벨이 자기의 '원수'를 사랑할 수 있었던 것은 무엇 때문이었는가? 이사벨은 하나님을 중심으로 한 삶을 사는 대신 자아를 중심으로 한 삶을 살아가려는 자기 의지의 문제가 어머니 뿐 아니라 자신에게도 있음을 깨달았다. 그리고 어머니 역시 이 문제와 씨름해야 하는 자신과 같은 동료라는 생각을 했다. 이사벨이 돌아서서 원의 중심을 보았을 때 어머니를 사랑할 수 있었다. 하나님께서 그녀에게 사랑할 수 있는 힘을 주셨다.

이사벨은 어머니에게서 사과의 편지를 받았을 때가 살면서 가장 행복한 때였다고 말했다. 사랑의 노력은 친밀감을 불러오고 기쁨이 솟아나게 한다. 기쁨은 우리를 사랑하시는 하나님 안에서 안식을 누릴 때 뿐 아니라 다른 사람들에게 사랑을 베풀 때도 느낄 수 있다. 예수님은 제자들이 "내가 너희를 사랑한 것 같이 너희도 서로 사랑할" 때 기쁨이 충만하게 될 것이라고 말씀하셨다(요 15:11~12).

이사벨이 친밀감을 얻기 위해 노력했다면 아마도 일을 그르쳤을지도 모른다. 어머니는 사랑 대신 압박감을 느꼈을 것이다. 어머니가 달라지는데 필요한 공간을 드리지 못했을 것이다. 친밀감은 우리가 노력해서 얻어지는 것이 아니라 우리가 사랑할 때 생겨나는 것이다.

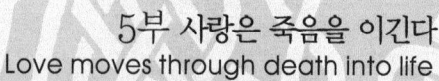

5부 사랑은 죽음을 이긴다
Love moves through death into life

겸손해지는 길

낮은 자리를 취하는 사랑

헨리 나우웬은 최고의 자리에 있었다

아주 잘하고 있다고 모두들 내게 말했다. 그러나 내 성공이 나의 영혼을 위기 속으로 몰아넣고 있다는 내면의 소리가 들려왔다. 기도하는 삶을 제대로 살지 못했고 다른 사람들과 왠지 격리되어 있는 듯 했으며 중대한 이슈들에 상당히 몰두하고 있었다. 어느 날 아침, 잠에서 깨어나 일어나며 내가 아주 어두운 곳에 살고 있다는 사실을 인식하게 되었다.

이런 상황 속에서 나는 계속 기도했다. "주님, 제가 어디로 가기 원하시는지 알려 주십시오. 주님을 따르겠습니다. 제가 따를 수 있도록 분명하고 확실하게 알려 주십시오!" 그리고 하나님께서 그렇게 해주셨다. 하나님은 정신 박약 장애인들을 위해 라르쉬 공동체를 설립한 진 바니에르(Jean Vanier)를 통해 말씀하셨다. "마음이 가난한 사람들에게로 가서 함께 살아라. 그들이 널 치료해줄 것이다." 그래서 나는 하버드대학을 떠나 라르쉬로, 세상을 지배하고 싶어하는 가장 똑똑하고 총명한 지성인들을 떠나 말을 하지 못하거나 조금밖에 할 수 없는 기껏해야 우리 사회의 변두리를 채우는 사람들로 여겨지는 이들에게로 갔다. 그것은 매우 어렵고 고통스런 결정이었다.[1]

나우웬은 장애자들을 돌보기 위해 성공과 명성의 자리를 떠났다. 장애자들을 사랑하기 위해 그는 그들이 있는 곳으로 가야 했다. 그러기 위해서는 있던 자리를 떠나야 했다. 그는 자신을 낮추었다. 사랑하기 위해 낮은 곳으로 가야 했다. 사랑과 겸손은 떼어 놓을 수 없다.

사랑은 누군가의 필요를 보고 한번쯤 도움을 주고마는 것이 아니다. 함께 해야 한다. 깨끗한 채로 떨어져 있을 수 없다. 이 책을 마무리하면서 우리는 이제 사랑하기 위해 예수님께서 지불하신 대가를 살펴볼 것이다. 복음서는 죽음을 향해 나아가는 예수님의 마지막 여정을 자세하게 묘사하며 그분이 어떻게 사랑하고 무엇을 느끼셨는지를 보여 주고 있다.

누가 가장 위대한가?

예수님의 죽음이 가까이 다가오고 있는 동안 제자들은 높은 자리로 올라가려 하고 있었다. 그러나 높은 곳에는 그리 자리가 많지 않은 법이다. 예루살렘을 향해 가면서 몇 차례 다툼이 벌어졌다. 세 번에 걸친 각기 다른 사건들 속에서 제자들은 힘 겨루기를 했다. 매번 예수님께서 그들을 끌어내리셨다.

베드로와 야고보와 요한을 데리고 잠시 떠나 있다 돌아온 예수님은 다른 아홉 제자들이 기적을 행하지 못해 좌절하고 있는 모습을 보셨다. 세 명은 승진을 하게 될 것이고 나머지 아홉은 일을 하게 될 것이 분명했다. 남쪽을 향해 내려가면서 그들은 다툼을 벌였다.

가버나움에 이르러 집에 계실새, 제자들에게 물으시되 "너희가 노중에서 서로 토론한 것이 무엇이냐?" 하시되 저희가 잠잠하니 이는 노중에서 서로 누가 크냐 하고 쟁론하였음이라. 예수께서 앉으사 열두 제자를 불러서 이르시되 "아무든지 첫째가 되고자 하면 뭇 사람의 끝이 되며 뭇 사람을 섬기는 자가 되어야 하리라." 예수께서 한 어린아이를 불러 저희 가운데 세우시고 가라사대 "진실로 너희에게 이르노니 너희가 돌이켜 어린아이들과 같이 되지 아니하면 결단코 천국에 들어가지 못하리라. 그러므로 누구든지 이 어린아이와 같이 자기를 낮추는 그이가 천국에서 큰 자니라. 또 누구든지 내 이름으로 이런 어린아이 하나를 영접하면 곧 나를 영접함이니라"(막 9:33~35, 마 18:2~5).

고고학자들은 가버나움에 있는 베드로의 집을 찾아냈다고 생각한다. 그 집은 갈릴리 해변가에서 가까운 곳에 있는 작은 어부의 집이다.[2] 작은 거실에 모여, 예수님께서 질문하시는 동안 창 밖을 내다보며 서로 다리를 밀치는 제자들의 모습을 그려 보라. 예수님은 자상하게 어린아이를 불러 그들이 볼 수 있게 그들 가운데 세우셨다. 어린아이가 순수하다는 생각은 현대적인 사고방식이다. 일 세기 초에는 그렇게 생각하지 않았다. 예수님 당시 아이들은 사회 계층의 가장 밑바닥에 속했다. 낮은 사람들 중에서도 가장 낮았다. 연약하고 도움이 필요한 겸손한 사람의 완벽한 본보기였다. 예수님은 가장 낮은 자리에 있는 겸손한 사람이 가장 큰 사람이라고 한번 더 위아래를 뒤집어 말씀하셨다.

두 번째 사건은 야고보와 요한이 어머니를 통해 예수님이 세우실 나라에서 가장 높은 자리를 차지하려 했기 때문에 일어났다.

예수께서 대답하여 가라사대 "너희 구하는 것을 너희가 알지 못하는도다. 나의 마시려는 잔을 너희가 마실 수 있느냐?" 저희가 말하되 할 수 없나이다. 가라사대 "너희가 과연 내 잔을 마시려니와 내 좌우편에 앉는 것은 나의 줄 것이 아니라 내 아버지께서 누구를 위하여 예비하셨든지 그들이 얻을 것이니라." 열 제자가 듣고 그 두 형제에 대하여 분히 여기거늘 예수께서 제자들을 불러다가 가라사대 "이방인의 집권들이 저희를 임의로 주관하고 그 대인들이 저희에게 권세를 부리는 줄은 너희가 알거니와 너희 중에는 그렇지 아니하니 너희 중에 누구든지 크고자 하는 자는 너희를 섬기는 자가 되고 너희 중에 누구든지 으뜸이 되고자 하는 자는 너희 종이 되어야 하리라. 인자가 온 것은 섬김을 받으려 함이 아니라 도리어 섬기려 하고 자기 목숨을 많은 사람의 대속물로 주려 함이니라"(마 20:22~28).

야고보와 요한의 이 파워 플레이에 대한 소식을 들은 열 제자는 열을 뿜어냈다. 그러나 야고보와 요한에게 하셨던 것처럼 예수님은 다른 제자들의 야욕에 대해서도 크게 책망하지 않으셨다. 아마도 제자들이 바리새인들과는 달리 솔직하게 행동했기 때문이었을 것이다.

예수님은 제자들을 불러 인생에 대한 그들의 전체적인 접근이 잘못되었음을 지적하셨다. 권력과 명예를 추구하는 대신 동정심을 가지고 섬기는 삶을 살도록 초청하시며, 또다시 인간이 본능적으로 소중히 여기는 모든 것을 뒤엎어 놓으셨다. 나우웬은 우리가 왜 사랑보다 권력을 더 추구하는지를 다음과 같이 이야기했다.

권력을 쥐려는 유혹을 거부할 수 없도록 만드는 것은 무엇인가? 아마도 권력이 사랑이라는 힘든 일을 대신할 손쉬운 대안을 제시해 주기 때문일지도 모르겠다. 하나님을 사랑하는 것보다 하나님이 되는 것이 쉬워 보인다. 사람들을 사랑하는 것보다 그들을 다스리는 것이 쉬워 보이고, 삶을 사랑하기보다 그것을 소유하는 것이 더 쉬워 보인다.[3]

예수님께서 야고보와 요한에게 먼저 이렇게 물으셨다. 나의 마시려는 잔을 너희가 마실 수 있느냐? 의도적으로 사랑을 권력 대신 고난과 연결지으셨다. 구약성경의 선지자들에게서 나온 이미지를 사용하셨다. 이스라엘이 죄를 지으면 그들은 "하나님의 진노의 잔을 마셨다." 아버지의 진노의 잔을 마심으로 예수님은 하나님의 의를 만족케 하셨다. 우리가 받아야 할 진노를 동정하는 마음으로 대신 받으셨다. 그분의 죽음은 모든 사람들을 위한 것이었다. 자기 목숨을 많은 사람들의 대속물로 주시기 위해 오셨다. 권력을 통해 목숨을 구하려는 제자들과는 대조적으로 예수님은 사랑 때문에 자신의 목숨을 기꺼이 바치셨다.

세 번째로 예수님께서 제자들에게 겸손을 가르치신 것은 예수님께서 죽음을 당하기 바로 전날 밤 다 함께 마지막 식사를 나누는 동안 제자들이 누가 큰지에 대해 또 다툼을 벌였기 때문이었다.

또 저희 사이에 그 중 누가 크냐 하는 다툼이 난지라. 예수께서 이르시되 "이방인의 임금들은 저희를 주관하며 그 집권자들은 은인이라 칭함을 받으나 너희는 그렇지 않을지니 너희 중에 큰 자는 젊은 자와 같고 두목은 섬기는 자와 같을지니라. 앉아서 먹는 자가 크냐? 섬기는 자가 크냐? 앉아 먹는 자가 아니냐? 그러나 나는 섬기는 자로 너희 중에 있노라."
저녁 먹는 중 예수는 아버지께서 모든 것을 자기 손에 맡기신 것과 또 자기가 하나님께로부터 오셨다가 하나님께로 돌아가실 것을 아시고 저녁 잡수시던 자리에서 일어나 겉옷을 벗고 수건을 가져다가 허리에 두르시고 이에 대야에 물을 담아 제자들의 발을 씻기기를 시작하여(눅 22:24~27, 요 13:4~5).

누가 가장 좋은 자리에 앉게 될 것인지에 대한 관심이 이 말다툼 뒤에 자리잡고 있었다. 열두 제자 중 지도자로 인정받았던 베드로가 예수님의 왼편에 앉아 있었을 것이라 생각하겠지만 사실상 그는 멀리 떨어진 자리에 앉아 있었기 때문에 예수님께 드릴 말씀을 요한에게 귓속말로 전해야 했다. 그리고 놀랍게도 유다는 예수님과 매우 가까운 자리에 있었다(요 13:24, 26). 유다와 베드로가 예수님 왼편의 명예로운 자리를 놓고 싸웠다고 생각해 보자. 그러자 예수님께서 두 사람을 꾸짖으셨고 기분이 상한 베드로는 충동적으로 가장 먼 가장 낮은 자리로 가서 앉았을지도 모른다.

베드로가 어떻게 그 자리에 앉게 되었건 그의 자리는 우리가 낮은 자리를 왜 그렇게도 꺼리는지를 보여 준다. 예수님께 말씀드리기 위해 다른 사람을 거쳐야 했다. 낮은 자리에 있으면 우리는 다른 사람들을 의존하게 된다. 우리에게 별 힘이 없기 때문이다. 고기도 나중에야 먹을 수 있다. '혜택을 받고 있는 사람'에게 주어지는 총애를 받을 수 없다.

또다시 우리는 예수님께서 그분이 가르치신 내용을 친히 행동하시는 것을 볼 수 있다. 그 문화 속에서는 가장 하위의 종들이 손님들의 발을 씻겨 주었다. 그런데 실제로 예수님께서 가장 낮은 자리를 취하시고 제자들의 발을 씻기는 종이 되셨다. 겸손한 분이 아니라면 이런 사랑의 행동을 하실 수 없었을 것이다.

사랑의 행동에는 낮은 자세가 요구된다. 킴이 옷 입는 것을 도와줄 때 나는 킴의 키와 비슷해지기 위해 거의 무릎을 꿇는 자세로 내려앉아야 한다. 화장실 바닥을 청소할 때 우리는 무릎을 굽힌다. 또 쓰레기를 내다 버릴 때는 허리를 굽힌다. 자신을 중요하게 생각하는 사람들은 낮은 자리를 원치 않는다. 그들은 명예의 자리를 원한다. 예수님께서는 제자들 앞에서 무릎을 꿇으시면서 사랑하기로 다짐한 삶의 모습을 우리에게 보여 주셨다.

낮은 자리

사람들은 가장 낮은 자리에 있는 사람들의 말은 듣지 않는다. 그리고 그런 사람들과는 같이 시간을 보내지도 않는다. 별로 얻을 것이 없다고 생각하기 때문이다. 또 모질게 다루면서, 고마움을 표시하지도 않는다. 이용하고 무시하고 도외시 하기도 한다. 그래서 마치 버림받은 사람처럼 느끼게 만든다.

낮은 자리를 취하게 되는 이유는 두 가지 중 하나이다. 다른 사람들이 선택을 해주거나 아니면 우리 스스로 선택한다. 낮은 자리를 취하도록 다른 사람들의 강요를 받게 되면 우리는 굴욕감을 느끼게 된다. 어떤 이는 우리 기분을 무시한 채 "너는 너무 예민해"라고 말하며, 습관적으로 우리를 비난하기도 한다. 어떤 이는 공개적으로 우리를 조롱하고, 모임이나 그룹에서 우리를 소외시키기도 한다. 그러나 우리가 스스로 낮은 자리를 취하면 겸손을 보여 줄 수 있게 된다. 굳이 우리 자신을 설명하지 않는다. 그렇게 하면 다른 누군가에게 상처를 줄 수 있기 때문이다. 다른 사람의 잘못을 들추어 내기보다는 용서하고 아무도 모르게 다른 사람을 도울 수 있다. 겸손은 내면으로부터 나오는 영적 자질이며, 굴욕적인 상황은 우리가 겸손을 배우는 자리이다.

가장 낮은 자리를 취함

우리는 십자가를 종교적인 상징으로 미화한다. 그러나 십자가는 느리게 진행하는 고문으로 사람을 죽게 하는, 잔인하고 보기 흉한 사형 방식중 하나였다. 사형용 전기 의자였으며, 교수형에 처하는 밧줄이었으며, 죽음의 주사 바늘이었다. 십자가는 로마 제국과 그들이 정복한 모든 사람들에게 "우리는 최고의 민족이다. 그리고 너희는 인간 쓰레기다"라고 말하는 것이었다.

다가오는 죽음을 앞두고 예수님은 이렇게 말씀하셨다. "아버지께서 나를 사랑하시는 것은 내가 다시 목숨을 얻기 위하여 목숨을 버림이라. 이를 내게서 빼앗는 자가 있는 것이 아니라 내가 스스로 버리노라. 나는 버릴 권세도 있고 다시 얻을 권세도 있으니 이 계명은 내 아버지에게서 받았노라"(요 10:17~18).

이 말씀은 죽음에 둘러싸인 예수님의 상황에 맞지 않는 것처럼 보인다. 다른 사람들이 목숨을 앗아갔다. 스스로 목숨을 내놓은 것이 아니었다. 유대인 지도자들의 심판을 받은 다음 로마인들에 의해 죽임을 당하지 않았던가? 유대인 지도자들이 빌라도에게 십자가에 못박으라고 요구하지 않았던가? 그렇다. 그러나 유다가 배신하기 전부터 수차례 죽음을 피해 자리를 떠나셨다. 그러나 마지막 순간 자신의 목숨을 내어주기 위해 로마 병정들에게로 향하는 길로 나가셨다. 마지막 식사를 드시며 유다가 하려는 일을 알고도 막지 않으셨다. 그에게 빵을 건네신 후 "네 하는 일을 속히 하라"(요 13:27)고까지 말씀하셨다. 예수님은 낮은 자리를 선택하셨다. 그것이 사랑이 하는 일이다. 낮은 자리를 취한다. 어떻게 그런 일이 이루어지는지를 보라.

상황 : 남편은 매일 아침 속옷을 벗어 방바닥에 던져버린다. 깨끗한 속옷과 더러워진 속옷을 집어 빨래해야 하는 일을 연결지어 생각하지 못한다. 어머니가 늘 해주셨기 때문이다. 그러나 아내는 다르다.
남편 : "여보, 입을 옷이 하나도 없네. 어떻게 된 거야?"
아내 : "빨래통 속에 갖다 넣었어요? 그래야 제가 안 잊어버리고 빨죠."
남편 : "그래봐야 무슨 소용이야. 어쨌거나 당신은 빨래를 안 하잖아."

남편이 이야기의 화두를 얼마나 재빠르게 자신에게서 아내에게로 돌리는지를 눈여겨 보라. 왜 그렇게 하는가? 높은 자리를 차지하기 위해 이기려고 그렇게 한다. 분명히 남편은 이기적이었다. 그러나 겸손의 의미를 이해하기 위해 아내만 살펴보도록 하자. (빨래 바구니를 남편에게 덮어씌우는 대신) 다른 방법은 없었을까?

가장 흔한 반응은 복수하는 것이다. "어떻게 그렇게 말할 수 있어요? 더러운 빨래를 벗어놓는 건 당신이잖아요. 집안일이란 일은 다 내가 하잖아요." 똑같은 방식으로 복수하는 것이다. 그러나 그렇게 한다면 결국 어떻게 되겠는가? 더 많은 싸움과 논쟁이 일어나고 더 많은 말이 기억장치 속에 저장되는 것 외에는 아무 일도 일어나지 않는다. 상대방에게 자신의 관점을 이해시키는 것이 우리의 목적이 될 때 우리는 말다툼을 한다. 겸손이 빠진 솔직함은 효력이 없다. 누군가와 오래 지내면 지낼수록 우리는 그 사람의 부족함을 보게 된다.

그리고 상대방의 싫은 점에 대해 아주 솔직해진다. 앙갚음은 문제를 해결해 주지 않는다. 이렇게 할 수 있을 것이다.

1. 이해하려고 노력하라. "당신은 빨래를 안 하잖아"라고 한 말이 무슨 뜻이었어요?
2. 고백하라. "그래요. 어떨 땐 빨래를 제 때에 하지 못하는 게 사실이예요."
3. 가시돋친 말을 하지 말고 자신을 변호하라. "그건 사실이 아니예요."
4. 침묵하라(아무 말도 하지 말라).

이런 반응들은 말다툼을 중단시키고 남편이 부분적으로 옳을 수도 있다는 사실을 인정해 주거나 남편에게 결정권을 갖게 해준다. 그러나 문제는 남편에게 있는 게 아닌가?

우리는 이 모든 불공평함에 제동을 걸 수 있다. 예를 들어 남편이 부분적으로 옳다고 보자. 집안일을 나누어 하기로 했는데 아내가 빨래를 좀 미루었다. 남편은 자기 문제를 아내의 문제로 돌리고 승리를 거둔다. 그러나 아내는 남편에게 식탁의 가장 좋은 자리를 내어준다. 겸손은 고통을 가져온다. 그러나 그것이 사랑이다. 사랑하기가 어려운 것은 겸손이 요구되기 때문이다.

논쟁 중에 겸손을 선택하면 한 편에서만 자기 주장을 하기 때문에 분쟁이 끝난다. 연료가 부족해 논쟁의 불길이 꺼진다. 겸손을 선택하는 것이 반드시 더러워진 속옷을 집어들어야 한다거나 남편의 관점에 동의해 주어야 하는 것은 아니다. 겸손은 상대방이 한 비열한 말에 우리를 맡기는 대신 낮은 자리를 취하는 것을 의미한다.

우리 자신을 낮출 때 하나님께서 개입하셔서 채우실 수 있는 공간이 만들어 진다. 겸손은 우리 스스로 해결해 보려고 하거나 통제하려 하지 않는 것이다. 예수님은 이렇게 말씀하셨다. "무릇 자기를 높이는 자는 낮아지고 자기를 낮추는 자는 높아지리라"(눅 14:11). 하나님을 기다리는 것이 가장 어렵다.

하나님께서 돌보실 것이라는 사실을 신뢰하는 믿음이 필요하다. 그래서 믿음 없이 사랑할 수 없는 것이다. 예수님의 모든 명령은 하나님을 신뢰할 것을 전제하고 있다. 그 각각은 우리에게 극히 불리한 입장에 설 것을 요구한다. 예를 들면 "주라. 그리하면 너희에게 줄 것이니"(눅 6:38)라는 명령은 우리 자신을 더 이상 의지하지 않고 주머니를 비우고 하나님께서 채워 주시기를 기다리라고 요구한다.

우리는 겸손을 꾸밀 수 없다. 그것은 하나님의 힘을 요하기 때문에 우리에게 매우 생소하다. 예수님은 아버지를 의존하셨기 때문에 자신의 지위를 의존할 필요가 없으셨다. 하나님을 의지할 때 우리도 그럴 필요가 없어진다. 믿음은 겸손해질 수 있는 자유를 갖게 한다.

낮은 자리를 취할 때 우리는 분명하게 볼 수 있다. 겸손은 너무나 조용하기 때문에 교만은 겸손을 감지하지 못한다. 그러나 아래로 내려가면 다른 사람들 뿐 아니라 우리 자신과 하나님이 더 잘 보인다. 그 때문에 사회에서 소외된 아이들과 여자들과 이방인들과 가난한 사람들과 장애를 가진 사람들이 예수님께 더욱 끌리는 것이다. 그들은 예수님을 분명하게 본다. 그들은 자신이 가진 것이 아무것도 없으며 자신들이 텅 빈 사람임을 알고 있다. 그리고 예수님의 아름다움에 이끌려 그분의 사랑을 붙잡는다.

왜 낮은 자리를 취해야 하는가?

예수님께서 낮은 자리에 있는 사람들에게로 다가가셨다. 밑바닥에 있는 사람들을 사랑하셨다. 왜? 그 곳이 그분이 계신 곳이었기 때문이다. 예수님은 말씀하셨다. "나는 마음이 온유하고 겸손하니 나의 멍에를 메고 내게 배우라. 그리면 너희 마음이 쉼을 얻으리니"(마 11:29). 예수님이 처음 누우신 곳은 말구유였다. 세리와 창녀와 함께 먹으셨으며 사마리아인과 이야기를 나누셨다. 나병 환자에게 손을 대셨다. 그러나 백성들은 그를 거부했고, 결국은 범죄자라는 누명을 쓰고 돌아가셨다. 예수님의 마음은 겸손하셨다.

현명한 유대인이라면 예수님께서 자신을 묘사하신 설명이 선지자들이 하나님을 설명한 내용과 같음을 알 수 있을 것이다. "내가 높고 거룩한 곳에 거하며 또한 통회하고 마음이 겸손한 자와 함께 거하나니"(사 57:15). 우리는 낮은 곳에서 안전을 느낀다. 하나님께서 그 곳에 계시기 때문이다. 하나님은 우리보다 먼저 그 곳에 계시며 그 곳에서 하나님과 함께 거하며 그분의 선하심을 맛보도록 우리를 초청하셨다. 우리 자신을 낮출 때, 지위에 신경 쓰지 않고 사람들을 배려할 때 우리는 하나님을 가장 가까이 느낄 수 있다. 마더 테레사는 이렇게 말했다. "하나님과 하나가 될 수 있는 가장 확실한 방법은 굴욕감을 받아들이는 것이다."[4] 사랑하라고 사람들을 초청하시며 예수님은 그들을 낮은 자리로 초청하셨다.

자존심과 자아가 사랑을 방해한다. 거의 모든 종교가 이 사실을 인정하고 있다. 부처는 '무아지경'을 제안함으로 자아의 문제를 해결하려 했다. 그러나 불교는 자기 의지를 제거함으로 의지 대신 자아를 파괴했다. 예수님의 죽음은 자기 의지를 거부하는 하나의 모범이다. 예수님이 돌아가신 지 30년 후 바울은 빌립보 교회에 다음과 같이 말했다.

> 너희 안에 이 마음을 품으라. 곧 그리스도 예수의 마음이니 그는 근본 하나님의 본체시나 하나님과 동등됨을 취할 것으로 여기지 아니하시고 오히려 자기를 비어 종의 형체를 가져 사람들과 같이 되었고 사람의 모양으로 나타나셨으매 자기를 낮추시고 죽기까지 복종하셨으니 곧 십자가에 죽으심이라.
> (빌 2:5~8)

예수님과 함께 죽는 것은 자아에 대해 죽는 것이다. 지금 바로 예수님과 함께 십자가로 걸어가자.

슬픔을 포용하는 사랑

사랑이 큰 슬픔을 불러올 때

거절은 갈피를 잡지 못하게 한다. 우리를 거부한 사람들에게 화가 나고, 도대체 무엇이 잘못됐는지 곱씹어 생각하게 된다. 그리고 분노와 고통, 낙심 등 혼합된 감정을 느끼기도 한다. 더구나 배신은 거절이 주는 모든 고통과 혼란에 깨진 친밀감과 기만까지 덧붙여 관계와 관계 형성에 따른 능력을 모두 의심하며 정신 이상이 생길 정도로 우리를 혼란스럽게 한다.

예수님도 거절과 배신을 당하셨다. 가장 가까운 사람들에게 오해 받고 배신당할 때 느껴지는 기분을 잘 아신다.

사랑하는 사람들에게 거절당할 때

예수님은 이스라엘의 지도자들을 사랑하셨고 가까워지기를 간절히 바라셨다. 그러나 그들은 예수님을 거절했다. 동정심을 가진 예수님께서 그들의 종교적 규율을 무시하셨기 때문이었다. 또 예수님의 솔직함은 공개적으로 그들을 부끄럽게 했다. 그리고 아버지와 하나라는 주장은 자신을 신적인 존재라고 말하는 것이었으며 그것은 그들을 격노하게 만들었다. 예수님은 그들에게 거절당하실 것을 공개적으로 말씀하셨다.

"예루살렘아, 예루살렘아, 선지자들을 죽이고 내게 파송된 자들을 돌로 치는 자여. 암탉이 제 새끼를 날개 아래 모음같이 내가 너희의 자녀를 모으려 한 일이 몇 번이냐? 그러나 너희가 원치 아니하였도다"(눅 13:34).

위험이 닥치면 병아리들은 종종걸음을 치며 어미 닭의 날개 아래로 모여든다. 불이 나면 어미 닭은 통채로 구워지더라도 그 날개 아래 있는 병아리들은 안전하다. 예수님은 병아리들이 어미 닭에게 모여들듯이 이스라엘이 예수님께로 나아오기를 원하셨다. 그들에게 거절당하시며 "그래? 그렇게 마음대로는 잘 안 될걸"이라고 말씀하지 않으셨다. 그분은 플라스틱 메시아가 아니었다. 그들의 거절을 슬퍼하셨고 그 슬픔을 탄식과 눈물로 표현하셨다. C. S. 루이스는 사랑의 속성을 이렇게 이야기했다.

안전한 투자는 없다. 사랑하는 것은 약해지는 것이다. 무언가를 사랑하라. 그러면 마음이 슬픔에 짓눌리고 깨지는 아픔을 느낄 것이다. 마음을 그대로 지키려면 아무에게도 마음을 주어서는 안 된다. 동물에게도 주어서는 안 된다.

취미 생활과 약간의 화려함으로 잘 싸서 모든 얽힘을 피하고 이기심이라는 상자나 관 속에 넣어 안전하게 잠가 두어야 한다. 그러나 안전하고 어둡고 공기가 없고 아무런 활동도 하지 않는 관 속에서 마음은 변하게 될 것이다. 깨지지는 않을 것이다. 대신 깨질 수 없고, 무감각하고, 구제하기 어려운 것으로 변할 것이다. … 모든 위험으로부터 완벽하게 안전할 수 있는 곳은 하늘 외에 아무 데도 없다. 사랑이 교란된 곳이 바로 지옥이다.[1]

사랑하는 것은 고통받는 것이다. 사랑을 통과하는 길은 슬픔을 통과하는 길이다. 몇 달 후 예수님께서 마치 정복을 이룬 왕처럼 예루살렘에 입성하셨다.[2] 요단 계곡을 지나 여리고를 따라 여행하신 후 감람산을 지나셨다. 예수님을 따르는 무리들이 전승을 상징하는 종려나무 가지를 흔들며 길 양편에 늘어서 있었다. 나귀를 타고 감람산에서 내려오신 예수님은 그 앞에 펼쳐진 예루살렘을 보셨다. 그 광경에 예수님의 가슴이 메어졌다.

가까이 오사 성을 보시고 우시며 가라사대 "너도 오늘날 평화에 관한 일을 알았더면 좋을 뻔하였거니와 지금 네 눈에 숨기웠도다. 날이 이를지라. 네 원수들이 토성을 쌓고 너를 둘러 사면으로 가두고 또 너와 및 그 가운데 있는 네 자식들을 땅에 메어치며 돌 하나도 돌 위에 남기지 아니하리니 이는 권고 받는 날을 네가 알지 못함을 인함이니라" 하시니라(눅 19:41~44).

환호하는 사람들 속에서 예수님은 울기 시작하셨다. 소리 없는 눈물이 아니었다. 이전에는 탄식하셨지만 이제는 통곡하셨다. 고뇌에 차 우시며 그 마음을 쏟아놓는 예수님 옆에 있었다면 우리들 대부분은 아마 꽤 당황할 것이다.

무리들은 로마를 무너뜨리고 평화를 가져올 왕을 원했다. 예수님은 원수를 위해 죽을 수 있는 사랑으로 평화를 가져올 왕이 되기 원하셨다. 무리들은 예수님의 참 목적을 몰랐기 때문에 자신들의 목적과 혼돈을 일으켰다. 그들은 하나님께서 예수님으로 오신 그분의 때를 인식하지 못했다. 사랑을 통해 평화를 가져오시는 분이 그들 눈에는 보이지 않았다. 그래서 예수님은 크게 슬퍼하셨다.

이스라엘이 다가오는 위험을 경고하는 예수님께 귀를 기울이려 하지 않았기 때문에 슬퍼하셨다. 이스라엘이 로마와 충돌하게 될 것을 예측하기 위해 천재가 될 필요는 없었다. 40년 후 로마의 장군 티투스(Titus) 역시 감람산에서 예루살렘을 내려다보며 같은 견해를 가졌을 것이다. 다만 그는 울지 않았을 것이다. 그리고 그의 군대를 지휘했을 것이다.[3]

예수님은 며칠 후 '예루살렘'이 자신을 죽이게 될 것을 아셨다. 그러나 자신을 위해 우는 대신 '예루살렘'을 위해 우셨다. 슬픔은 쉽게 자기 연민과 자기 도취로 흔들릴 수 있지만 예수님의 슬픔은 다른 사람들을 위한 것이었다.

가까운 친구에게 배신당할 때

종교 지도자들은 예수님을 죽이기로 결정했다. 그러나 예수님을 따르는 헌신된 무리들이 그날 예수님을 둘러싸고 있었다. 저녁 무렵 무리들이 흩어지자 예수님도 다른 사람들 몰래 성전에서 빠져나가셨다(요 8:59). 예수님을 잡을 수 있는 유일한 길은 예수님의 가장 친한 친구를 잡는 것이었다. 유다가 그들을 찾아갔을 때 그들은 기회를 잡았다.

유다는 제자들의 돈을 맡아 관리하고 있었다. 몇 군데서 우리는 그가 돈을 사랑하는 조용하지만 열정적인 지도자로 나타나는 것을 볼 수 있다. 우리는 왜 그가 배신하게 되었는지는 잘 알 수 없다. 그런 경우는 종종 사단과 관계가 있다. 그러나 그가 언제 배신을 했는지는 알고 있다. 마르다의 동생 마리아가 향유를 예수님께 부었을 때 그가 얼마나 비난조였는지를 기억하는가? 그는 마리아의 사랑이 너무 지나치고 낭비적이라 생각했다. 또 그는 마리아의 후한 선물과 낭비를 잘 감지하지 못하는 예수님 때문에 상당히 심난했었다.

예수님의 날카로운 책망이 문제를 더 악화시켰다. 예수께서 가라사대 "저를 가만두어 나의 장사할 날을 위하여 이를 두게 하라"(요 12:7). 예수님의 솔직함이 유다를 화나게 했고 그는 즉시 대제사장에게로 가서 돈을 받고 예수를 넘겨 주기로 했다.

유다는 자신을 인간의 왕이 아니라고 반복해서 말씀하시는 예수님의 주장을 마침내 이해하게 된 것이 거의 확실하다. 예수님이 자신을 권력의 자리에 앉게 해줄 정치적 메시아가 아니라는 사실에 매우 실망한 그는 비통한 마음을 안고 돈을 벌 수 있는 기회를 찾았다. 사랑이 미움으로 변했다. 그의 배신이 예수님의 죽음을 불러오는 사건들을 추진했다.

유다가 나간 후 예수님은 구약 성경을 인용해 "내 떡을 먹는 자가 내게 발꿈치를 들었다"(요 13:18)고 말씀하시며 유다의 배신이 제자들에게 몰고 올 충격을 대비하셨다. 유다는 3년 동안 예수님 곁에서 먹고 자고 일했다. 유다가 곧 하게 될 일을 내다보시며 예수님은 긴장하셨다. 예수께서 이 말씀을 하시고 심령에 민망하여 증거하여 가라사대 "내가 진실로 진실로 너희에게 이르노니 너희 중 하나가 나를 팔리라"(요 13:21). '민망하여'라는 표현은 '마음이 동요하거나 불안하여'라는 뜻이다. 예수님께서 자신의 마음이 그렇다고 말씀하신 것이 아니라 요한이 그렇게 보았다. 예수님 오른편에 기대어 앉은 그는 예수님의 고뇌를 느낄 수 있었다. 예수님은 "음, 이 일은 곧 끝이 날 거야"라고 태연하게 말하는 로봇이 아니셨다. 마음에 고통을 느끼며 슬퍼하셨다.

우리는 마음에 고통을 느낄 때 대부분은 화를 내고 다른 사람들이 고통을 당하는 것을 보면 슬퍼한다. 그러나 예수님은 그와 정반대였다. 고통을 느끼며 슬퍼하셨다. 그리고 다른 사람들이 고통 당하는 것을 보시고 분노하셨다. 예수님은 자신의 감정이 아니라 아버지께 붙들려 있었기 때문에 비통해 하거나 자기 연민에 빠지지 않으셨다. 예수님은 우리에게 원수를 어떻게 '대해야' 하는지를 보여 주셨다. 그리고 무엇을 '느껴야' 하는지도 보여 주셨다. 우리는 외적으로는 사랑해야 하며 내적으로는 슬픔을 느껴야 한다. 분노는 즉각적인 정의를 요구할 수 있으나 슬픔은 다른 사람이 달라져야 할 것을 요구하지 않는다. 슬픔은 악을 보고 느끼는 순수한 반응이다.

죽음을 맞이함

앞에서 우리는 예수님께서 십자가의 고난과 고통을 피하고 싶은 유혹을 어떻게 이겨내셨는지를 살펴보았다. 겟세마네 동산에서 예수님은 다가온 죽음을 감지하고 깊은 고민에 빠지셨다. 십자가 위에서 죄의 대가를 지불하기 위해 '아버지의 진노의 잔'을 마시게 될 것을 아셨기 때문이다.

죽음이 다가오기 6개월 전에도 이 죽음에 대한 고뇌를 말씀하신

적이 있었다. "나의 받을 세례가 있으니 그 이루기까지 나의 답답함이 어떠하겠느냐?"(눅 12:50) 세례는 죽음을 의미하는 비유적인 표현이다. 마음에 동요가 일어나고 긴장감을 느끼며 예수님은 자신의 염려를 드러내 놓고 말씀하셨다. 어떤 사람들은 이런 모습을 연약하게 볼 수도 있을 것이다. 그러나 예수님은 아버지의 사랑에 안전하게 정박해 있었기 때문에 약해질 수도 있으셨다.

돌아가시기 한 주 전 몇몇 헬라인들이 예수님을 뵙고자 했을 때 예수님은 자신의 죽음의 의미를 돌아보기 위해 멈추셨다. 그리고 열매를 맺기 위해 땅에 떨어져 죽는 씨앗을 말씀하셨다. "내가 진실로 진실로 너희에게 이르노니 한 알의 밀이 땅에 떨어져 죽지 아니하면 한 알 그대로 있고 죽으면 많은 열매를 맺느니라"(요 12:24). 그 말씀은 죽음을 통해 생명을 얻게 하는 예수님 자신의 삶을 묘사한 것이었다.

그 당시 사고 방식을 주도하고 있던 헬라인들에게 예수님의 이 말씀은 이상하게 들렸을 것이다. 그들은 각 제국들이 영광스럽게 일어났다 잿더미 속에 사라져 가는 절망의 주기 속을 돌고 있다고 생각했다. 헬라인들의 연극은 언제나 비극으로 끝났다. 최고 절정의 시기에도 모든 축제를 따라다니는 고통이 임박해 있었다.[4]

그러나 예수님은 자신의 죽음은 생명과 부활을 가져올 것이며 자신을 따르는 사람들도 모두 같은 경험을 하게 될 것이라고 말씀하셨다. "자기 생명을 사랑하는 자는 잃어버릴 것이요. 이 세상에서 자기 생명을 미워하는 자는 영생하도록 보존하리라. 사람이 나를 섬기려면 나를 따르라. 나 있는 곳에 나를 섬기는 자도 거기 있으리니 사람이 나를 섬기면 내 아버지께서 저를 귀히 여기시리라"(요 12:25~26). 예수님을 따르는 사람들은 절망의 주기 속에 걸려들지 않으며, 소망의 여정에 있다. 악에서 벗어난 사랑이 드러날 것이다.

예수님은 자신의 죽음의 의미를 돌아보신 후 그 죽음을 느끼셨다. 민망한 자신의 마음 상태를 인식하셨다. "지금 내 마음이 민망하니 무슨 말을 하리요. 아버지여, 나를 구원하여 이 때를 면하게 하여 주옵소서. 그러나 내가 이를 위하여 이 때에 왔나이다. 아버지여, 아버지의 이름을 영광스럽게 하옵소서"(요 12:27~28). 종종 우리는 슬픔을 느끼려 하지 않기 때문에 우리가 슬프다는 사실을 인식하지 못할 때도 있다. 그러나 슬픔은 여전히 남아 낙심이나 분노로 표현되기도 하며, 슬픔을 느끼지 않을 방법을 찾기 위해 라디오를 틀거나 농담을 하는 등의 다른 행동으로 슬픔을 억누르기도 한다.

예수님은 도망치고 싶다고 느끼셨다. "무슨 말을 하리요. 아버지여 나를 구원하여 이 때를 면하게 하여 주옵소서." 이 세상에서 겪어야 하는 고통을 제거해 주시기를 구해야 할 것처럼 느끼셨다. 그러나 예수님은 아버지의 뜻을 따르기로 하셨다. 그리고 "내가 이를 위하여 이 때에 왔나이다"라고 말씀하셨다. 다시 말해서 "제 감정을 인정합니다. 그러나 그 감정에 휩싸여 말려들지는 않을 것입니다"라고 말씀하신 것이다(우리는 감정을 절대시하는 사회 속에 살고 있다. '나는 내가 느끼는 대로 할꺼야.' 그러나 자신의 감정에 따라 계속 휩쓸려 다니는 것은 현대인이 얽매여 사는 또 하나의 속박이다). 마침내 예수님께서 경배를 드리셨다. "아버지여, 아버지의 이름을 영광스럽게 하옵소서!" 이 장면 그 자체가 하나의 죽음이며 부활이었다. 예수님은 자신이 바라는 것에 대해 죽으셨다. 그리고 아버지 하나님의 영광을 향해 다시 살아나셨다.

우리의 슬픈 감정을 표현하는 것은 우리에게 상처를 준 사람들까지도 사랑할 수 있는 자유를 얻게 해준다. 내 친구는 고통에 대한 예수님의 반응을 보고 그의 상사를 사랑할 수 있게 되었다. 내 친구 브라이언(Bryan)은 한 가족이 경영하는 작은 회사의 경영을 주로 맡아 하고 있었다. 그는 그 회사의 주인이며 그의 상사인 사람과 좋은 관계를 유지해 왔다. 그 상사는 브라이언에게 회사 운영을 전적으로 맡아 최고 경영자가 되는 것이 어떻겠냐는 제안까지 할 그런 사이였다. 그런데 그 관계가 깨어졌다. 브라이언이 다른 고용인들을 대하는 상사의 방식을 지적했기 때문이었다. '자수성가한 사람'인 그 상사는 다른 사람들의 비판을 잘 받아들이지 못했다. 그는 브라이언을 회의에서 제외시키고 다른 경영자들 앞에서 브라이언을 비난하기 시작했다. 그러나 회사를 운영하기 위해서는 브라이언의 기술과 능력이 필요했다. 그래서 해고를 시키지는 않았다. 또 브라이언은 가정 사정상 다른 직장을 구할 형편이 못되었다. 그래서 그는 붙들려 있었다.

브라이언이 나를 찾아와 조언을 구했다. 상사가 자신을 무시했을 때 분노와 상처가 뒤섞인 묘한 감정으로 마치 얼어붙는 듯했다고 고백했다. 나는 예수님께서 경험하셨던 슬픔을 이야기해 주었고 브라이언은 상사를 대하는 새로운 틀을 갖게 되었다. 나중에 브라이언은 한 회의석상에서 자신이 상사를 다르게 대하기 시작한 이야기를 이렇게 들려 주었다. 그의 상사는 다른 사람들 앞에서 또다시 브라이언을 비난했다. 상사가 한 말은 전혀 사실이 아니었지만 브라이언은 사람들 앞에서 상사와 말다툼을 벌이는 것은 아무 의미가 없다는 사실을 깨달았다. 그렇게 해서는 그의 상사가 달라지지 않을 것을 알고 그를 존대해 주었다. 상사가 달라질 것에 대한 기대가 시들어가면서 브라이언은 상실감에 빠지게 되었다. 그 때 예수님께서 하신 말씀을 기억하고 이렇게 생각했다. "슬픔을 느끼는 것은 잘못이 아니다. 열매를 맺기 위해 씨는 죽어야 한다." 그리고 자신의 일에 충실하면서 도망을 치거나 공격하는 대신 잠잠히 가족과 상사를 섬기는 동안 자신이 예수님을 섬기고 있다는 사실을 인식하게 되었다. 슬픔을 느껴도 된다는 것이 그에게 큰 안도감을 주었다. 그 자리에서 예수님의 말씀을 기억했다. "사람이 나를 섬기면 내 아버지께서 저를 귀히 여기시리라." 그리고 '안드로메다 은하계를 만드신 분께서 나를 귀히 여기실 것'이라는 생각을 했다. 그 때 슬픔 속에서 기뻐하면서 예배 드리는 자신을 보게 되었다고 그는 말했다.

슬픔을 느끼면서 사랑하는 본을 보여 주신 예수님

예수님은 산상수훈에서 슬픔에 따르는 행복을 말씀하셨다. "애통하는 자는 복이 있나니 저희가 위로를 받을 것임이요"(마 5:4). 좋지 않은 슬픔은 비통함과 자기 연민과 부인이 뒤섞여 끝이 없다. 좋은 슬픔은 적당하며 단순하며 솔직하다. 한 선지자는 메시아가 "멸시를 받아서 사람에게 싫어 버린 바 되었으며 간고를 많이 겪었으며 질고를 아는 자라"(사 53:3)고 말했다. 예수님은 자기 연민이나 분노나 증오심을 느끼지 않으면서 무력하고 힘이 없는 슬픔을 맞이하셨다.

슬픔을 기꺼이 맞이하셨던 예수님은 사랑의 위대한 일을 이루는 사건들을 추진하셨다. 도망하지 않았기 때문에 고통을 당하셨다. 고통을 받아들였기 때문에 돌아가셨다. 앞으로 보게 되겠지만 돌아가셨기 때문에 세상 죄를 대신 지셨다. 예수님은 죽음을 향해 나아가면서 슬픔이 소리 없는 사랑이 될 수 있다는 사실을 보여 주셨다.

사랑의 심포니

곤경 속에서 드러나는 사랑

아내와 나는 염소들이 있는 뒷마당에 함께 있었는데, 아내가 짜증스럽게 한 말을 가로막고 심술궂은 말을 해버렸다. 나는 한기를 느꼈고 염소들과 함께 밖에 있고 싶지 않았다. 따뜻한 내 서재로 돌아가 사랑에 관한 글을 쓰고 싶었다!

우리가 원하는 대로 일이 잘 돌아갈 때는 사랑하기가 그리 어렵지 않다. 그러나 힘든 일이 쌓여가게 되면 우리들 대부분은 사랑에 대해서는 잊어버리고 우리 자신에 대해서만 생각한다.

그러나 예수님은 그렇지 않으셨다. 어려움이 크면 클수록 우리는 그분의 아름다움을 더 많이 볼 수 있다. 요한은 예수님께서 세상을 떠나기 전의 마지막 순간을 이렇게 묘사했다. "예수께서 자기가 세상을 떠나 아버지께로 돌아가실 때가 이른 줄 아시고 세상에 있는 자기 사람들을 사랑하시되 끝까지 사랑하시니라"(요 13:1).

그 마지막 순간 동안 예수님은 확대경 아래 계셨다. 이 표현은 누군가의 유품으로 우리가 간직하고 있는 가장 간결하고 자세하며 개인적인 기록이다.

겟세마네 동산

마지막 만찬을 마친 후 예수님은 제자들과 함께 기드론 계곡을 지나 겟세마네 동산으로 올라가셨다. 그 곳은 예수님께서 기도하시던 곳이었다. 자정이 가까왔을 때 횃불을 든 병정들과 제사장들이 보낸 하속들이 어둠을 가르며 나타났다.

유다가 그들 앞에 서 있었다. 그는 자기 주인의 은신처를 알고 있었다. 그리고 존경을 표하며 평상시 하던 대로 예수님께 입을 맞추었다. 그러자 예수님은 마지막으로 한번 더 유다에게 다가가셨다. "유다야, 네가 입맞춤으로 인자를 파느냐?"(눅 22:48) 유다의 영혼을 비추는 거울을 비추시며 그 행동의 진실을 드러내시면서 그의 선량한 척하는 가면을 벗겨 내셨다. 우리는 나중에 은 삼십을 성전에 던지며 "내가 무죄한 피를 팔고 죄를 범하였도다!"라고 외치는 유다를 볼 수 있다. 그리고 그는 자기 자신의 죄악에 압도되어 스스로 목숨을 끊었다.

예수님은 감람나무 사이에 있던 안전한 자리를 벗어나 병정들과 제자들 사이로 나서며 "너희가 누구를 찾느냐?"고 물으셨다. 그들이 "나사렛 예수"라고 말하자 "내로라"고 대답하셨다(요 18:4~5). 예수님의 위엄에 압도된 병정들은 땅에 엎드러졌다.

예수님은 제자들의 안전을 요구하며 다시 한번 더 자신을 내어 주셨다. "너희에게 내로라 하였으니 나를 찾거든 이 사람들의 가는 것을 용납하라"(요 18:8). 역사의 수레바퀴 아래 짓눌린 무력한 희생자가 된 것이 아니라 자유롭게 자신의 생명을 내어 놓으셨다.

그 때 베드로가 자신의 충성심을 증명하려고 칼을 꺼내어 휘두르며 대제사장의 종이었던 말고의 오른쪽 귀를 베어버렸다. 예수님은 베드로를 심히 꾸짖으셨다. "검을 집에 꽂으라. 아버지께서 주신 잔을 내가 마시지 아니하겠느냐?"(요 18:11) 그리고 "이것까지 참으라" 말씀하시고 그 귀를 만져 낫게 해주셨다(눅 22:54).

예수님은 보호하고 변호하고 만지고 고치고 책망하는 사랑의 발레를 보여 주셨다. 주위에 있는 사람들이 위장하고 도망치고 놀라고 배신하고 죽이는 동안 한 동작에서 다른 동작으로 빠르게 움직이셨다. 그들의 모습이 흉한 만큼이나 예수님의 모습은 아름다웠다. 병정들이 말고를 만져 주셨던 손을 묶고 예수님을 사로잡았다. 두려움에 사로잡힌 제자들은 밤을 타고 도망쳐 버렸다.

유대인들의 심문

병정들은 예수님을 예루살렘에 있는 은퇴한 대제사장 안나스의 집으로 끌고 갔다. 예비 심문을 하기 위해서였다. 그들의 거듭되는 질문에 예수님은 이렇게 대답하셨다. "내가 드러내어 놓고 세상에 말하였노라 … 회당과 성전에서 항상 가르쳤고 은밀히는 아무것도 말하지 아니하였거늘 어찌하여 내게 묻느냐? 내가 무슨 말을 하였는지 들은 자들에게 물어 보라. 저희가 나의 하던 말을 아느니라"(요 18:20~22).

그러나 박자를 놓치지 않으셨다. "내가 말을 잘못하였으면 그 잘못한 것을 증거하라. 잘하였으면 네가 어찌하여 나를 치느냐?"(요 18:23) 평소와 같이 솔직하셨다. 정면으로 대하셨고 분명하게 행동하셨다. 다른 사람들의 의견에 개의치 않으셨다.

반면에 베드로는 멀리서 예수님을 따랐다. 대제사장의 뜰에 피운 불을 쬐고 있다가 한 여종이 그를 알아보자 예수님을 모른다고 부인했다. 다른 사람들이 동조하자 그는 단호하게 부인하며 맹세까지 하기 시작했다. 그 때 닭이 울었고 "주께서 돌이켜 베드로를 보셨다"(눅 22:60~61). 그 낯익은 눈길이 베드로의 허세를 꿰뚫어 보고 있었다. 베드로는 어둠 속으로 나가 심하게 통곡했다.

그 후 곧 산헤드린이 소집되었다. 증인들이 예수님에 대한 상반되는 증거를 하자 가야바가 끼어 들었다.

> 예수께서 잠잠하시거늘 대제사장이 가로되 "내가 너로 살아 계신 하나님께 맹세하게 하노니 네가 하나님의 아들 그리스도인지 우리에게 말하라." 예수께서 가라사대 "네가 말하였느니라. 그러나 내가 너희에게 이르노니 이후에 인자가 권능의 우편에 앉은 것과 하늘 구름을 타고 오는 것을 너희가 보리라" 하시니 이에 대제사장이 자기 옷을 찢으며 가로되 "참람한 말을 하였으니 어찌 더 증인을 요구하리요. 보라. 너희가 지금 이 참람한 말을 들었도다."
> (마 26:63~65)

날이 밝자 그들은 예수님께 사형 선고를 내렸다. 거침없이 고조된 혐오감을 느끼며 그들은 예수님께 주먹을 휘둘렀다. 어떤 사람들은 침을 뱉었다. 눈을 가리고 때리면서 "선지자 노릇 하라. 너를 친 자가 누구냐?"(눅 22:64)고 말하며 예수님의 초자연적인 능력을 조롱했다. 예수님은 보복하기를 거부하고 침묵하셨다.

그러나 로마법은 유대인들에게 사형을 허락해 주지 않았다. 그래서 유대 총독인 빌라도에게 예수님을 넘겼다.

로마인들의 심문

빌라도는 자신의 관정에서 나와 예수님에 대한 야단스런 비난의 소리를 들었다. 그러나 그의 기분을 불쾌하게 하는 고소가 하나 있었다. "우리가 이 사람을 보매 우리 백성을 미혹하고 가이사에게 세 바치는 것을 금하며 자칭 왕 그리스도라 하더이다"(눅 23:2). 얄궂게도 그들은 예수님께서 그 동안 그렇게 거부해 왔던 왕권을 취하기 위해 정치적 반란을 일으키려 한다는 비난을 했다.

호기심에 찬 빌라도는 관정으로 들어가 예수님께 개인적으로 질문했다. "네가 유대인의 왕이냐?"(요 18:33) 이것은 냉소적인 질문으로 거의 농담에 가까웠다. 유대인들은 로마의 통치를 받고 있었고 예수님은 쇠고랑을 차고 있었다.

예수님은 빌라도의 마음을 감지하셨다. "이는 네가 스스로 하는 말이뇨? 다른 사람들이 나를 대하여 네게 한 말이뇨?"(요 18:34) 만일 빌라도가 스스로 한 질문이었다면 그것은 정말 순수한 관심이 있기 때문이었을 것이다. 그러나 다른 사람들에게 들은 말이라면 그저 예수님을 놀리기 위한 것에 불과했다.

빌라도는 자신이 예수님께 순수한 관심이 있는지 묻는 질문에 질색을 하며 냉정하게 대답했다. "내가 유대인이냐? 네 나라 사람과 대제사장들이 너를 내게 넘겼으니 네가 무엇을 하였느냐?"(요 18:35)

예수님은 그의 격렬한 부인 배후에 있는 관심을 느끼며 그의 첫 번째 질문에 이렇게 대답하셨다. "그렇다. 나는 왕이다. 그러나 당신이 생각하는 그런 왕은 아니다." 그리고 이렇게 말씀하셨다. "내 나라는 이 세상에 속한 것이 아니라. 만일 내 나라가 이 세상에 속한 것이었더면 내 종들이 싸워 나로 유대인들에게 넘기우지 않게 하였으리라. 이제 내 나라는 여기에 속한 것이 아니니라"(요 18:36). 그러자 빌라도는 "그러면 네가 왕이 아니냐?"고 물었다(요 18:37). 그는 자신의 관심을 인정했다. 그러나 냉소와 조소로 덮어버렸다.

예수께서 대답하시되 "네 말과 같이 내가 왕이니라. 내가 이를 위하여 났으며 이를 위하여 세상에 왔나니 곧 진리에 대하여 증거하려 함이로라. 무릇 진리에 속한 자는 내 소리를 듣느니라"(요 18:37). 이 말씀은 "빌라도 당신이 생각하는 것처럼 유대인의 질문은 그렇게 간단한 것이 아니다. 내가 가져온 것이 모든 사람에게 영향을 미쳤다. 모든 사람에게. 사실 당신도 지금 내 말을 듣고 참 진리를 발견할 수 있다"는 뜻이었다. 예수님은 빌라도에게 삶의 허무함을 버리고 예수님을 믿으라고 초청하셨다. 자신의 손이 묶여 있음을 의식하지 못하는 것처럼 빌라도의 멸시를 무시하고 그의 마음을 향해 다가가셨다. 예수님은 유대인의 미움을 받으며 곧 자신에게 사형 선고를 내리게 될 로마인에게 관심을 보이셨다.[1]

빌라도는 "내가 곧 진리요"(요 14:6)라고 말씀하신 분 앞에서 "진리가 무엇이냐?"(요 18:38)고 반문함으로 진리를 부인하고 돌연 대화를 끝내버렸다. 그는 예수님을 멸시하면서도 바나바라는 다른 죄수를 십자가에 못 박을 것을 제안하며 예수님을 구해 보려 했다. 그 일에 실패하자 예수님을 헤롯에게 보내려 했다. 그러나 결국은 병정들에게 40대의 곤장을 치도록 명했다. 가시가 달린 채찍은 뼈 속까지 뚫고 들어갈 수 있었고 때로는 사람을 죽일 수도 있었다. 병정들은 가시 면류관을 씌우고 자색 옷을 입혀 왕이라고 주장했던 예수님의 말에 조롱을 가했다. 그런 다음 빌라도는 상처로 얼룩진 예수님을 무리들 앞에 세우고 어쩌면 그들의 동정심을 사서 예수님을 풀어줄 수 있게 될지도 모른다는 기대를 하면서 행렬을 벌이게 했다. 그러나 무리 중 그 누구도 그 때까지 언급하지 않았던 진실을 고발하는 사람이 없었다. 그들은 외쳤다. "우리에게 법이 있으니 그 법대로 하면 저가 당연히 죽을 것은 저가 자기를 하나님의 아들이라 함이니라."

이 말을 들은 빌라도는 더욱 두려웠다. 다시 관정으로 들어온 그는 예수님께 "너는 어디서 왔느냐?"고 물었다(요 19:7~9). 빌라도는 완전히 뒤흔들렸다. 이런 사람을 본 적이 없었다. '내 앞에 있는 이 사람이 하나님이란 말인가?'라고 생각했다. 예수님께서 결국 그의 마음을 잡으셨다. 그러나 예수님은 스스로를 변호하지 않으실 것이다. 메시아에 대해 언급하고 있는 이사야서는 "그가 곤욕을 당하여 괴로울 때에도 그 입을 열지 아니하였음이여"(사 53:7) 라고 말하고 있다. 빌라도는 또다시 예수님을 풀어 주려 했지만 유대인들은 "없이 하소서. 저를 십자가에 못 박게 하소서"라고 외쳤다.

그러자 빌라도는 물었다. "내가 너희 왕을 십자가에 못 박으랴?" 그러자 대제사장들은 "가이사 외에는 우리에게 왕이 없나이다"(요 19:15)라고 대답했다. 권력을 사랑하는 마음에 갇힌 빌라도는 자기 죄의 얼룩을 남기지 않으려는 듯 손을 씻었다. 그리고 예수님을 십자가에 못 박도록 넘겨 주었다. 왕이 범죄자가 되었다.

십자가

이른 아침 예수님께서 십자가를 지고 예루살렘을 지나가다 넘어지셨다. 피곤했거나 피를 너무 많이 흘렸거나 아니면 로마 병정들이 십자가를 진 사람의 발목 주위를 사슬로 매어 끌고 갔기 때문이었을 것이다. 병정들은 지나가던 구레네 시몬을 붙잡아 대신 십자가를 지게 했다. 십자가의 무게를 벗은 예수님은 울면서 따라오는 여인들을 돌아보셨다. 그리고 예루살렘의 멸망을 예고하셨다. "예루살렘의 딸들아. 나를 위하여 울지 말고 너희와 너희 자녀를 위하여 울라"(눅 23:28). 예루살렘은 그 후 40년이 지난 AD 70년에 멸망되었다. 지쳐 쓰러지면서도 예수님은 여자들과 그들이 미래에 당하게 될 고통을 생각하셨다. 예수님은 만난 사람들을 모두 사랑하셨다.

행렬은 성문을 지나 로마인들이 '우리가 주인' 이라는 주장을 공개적으로 선언하면서 범죄자들을 처형했던 돌이 많은 작은 언덕으로 올라갔다. 예수님의 옷을 벗기고 두 손을 십자가에 못 박은 후 나무 위로 들어올린 다음 발에도 못을 박았다.[2] 망치 소리가 울릴 때마다 예수님은 기도하셨다. "아버지여, 저희를 사하여 주옵소서. 자기의 하는 것을 알지 못함이니이다"(눅 23:34). 모욕을 주고 위협하는 대신 다른 쪽 뺨을 돌려대고 용서하심으로 원수들을 사랑하셨다.

빌라도는 예수님과 예수님을 따르던 유대인들을 모두 멸시하기 위한 마지막 익살을 부렸다. 병정들에게 예수님의 머리 위에 '유대인의 왕' 이라 쓴 패를 붙이게 했다(눅 23:38).

십자가를 둘러싸고 선 제사장들은 예수님의 초자연적인 능력을 조롱했다. "저가 남은 구원하였으되 자기는 구원할 수 없도다." 하나님의 아들이라 하신 주장에도 조소를 보냈다. "네가 만일 하나님의 아들이어든 자기를 구원하고 십자가에서 내려오라." 어린아이와 같은 단순한 예수님의 믿음도 비웃었다. "저가 하나님을 신뢰하니 하나님이 저를 기뻐하시면 이제 구원하실지라. 제 말이 '나는 하나님의 아들이라' 하였도다"(마 27:40, 42~43).

예수님과 함께 십자가에 못 박힌 두 강도도 사람들과 합세해 예수님을 욕했다. 그러나 한 사람은 아마도 침묵하시는 순수한 예수님의 선하심에 양심의 가책을 느끼게 되었는지 다른 한 사람을 꾸짖었다. "네가 동일한 정죄를 받고서도 하나님을 두려워 아니하느냐? 우리는 우리의 행한 일에 상당한 보응을 받는 것이니 이에 당연하거니와 이 사람의 행한 것은 옳지 않은 것이 없느니라" 하고 가로되 "예수여, 당신의 나라에 임하실 때에 나를 생각하소서" 하니(마 23:40~43).

그 후 예수님은 어머니를 돌아 보셨다. 예수께서 그 모친과 사랑하시는 제자가 곁에 섰는 것을 보시고 그 모친께 말씀하시되 "여자여, 보소서. 아들이니이다" 하시고 또 그 제자에게 이르시되 "보라, 네 어머니라" 하신대 그 때부터 그 제자가 자기 집에 모시니라(요 19:26~27). 심한 고뇌 속에서도 예수님은 다른 사람들을 보셨다. 슬퍼하는 어머니를 돌보셨고, 거친 병정들을 용서하셨고, 죽어 가는 죄수에게 소망을 주셨고 울고 있는 여인들을 보고 슬픔을 느끼셨다. 악성 종양도 삼키는 막을 수 없는 사랑으로 주변에 맴도는 악을 정복하셨다.

그리고 잠시 후 크게 외치셨다. "나의 하나님, 나의 하나님, 어찌하여 나를 버리셨나이까?" 침묵하시는 하나님을 대하면서도 "나의 하나님, 나의 하나님 …"이라고 한 시편 22편을 인용하며 하나님의 말씀을 놓지 않으셨다. 예수님은 아마도 조용히 시편 말씀을 노래하고 계셨을지도 모른다. 조금 지난 후 다시 외치셨다. "내가 목마르다"(요 19:28). 그러나 다른 사람들에게 생수를 주셨던 분께서 신 포도주를 머금은 해융만을 대접 받으셨을 뿐이다.

예수님의 말씀은 점점 짧아졌다. 숨을 쉬거나 말을 하기 위해 두 발에 박힌 못을 밀어내고 손목을 비틀며 두 손을 박힌 못 쪽으로 당기셨을 것이다. 그래서 등이 나무에 닿으며 긁혔을 것이다. 다시 숨을 들이마신 다음 숨을 거두셨다.

예수께서 신 포도주를 받으신 후 가라사대 "다 이루었다." 하시고 머리를 숙이시고 영혼이 돌아가시니라(요 19:30). 아버지의 뜻을 이루셨다. 약 3시경 예수께서 큰 소리로 불러 가라사대 "아버지여, 내 영혼을 아버지 손에 부탁하나이다." 이 말씀을 하신 후 운명하시다(눅 23:46). 숨을 거두는 순간까지도 시편 31편을 인용하시며 아버지와 아버지의 말씀을 놓지 않으셨다. 마지막까지 믿음이 흔들리지 않았다. 예수를 향하여 섰던 백부장이 그렇게 운명하심을 보고 "이 사람은 진실로 하나님의 아들이었도다" 하더라(막 15:39).

우리를 위한 예수님의 생명

사랑하기 위해 지불한 대가

내 아내는 온갖 종류의 생명체를 다 사랑한다. 우리는 여섯 명의 자녀를 두었을 뿐 아니라 개가 두 마리 있고 세 마리의 양과 네 마리의 염소를 키우고 있다. 토끼도 한 마리 있었는데 작년에 죽었고 아내는 대신 집 없는 고양이 두 마리를 데려다가 키우기 시작했다. 인색한 나는 이 동물들이 잔디를 깎아줄 수 있을 것이라 생각하며 키워보기로 했었다. 그러나 어느 날 울타리를 손질하다 불현듯 분명한 사실을 깨닫게 되었다. "이 동물들이 우리 돈을 아껴주는 것이 아니라 내가 이놈들의 보호자다."

몇 년 전에는 염소 세 마리와 양 한 마리만을 키우고 있었는데 그때 기상대는 '백년 만에 찾아오는 눈보라'를 예상했다. 주말에 약 30

인치의 눈이 쌓이게 될 것이라는 예보를 했다. 아내는 나무로 된 작은 헛간에 있는 동물들을 몹시 걱정했다. 나는 양을 치는 농부에게 전화를 해서 우리 동물들이 괜찮을지를 물어 보았다. 눈을 피할 곳만 있으면 그리 크게 문제가 되지는 않을 것이라 했다. 아내에게 그 이야기를 해주자 좀 안심을 하는 듯 했다(사실 나는 그놈들을 우리 안방에 들여놓는 일이 발생하지 않도록 노력하는 중이었다). 예방 조치로 염소들은 차고로 옮겨 놓았지만 에드라고 이름 붙여준 양은 그대로 밖에 두었다.

토요일 저녁 눈이 펑펑 쏟아졌고 아내의 걱정은 점점 더해갔다. 나는 아내에게 농부가 한 말을 기억시켜 주었고 아내는 그런 대로 괜찮아 보였다. 그래서 나는 잠자리에 들었고 어둠 속에서 말하는 아내의 목소리를 듣게 될 때까지 쿨쿨 자고 있었다. "여보, 에드가 걱정이예요. 당신이 나가서 확인 좀 해보지 않으실래요?"

반쯤 잠에 취한 상태로 나는 어떻게 반응할지를 생각해 보았다. 먼저, 전문가인 농부의 의견을 주장하자. 그 사람이 한 말을 인용할 수 있어. 그런 다음 기초 과학의 도움을 받아 눈의 유용성을 이야기해 주자. 그러나 과학적인 설명으로 아내의 마음을 바꿀 수 없다는 사실을 나는 잘 알고 있었다. 그래서 아내가 지나치게 동물들에 얽매여 있다는 사실을 알려 주기로 했다. 그러자 아내는 우리가 결혼하기 전부터 자기가 동물을 좋아한다고 말했던 사실을 상기시켜 주었다(다시 말해서 이미 경고했기 때문에 자기에게는 책임이 없다는 뜻이다!). 냉정하고 이성적으로 나가려고 했던 일은 이미 실패했고 나는 말로 아내를 윽박지르려 했다. 그러나 내가 무슨 말을 하건 아내는 나가서 에드를 확인할 것이다. 그렇게 되면 내 기분이 정말 엉망이 되고 말

것이다.

이제 누가 추위를 무릅쓸 것인가라는 선택만이 남아 있었다. 아내가 나가든지 아니면 내가 나가야 했다. 아내를 돕기 원한다면 나는 따뜻한 침대를 차가운 겨울 폭풍우와 바꾸어야 했다. 아내의 걱정 때문에 내 따뜻함을 희생해야 했다. 문제는 양이 추위에 떠는 것이 아니라 아내가 걱정한다는 점이다. 한 5분 정도만 고생하면 아내에게 8시간의 휴식을 줄 수 있을 것이다. 그래서 자리를 털고 일어나 옷을 챙겨 입고 장화를 신은 다음 에드의 안전을 확인하러 나갔다.

교환을 요구하는 사랑

모든 사랑 이야기 속에는 '교환'이 들어 있다. 영화 〈미녀와 야수(The Beauty and the Beast)〉에서 벨리(Belle)는 야수의 집으로 가서 아버지를 구했다. 나중에 야수는 누군가의 사랑을 받고 싶은 모든 기대를 포기하고 벨리를 집으로 보내 주었다. 그녀의 행복과 자신의 기쁨을 교환했다.

시몬의 집에서 예수님께서 여자에게 발을 닦게 허락해 주셨을 때 예수님은 그녀의 좋지 않은 평판을 자신이 떠안으셨다. 동시에 그녀의 회개를 인정하시며 그녀를 높여 주셨다. 예수님께서 그녀의 부끄러움을 떠맡으시고 그녀에게는 예수님의 위엄을 얻게 해주셨다. 또 삭개오의 집으로 가겠다고 하셨을 때도 세리장에게 가지고 있던 사람들의 반감이 예수님께 전가되었다.

탕자의 비유에 나오는 아버지가 집으로 돌아오는 아들을 향해 달려나갔을 때 아버지는 아들의 짐을 대신 떠맡았다. 중동 지방의 마을 족장은 달리는 법이 없었다. 점잖게 걸어다녔다. 아들에게 달려나가는 아버지는 권투 선수처럼 사각 팬티와 런닝만을 입고 만찬에 나타나는 것처럼 부끄러운 일이었다. 아버지는 온 마을이 그들을 부끄럽게 만든 자기 아들에게 화를 내며 돌을 던져 마을 밖으로 쫓아낼 수도 있었기 때문에 달려나갔다. 아들을 보호하기 위해서는 사람들이 몰려들기 전에 아들에게로 달려가 자신이 아들을 얼마나 환영하는지를 보여 주어야 했다. 그래서 그는 부끄러움을 무릅쓰고 아들을 구하기 위해 '권투 선수의 옷차림을' 마다하지 않았던 것이다. 아버지는 자신이 대신 위험을 감수했다.[1]

사랑할 때 교환이 일어난다. 내가 뉴스를 보고 있는데 아내가 청소를 좀 해달라고 부탁하면 나는 내 자유시간을 아내의 자유시간과 바꾸는 것이다. 또 회사 파티에서 외로운 사람들과 다른 사람들의 관심을 끌지 못하는 사람들을 찾아가면 파티에서 내가 누릴 수 있는 즐거움을 그들의 행복과 바꾸는 것이다.

야고보와 요한이 권력의 자리를 얻으려 했을 때 예수님은 "인자의 온 것은 섬김을 받으려 함이 아니라 도리어 섬기려 하고 자기 목숨을 많은 사람의 대속물로 주려 함이니라"(막 10:45)고 말씀하셨다. 고대에는 한 도시가 점령을 당하고 사람들이 전쟁 노예로 잡혀가게 되면 그 친구들이 돈을 지불하고 되찾아 올 수 있었다. 그들은 자기들의 돈과 친구의 생명을 교환했다. 예수님은 우리와 자신의 생명을 바꾸실 것이라 말씀하셨다.

지금도 여전히 예수님은 버려진 여자, 병든 아이, 장애인, 신체적인 질병을 앓고 있는 사람들, 정신적인 질병을 앓고 있는 사람들 등 갇힌 사람들을 자유케 하고 계신다. 그러나 이것은 작은 물방울에 불과하다. 예수님은 죽음으로 모든 사람들의 가장 큰 필요를 채워 주실 것이라고 주장하셨다. 예수님의 죽음이 어떻게 모든 사랑의 중심이 되는가?

궁극적인 사랑의 교환

예수님의 죽음은 유월절 절기 기간 중에 일어난 사건이었다. 애굽에서 지켰던 원래 유월절 당시에는 각 이스라엘 가정은 양을 잡아 집 문설주에 그 피를 발라 죽음을 면할 수 있었다. 양은 악 때문에 죽임을 당해야 할 장자를 대신하는 것이었다. 매해 봄, 보리를 추수할 때마다 이스라엘 백성들은 이 행사를 재현했다. 미국인들이 첫 번째 추수 감사절을 해마다 재현하는 것과 비슷하다.

제자들과 나누신 마지막 식사 역시 유월절 만찬이었다. 양을 먹은 후 예수님은 자신이 유월절 어린양이라고 제자들에게 말씀하셨다. "또 잔을 가지사 사례하시고 저희에게 주시며 가라사대 너희가 다 이것을 마시라. 이것은 죄 사함을 얻게 하려고 많은 사람을 위하여 흘리는 바 나의 피 곧 언약의 피니라"(마 26:27~28).

피 흘림을 통한 죄 용서는 이스라엘과 전 고대인들의 심리에 깊은 뿌리를 두고 있다. 제사장들은 매일 성전에서 수백 마리의 동물을 잡아 속죄 제사를 드렸다. 성전에서 흘러나오는 피의 양이 너무 많아 성전 밖 '기드론'이라 불리는 시내를 이룰 정도였다. 기드론 시내는 '검다'고 불리기도 했는데 흐르는 피가 검게 변했기 때문이었다.

그러나 제자들은 이해하지 못했다. 메시아가 다른 사람들을 자유케 하기 위해 죽을 것이 아니라 로마인들을 죽게 해 메시아와 메시아를 따르는 사람들이 자유로워질 수 있어야 했다. 그러나 예수님은 자신의 죽음을 사랑의 행동이라고 말씀하셨다. 자신의 피는 유월절 어린양처럼 그들을 위해 흘리는 것이라고 말씀하셨다.

우리도 이해하지 못할 수 있다. 이렇게 말할 수도 있을 것이다. "그 당시 사람들은 피를 흘려 악을 제거할 수 있다고 믿었겠지만 지금 우린 그렇게 생각 안 해." 그러나 히틀러와 나치의 악이 어떻게 제거되었는가? 피가 흘려졌다. 수백만의 사람들이 생명을 잃었다. 아브라함 링컨은 시민 전쟁 당시의 전쟁터에서도 그런 교환이 이루어졌다고 믿게 되었다. "채찍에 맞아 흘린 모든 피는 칼에 맞아 흘린 피로 갚게 될 것이다."[2] 악은 대가를 지불하지 않고는 제거되지 않는다. 열쇠를 한번 돌리는 것으로 악을 제거할 수는 없다. 그보다 훨씬 더 깊이 박혀 있어 모든 체제의 구석구석에 영향을 미치고 있다.

앞서 예수님은 제자들에게 "나는 선한 목자라 … 나는 양을 위하여 목숨을 버리노라"(요 10:14~15)고 말씀하셨다. 선한 목자가 양이 되었다. 수백 년 전 이사야 선지자는 양떼와 자기 자신의 생명을 바꾸게 될 '고난의 종'을 묘사했다. "우리는 다 양 같아서 그릇 행하여 각기 제길로 갔거늘 여호와께서는 우리의 죄악을 그에게 담당시키셨도다 … 그가 마치 도수장으로 끌려가는 어린양같이 …" 우리의 죄 때문에 '고난의 종'이 곤욕을 당하고 괴로움을 당하며 … 우리에게 평화를 주기 위해 채찍에 맞으셨다. 그분이 채찍에 맞음으로 우리가 나음을 입었다(사 53:5~7). 우리 죄를 대신해 십자가에 달리심으로 우리가 그분의 선하심을 덧입을 수 있게 되었다. 사랑하지 못하는 우리의 무능함과 이기적인 사랑을 대신 떠맡으셨다. 우리의 상처를 떠안으시고 우리가 치유받을 수 있게 하셨다.

예수님은 자신의 죽음이 죄를 용서하기 위한 것이라고 말씀하셨다. 시몬의 집에서 여자에게 "네 죄 사함을 얻었느니라"고 말씀하셨다. 그것은 자신이 죄를 용서하시는 하나님의 대리자라는 주장이었다. 그러나 그 여자에 대한 예수님의 용서는 나중에 돈을 받을 수 있는 어음 증서와 같은 것이었다. 돌아가심으로 그 어음을 지불했고 돌아가심으로 용서에 따르는 비용을 지불하셨다. 예수님의 죽음은 인간의 가장 절실한 필요를 채워주는 궁극적인 사랑의 교환을 뜻했다.

가장 절실한 인간의 필요

'죄 사함'이라는 매우 본질적인 필요는 예수님의 죽음이 과소평가될 것을 의미한다. 사람들은 대부분 자신에게 문제가 있다고 생각하지 않는다. 바리새인 시몬이 분명 그랬다. 그 이유는? 죄는 자기 도취 속에서 자기를 높이면서 동시에 자신을 혐오하는 교만이기 때문이다. 교만한 사람은 자신을 교만하다고 생각하지 않는다. 그것이 교만의 속성이다. 예수님은 바리새인과 세리의 이야기 속에서도 이 사실을 지적하셨다. 바리새인은 "하나님이여, 나는 다른 사람들 곧 토색, 불의, 간음을 하는 자들과 같지 아니하고 이 세리와도 같지 아니함을 감사하나이다"라고 기도했다(눅 18:11).

러시아 수용소에 갇혀 있는 동안 알렉산더 솔제니친은 자신을 핍박하는 사람들의 미움이 얼마나 지독한지를 깨닫고 몸을 떨었다. 그리고 자기 자신을 새롭게 인식하게 되었다.

악을 행한 사람들이 있다면 그들을 격리시켜 없애 버려야 한다. 그러나 선과 악을 구분하는 경계선이 모든 인간의 마음 속을 뚫고 지나간다. 우리에게 해를 가한 사람들을 던져 넣으려고 했던 구덩이를 보며 우리는 말을 잊게 된다. 결국 우리가 아니라 그들이 악을 행하는 자들이 되도록 모든 일이 그렇게 돌아갔을 뿐이기 때문이었다.[3]

그는 "내 속에도 악이 있다"고 말할 수 있었다. 악이 저 밖에 있는 것이 아니다. 우리 안에 있다. 우리가 보았듯이 예수님은 계속해서 다른 사람들에게 향하고 있는 우리의 손가락을 우리 쪽으로 돌리게 하신다. 우리의 소리 없는 우월감을 방해하시며 우리 얼굴 앞에 거울을 비추시면서 밖으로 향하던 비난의 방향을 돌리게 하신다. 문제는 다른 사람들이 아니라 우리에게 있다. "내가 주인이야. 내 뜻대로 해야 해"라고 말하는 우리 자신이 바로 문제다.

이런 문제를 보지 못하기 때문에 우리는 또 우리가 범한 악에 그 결과가 따른다는 사실도 보지 못한다. 그저 나빠 보이지 않기 때문이다. 죄에 대한 하나님의 진노는 지나친 과잉 반응처럼 보인다. 그러나 예수님은 우리의 죄와 그 결과를 모두 보셨다.

우리는 무언가 잘못된 것을 보면 그냥 넘어가지 못한다. 강간을 하거나 어린아이를 겁탈한 자는 이 사회를 지키기 위해서 뿐 아니라 '죄의 대가를 지불하기' 위해 감옥으로 가야 한다. 그런 대우를 받아 마땅하다. 우리 모두는 죄의 대가를 지불하는 것이 마땅하다.

예수님께서 십자가에서 하나님의 진노의 잔을 마셨을 때 우리가 받아 마땅한 대가를 대신 지불하셨다. 우리가 한 모든 죄의 대가가 몇 시간에 걸친 십자가 고난 속에 모두 압축되었다. 누군가에게 잘못을 범할 때 우리는 그 사람뿐 아니라 하나님께 잘못을 범하는 것이기도 하다. 하나님께서 우리와 함께 공동 사회를 이루고 계신다. 왜 하나님께서 진노하시는가? 뉴스를 들어 보라. 학교에서 아이들이 총기를 휘두르고, 정치인들은 거짓말을 일삼고 나라들은 싸우고 있다. 우리는 채워져야 할 텅 빈 사람들이며, 밖을 내다보아야 할 필요가 있는 이기적인 사람들이며, 용서받아야 할 죄인이라는 예수님의 평가를 받아들인다면 예수님의 사랑의 선물을 이해할 수 있다. 우리의 죄를 더 분명히 보면 볼수록 예수님의 희생이 더 아름답게 드러난다.

하나님은 우리의 죄를 간과하실 수 없으시다. 왜냐하면 긍휼을 베풀기로 하셨을 뿐 아니라 공의와 정직을 이루시기로 언약하셨기 때문이다. 우리에게 다가오시지만 우리의 악으로부터 물러나신다. 그것은 마치 뒷주머니에 칼을 차고 있는 사람을 껴안으려고 하는 것과 같다. 껴안기를 포기하거나 아니면 칼을 제거해야 한다. 하나님께서 아들에게 의를 행하심으로 우리에게 자비를 베푸셨다. 하나님의 사랑으로 우리를 안기 위해 예수님께서 그 칼을 제거하셨다. 예수님은 병아리를 보호하기 위해 목숨을 내놓은 시골 농가의 암탉으로 자신을 묘사하셨다. 많은 사람들을 위한 대속물로 자기 목숨을 바치셨다.

그러나 그 때까지 예수님은 아버지의 침묵이 어떤 것인지를 모르셨다. 40년 동안 누군가와 기대할 수 있는 가장 사랑스런 친밀감을 나누어 왔다면 어떻겠는가? 천 년 동안이라면? 창세전부터라면 어떻겠는가? 예수님은 십자가 전까지는 아버지와 격리된 적이 없었다. 부당한 소외감이 예수님을 경악케 했다. 그래서 십자가에서 인간의 죄의 바다에 버려진 채, 사랑하는 아버지와 헤어진 예수님은 "나의 하나님, 나의 하나님, 어찌하여 나를 버리셨나이까?"라고 외치셨다.

예수님은 왜 아버지와 헤어지는 고통을 참으셨는가? 예수님이 죽음에서 부활하시고 30년쯤 지난 후 히브리서 기자는 이렇게 썼다. "예수를 바라보자. 저는 그 앞에 있는 즐거움을 위하여 십자가를 참으사 부끄러움을 개의치 아니하시더니 하나님 보좌 우편에 앉으셨느니라"(히 12:2). 예수님은 현재의 슬픔보다 다가오는 기쁨이 더 크다는 사실을 아셨다. 확장된 사랑의 원 안에서 아버지와 함께 있게 될 기쁨 때문에 그 고통을 참을 수 있었다.

하나님을 바라보는 즐거움

예수님의 죽음은 시몬의 집에 있었던 여인과 삭개오에게 내적인 영혼의 치유를 허락해 주었다. 새 출발을 허락해 주었다. 과거의 실패와 죄는 용서받고 잊혀졌다. 그것은 하나님께서 우리에게 찍으신 사랑의 도장이다.

「해리 포터와 마법사의 돌」에서 해리는 악독한 볼드모트가 자신을 왜 죽이지 못했는지를 알게 되었다.

널 구하려고 네 어머니가 대신 돌아가셨단다. 볼드모트가 이해하지 못한 것이 한 가지 있었는데 그게 바로 사랑이었단다. 사랑은 널 위한 네 어머니의 사랑처럼 그 흔적을 남겨 놓는다는 걸 이해하지 못했던 거지. 흉터나 눈에 보이지 않는 흔적은 아니지만 … 그렇게 깊은 사랑은, 우리를 사랑하는 사람이 세상을 떠나고 없다 해도 영원히 우리를 보호해 줄꺼야. 그 사랑이 바로 네 몸 속에 흐르고 있단다.[41]

예수님의 사랑을 받아들인다면, 하나님께서 우리를 사랑하실 뿐 아니라 우리를 기뻐하시고 즐거워하신다. 우리가 하나님의 삶의 일부가 되기를 원하신다.

내 아내가 청소를 하면서 모은 돈으로 당나귀를 샀을 때 내 친구가 이렇게 물었다. "자네 아내가 그 당나귀로 뭘 할 건지 아는가?" 나는 내 친구가 골프를 즐긴다는 것을 알고 있었기 때문에 "자네가 골프로 하는 것과 같은 거지."라고 대답해 주었다. 때때로 나는 아내가 울타리에 기대앉아 미소를 지으며 그 당나귀를 바라보는 모습을 보게 될 것이다. 아내의 마음을 끈 것은 아마도 크고 부드러운 귀가 아니었나 싶다. 내게 크고 부드러운 귀가 있다면 아마도 나를 바라보는 눈길도 그와 같았을 것이라고 아내는 말했다. 아내가 당나귀와 즐거운 시간을 보내는 것을 보며 나는 하나님의 마음을 어렴풋이 볼 수 있었다. 예수님께서 십자가에서 돌아가셨기 때문에 하나님은 울타리에 기대어 앉아 순수한 기쁨의 미소를 지으며 나를 바라보신다.

희망의 탄생

사랑하는 삶의 최후

은퇴를 중심으로 한 주제들을 다루는 〈돈(Money)〉이란 타이틀의 잡지를 읽으며 만일 한 외계인이 이 잡지를 읽는다면 아마도 인간을 영원히 사는 존재로 여기게 될 것이라는 생각이 들었다. 재산을 끝없이 모을 수 있을 것처럼 보이기 때문이다. 예수님은 죽음의 실체를 부인하고 영원히 살 것처럼 행동하는 부자에 대한 이야기를 비유로 말씀하셨다. 하나님께서 그에게 "어리석은 자여, 오늘밤에 네 영혼을 도로 찾으리니 그러면 네 예비한 것이 뉘 것이 되겠느냐?"(눅 12:20)고 말씀하셨다. 모든 사람이 죽게 되고 모든 관계가 끝나게 될 것이다.

예수님께서 동생 나사로의 죽음을 슬퍼하는 마리아와 마르다를 보시고 심령에 통분히 여기시고 민망히 여기시며 가라사대 "그를 어디

두었느냐?" 가로되 "주여 와서 보옵소서" 하니 예수께서 눈물을 흘리시더라(요 11:33~35). 심령에 통분히 여기셨다는 것은 '격분하셨다'는 말이다. 뚜껑을 밀어내고 끓어오르는 냄비처럼 열을 뿜으셨다. 예수님의 분노와 흥분은 눈물이 되어 흘러 넘쳤다. 죽음과 그 죽음이 사랑하는 사람들에게 미친 영향에 화를 내고 계셨다. 죽음은 영광스런 생명의 한 부분이 아니었다.

예수님은 죽음을 정상적인 것으로 받아들이지 않으셨고 우리도 그렇다. 죽음은 일반적인 것이지만 정상적인 것으로 느껴지지는 않는다. 그렇게 느껴져야 하는 것도 아니다.

그러나 예수님은 나사로의 죽음 앞에서 그냥 울고 계시지만은 않았다. 그의 시체가 어디 있는지를 알고 싶어하셨다. 전사이신 왕께서 전쟁터를 찾고 계셨다. 손은 칼자루를 잡고 있었다. 앞서 마르다는 (평소대로) 예수님께서 늦게 도착하신 것을 꾸짖었다. "주께서 여기 계셨더면 내 오라비가 죽지 아니하였겠나이다." 예수께서 가라사대 "나는 부활이요 생명이니 나를 믿는 자는 죽어도 살겠고 무릇 살아서 나를 믿는 자는 영원히 죽지 아니하리니 이것을 네가 믿느냐?" 예수님은 자신이 죽게 될 것과 부활하게 될 것을 말씀하셨다.

사랑의 여행이 실패로 끝나고 만다면 무슨 의미가 있겠는가? 사랑은 우리 인생 여정에서 행해야 하는 것이며, 믿음은 그 여정에서 사랑을 이룰 수 있게 한다. 그러나 희망은 그 여정의 최종적인 결말이다. 희망 없는 사랑은 있을 수 없다.

희망의 탄생

예수님께서 돌아가신 다음 맞이한 첫 안식일 다음 날 두려움에 휩싸인 제자들은 예수님과 함께 마지막 식사를 나누었던 다락방에 숨어 있었다. 그러나 삶의 요구가 소리 없이 그들의 관심을 끌고 있었다. 예수님을 따랐던 여자들이 예수님의 시신에 향유를 바르기 위해 동이 트기 전 무덤을 찾아갔다. 무덤의 돌이 제거되었고 무덤을 지키던 사람들은 없었다. 무덤에 들어간 여자들은 흰옷을 입은 청년이 우편에 앉은 것을 보고 놀랐다. 그러자 그는 "어찌하여 산 자를 죽은 자 가운데서 찾느냐?"고 말했다(막 16:5, 눅 24:5~6).

여자들이 심히 놀라 떨며 나와 무덤에서 도망해(막 16:8) 제자들에게 자신들이 본 것을 알렸지만 제자들은 저희 말이 허탄한 듯이 보여 믿지 않았다(눅 24:11). 죽은 사람이 어떻게 살아난단 말인가!

그러나 베드로와 요한은 전속력을 다해 무덤으로 달려갔고 막달라 마리아가 그들의 뒤를 좇았다. 무덤에 도착한 베드로는 세마포가 놓였고 머리를 쌌던 수건은 세마포와 함께 있지 않고 딴 곳에 개켜 있는 것을 보았다. 그리고 두 사람은 집으로 돌아갔지만 마리아는 무덤 밖에 서서 울고 있었다(요 20:4~8, 11). 시체는 어디로 간 것인가?

(마리아가) 이 말을 하고 뒤로 돌이켜 예수의 서신 것을 보나 예수신 줄 알지 못하더라. 예수께서 가라사대 "여자여, 어찌하여 울며 누구를 찾느냐?" 하시니 마리아는 그가 동산지기인 줄로 알고 가로되 "주여, 당신이 옮겨갔거든 어디 두었는지 내게 이르소서. 그리하면 내가 가져 가리이다." 예수께서 "마리아야" 하시거늘(요 20:14~16).

부드럽고 간결한 대답은 예수님의 소리처럼 들렸다. 자기 이름을 부르는 소리를 듣고 마리아는 돌이켜 히브리말로 "랍오니여" 하고(이는 선생님이라) 예수님께 달려갔다. 지난번에 예수님을 떠나가시게 했을 때 그들이 예수님을 잡아갔다. 그러나 이번에는 그런 일이 다시 일어나게 하지 않을 것이다. 그러나 예수님께는 더 좋은 생각이 있었다. "나를 만지지 말라. 내가 아직 아버지께로 올라가지 못하였노라. 너는 내 형제들에게 가서 이르되 내가 내 아버지 곧 너희 아버지, 내 하나님 곧 너희 하나님께 올라간다 하라"(요 20:17).

예수님께서 아버지께로 가신 후 성령께서 오셔서 믿는 사람들을 예수님으로 충만케 하시고, 사랑을 가르치시며 그분처럼 되게 하실 것이다. '그분의' 아버지가 '우리의' 아버지가 되신다. 믿는 사람들은 모두 예수님께서 아버지와 함께 나누었던 그 친밀감을 느낄 수 있게 되었다. 그래서 예수님은 '자매' 마리아에게 예수님의 '형제들', 곧 제자들에게 가서 모든 일이 다 잘되고 있음을 알리게 하셨다.

아버지께서 아들을 살리셨다면 모든 것이 달라진다. 죽음이 정복되었고 우리에게는 사랑하고 우리의 생명을 내어줄 이유가 생겼다. 예수님께서 살아 계신다면 여전히 우리를 놀라게 하실 수 있다. 희망이 탄생되었다.

일 세기 당시의 세상에서 여자들의 증거는 아무 소용이 없었다. 그러나 예수님은 여자에게 먼저 나타나셨다. 약하고 힘이 없는 이를 사랑하고 높여주는 일을 결코 멈추지 않으셨다.

같은 사람 - 새 몸

그 날 늦게 두 제자가 예루살렘을 떠나 엠마오로 가고 있었다. "저희가 서로 이야기하며 문의할 때에 예수께서 가까이 이르러 저희와 동행하시나 저희의 눈이 가리워져서 그인 줄 알아보지 못하거늘 예수께서 이르시되 너희가 길 가면서 서로 주고 받고 하는 이야기가 무엇이냐? 하시니"(눅 24:15~17). 그들은 이스라엘을 구원할 것으로 믿었지만 사람들에게 죽임을 당한 선지자 예수님에 대해 이야기하고 있다고 대답했다. 그러나 그날 예수가 죽음에서 부활했다고 말해준 천사들을 보았다고 말한 여자들이 있었기 때문에 여간 이상한게 아니라고 말했다.

그러자 예수님은 이렇게 대답하셨다. "미련하고 선지자들의 말한 모든 것을 마음에 더디 믿는 자들이여, 그리스도가 이런 고난을 받고 자기의 영광에 들어가야 할 것이 아니냐?"(눅 24:25~26) 이 말 속에서 그분의 말투와 억양을 느낄 수 있겠는가? 갈릴리 바다에 그냥 다시 나타나 먹을 것을 걱정하는 제자들을 책망하실 수도 있으셨을 것이다. 그러나 박자를 놓치지 않으셨다.

엠마오에 도착하자 예수님은 저녁을 같이 먹자는 그들의 초청에 응하셨고 그들이 떡을 뗄 때는 동안 사라지셨다. 그들이 서둘러 예루살렘으로 돌아가 제자들에게 일어난 일을 알리고 있을 때 갑자기 …

예수께서 친히 그 가운데 서서 가라사대 "너희에게 평강이 있을지어다" 하시니 저희가 놀라고 무서워하여 그 보는 것을 영으로 생각하는지라. 예수께서 가라사대 "어찌하여 두려워하며 어찌하여 마음에 의심이 일어나느냐? 내 손과 발을 보고 나인 줄 알라. 또 나를 만져 보라. 영은 살과 뼈가 없으되 너희 보는 바와 같이 나는 있느니라." 이 말씀을 하시고 손과 발을 보이시나 저희가 너무 기쁘므로 오히려 믿지 못하고 기이히 여길 때에 이르시되 "여기 무슨 먹을 것이 있느냐?" 하시니 이에 구운 생선 한 토막을 드리매 받으사 그 앞에서 잡수시더라(눅 24:36~43).

부활하신 예수님은 떡을 드셨다. 그리고 나타날 수도 있고 사라질 수도 있는 새로운 몸을 가지셨다. 새로운 살아 있는 몸이 전적으로 새로운 새 창조의 시작이다.

무덤에서 천사는 예수님을 산 자로 묘사했다. 요한의 생애 마지막 무렵 예수님께서 그에게 나타나 같은 표현을 하셨다. "두려워 말라. 나는 처음이요. 나중이니 곧 산 자라. 내가 전에 죽었었노라. 볼찌어다. 이제 세세토록 살아 있어 사망과 음부의 열쇠를 가졌노라"(계 1:17~18). 산 자가 사망을 제거했다. 죽은 씨가 다시 살아났다.

십자가에서 예수님은 죄의 권세를 깨뜨리셨다. 그리고 부활로 죽음의 권세를 깨뜨리셨다. 둘 다 깨어져야 했다. 죄의 문제만을 해결한다면 우리 모두 서로 사랑한다 해도 죽음이 모든 관계를 따라다니며 갈라놓을 것이다. 죽음의 문제만을 해결한다면 우리는 영원히 미움 속에서 살아가게 될 것이다.

부활은 예수님의 죽음이 죄사함을 위한 것이라고 한 그분의 주장을 증명해 주었다. 유월절로부터 50일째 되던 날인 오순절 날 베드로는 무리들에게 "너희가 십자가에 못 박은 이 예수를 하나님이 주와 그리스도가 되게 하셨느니라"(행 2:36)고 말했다. 예수님께서는 "내가 죄를 용서한다. 나의 죽음은 죄를 용서하기 위한 것이다"라고 말씀하셨다. 종교 지도자들은 "하나님만이 죄를 용서하실 수 있다. 따라서 하나님을 모욕한 당신은 죽어 마땅하다"라고 말했다. 그러나 하나님께서 최종 권위를 가지고 말씀하신다. 예수님을 죽음에서 다시 일으키심으로 아버지는 아들의 정당성을 입증하셨고 그들의 판결을 뒤집으셨다. 예수님은 죄를 용서하실 수 있다. 그리고 그분의 용서가 지금 우리 모두를 위해 열려 있다. 예수님은 지금도 살아 계시므로 우리 각자에게 이렇게 말씀하실 수 있다. "너의 죄가 용서받았다. 과거는 잊혀졌다."

사랑의 흔적

그러나 유다는 죽었고 도마는 밖에 나가 없었기 때문에 열 명의 제자들만이 부활하신 예수님을 보았다. 도마는 별난 이야기를 쉽게 믿지 않는 실제적인 사람이었다. 예수님께서 죽음을 맞이하기 위해 예루살렘으로 가기로 하셨을 때 그는 "우리도 주와 함께 죽으러 가자"고 말했었다(요 11:16). 그는 현실을 용감하게 받아들였지만 쉽게 비관론에 빠졌다. 예수님께서 마지막 식사를 제자들과 함께 나누며 세상을 떠나실 것에 대한 말씀을 은유적으로 하셨을 때 도마는 이렇게 말했다. "주여, 어디로 가시는지 우리가 알지 못하거늘 그 길을 어찌 알겠삽나이까?"(요 14:5) "예수님, 그렇게 시적으로 말씀하지 마세요. 그 일이 어떻게 될지를 보여 주십시오." 그는 철저하게 현실적인 사람이었다. 그는 절대로 사기를 당한 적이 없었을 것 같다. 그래서 예수님의 부활에 대한 이야기를 듣자 그는 다음과 같이 비웃었다.

다른 제자들이 그에게 이르되 "우리가 주를 보았노라" 하니 도마가 가로되 "내가 그 손의 못 자국을 보며 내 손가락을 그 못 자국에 넣으며 내 손을 그 옆구리에 넣어 보지 않고는 믿지 아니하겠노라" 하니라. 여드레를 지나서 제자들이 다시 집안에 있을 때에 도마도 함께 있고 문들이 닫혔는데 예수께서 오사 가운데 서서 가라사대 "너희에게 평강이 있을지어다" 하시고 도마에게 이르시되 "네 손가락을 이리 내밀어 내 손을 보고 네 손을 내밀어 내 옆구리에 넣어 보라. 그리하고 믿음 없는 자가 되지 말고 믿는 자가 되라." 도마가

대답하여 가로되 "나의 주시며 나의 하나님이시니이다." 예수께서 가라사대
"너는 나를 본 고로 믿느냐? 보지 못하고 믿는 자들은 복되도다" 하시니라.

(요. 20:25~29)

예수님은 "내가 부활했으니 내가 얼마나 특별하냐!"고 말씀하지 않으셨다. 대신 "내 상처를 보라. 손을 내밀어 내 손을 보고 … 믿는 자가 되라"고 말씀하셨다. 도마는 자기 앞에 서 계신 하나님, 십자가에 돌아가신 하나님을 보고 믿었다. 바리새인들도 마침내 예수님께서 하나님께로부터 오신 분이었음을 증명해 주는 표시를, 그 흔적을 보았다. 사랑의 상처를 보았다. 멀리 떨어져 있지 않고 우리가 사는 세상으로 오셔서 상처를 입으신 너무나 이상한 하나님이었다.

그분의 상처를 통해 우리는 그분을 볼 수 있다. 아내와 나는 하나님께서 우리 딸 킴에게 남기신 흔적을 통해 예수님을 보는 것을 배웠다. 우리는 절름거려야 했기 때문에 하나님을 의지하는 엄청난 은총을 입었다. 우리의 상처는 하나님의 사랑을 우리에게 말해 주고 이야기해 주었다. 킴과 함께 나누는 우리의 고통은 우리에게 참는 것을 가르쳐 주었다.

사랑하면서 가장 감당하기 어려운 것은 드라마가 끝난 후 다시 현실 속으로 돌아와 삶을 계속하며 아무 계획이나 소망도 없이 그저 다락방으로 돌아가 거기서 참고 견디는 것이다. 그러나 예수님께서 육체를 입으신 일을 생각해 보라. 그는 사람이 되셨을 때 영원히 사람이 되셨다. 그저 30년 동안 살다가 끝낸 것이 아니었다. 하나님의 아들 그분께서 인간을 사랑하셨기 때문에 영원히 변화하셨다. 사랑하기 때문에 내가 변화된다면 그건 좋은 일이다. 예수님께 그것은 영원

한 변화를 뜻했다. 사랑은 영원하다.

마음의 친구

마지막 식사를 하시며 예수님은 제자들에게 "고아처럼 버려 두지 않고 함께 하겠노라"고 약속하셨다. 보혜사, 곧 예수님께 속한 것을 제자들에게 알릴 성령을 보내시겠다고 약속하셨다(요 16:14~15). 그리고 제자들에게 상처를 보이신 후 그 약속을 지키셨다. "아버지께서 나를 보내신 것 같이 나도 너희를 보내노라." 이 말씀을 하시고 저희를 향하여 숨을 내쉬며 가라사대 "성령을 받으라"(요 20:21~22). 성령을 통해 예수님의 성품을, 그분의 본능과 마음과 담대함을 받는다.

예수님은 사랑의 미로를 통해 우리와 동행하시며 우리의 마음을 인도하시는 그런 관계를 우리와 맺으셨다. 사랑하도록 우리를 격려하신다. 그러면 사랑은 소망 없는 고된 일이 되지 않는다. 살아 계시며 함께 동행하시는 예수님과 함께 제자들은 전에는 할 수 없었던 일을 할 수 있는 기량을 가진 사람들이 되었다. 베드로와 요한이 성전 문 밖에 있던 앉은뱅이에게 다가갔을 때 그런 일이 실제로 벌어졌다.

> 베드로가 요한으로 더불어 주목하여 가로되 "우리를 보라" 하니 그가 저희에게 무엇을 얻을까 하여 바라보거늘 베드로가 가로되 "은과 금은 내게 없거니와 내게 있는 것으로 네게 주노니 곧 나사렛 예수 그리스도의 이름으로 일어나 걸으라" 하고 오른손을 잡아 일으키니 발과 발목이 곧 힘을 얻고.
>
> (행 3:4~7)

그들은 보고 손을 대고 도와 주었다. 마침내 그들도 그렇게 했다! 그러자 종교 지도자들이 베드로와 요한을 심문했다. 그런데 놀랍게도 그들은 베드로와 요한이 자신들이 벌을 가했던 예수에 관해 이야기하고 있음을 알게 되었다. "저희가 베드로와 요한이 기탄 없이 말함을 보고 그 본래 학문 없는 범인으로 알았다가 이상히 여기며 또 전에 예수와 함께 있던 줄도 알고"(요 4:13). 예수님의 제자들이 예수님처럼 보이기 시작했다. 사람들의 말에 구애받지 않았고 하나님을 경외하는 것이 예수님께서 하신 것과 똑같았다.

예수님의 제자들은 비록 비틀거리기도 했지만 오늘날까지 예수님의 삶을 계속 유지해왔다. 독일이 히틀러의 통치 아래 있을 때 아인슈타인은 교회에서 볼 수 있는 이상한 현상에 큰 충격을 받았다.

독일에서 혁명이 발발하자마자 자유를 열렬히 추구해 오던 나는 곧 대학으로 가서 그 곳에서 자유를 옹호하는 사람들을 찾으려 했다. 그러나 아무도 찾을 수 없었다. 대학들은 침묵 속에서 은신처를 찾았다.
그래서 나는 강력한 신문사를 찾아갔다. 그 신문사는 최근에 유창한 기사들을 실었으며 자신들을 충실한 자유의 투사라고 주장했었다. 그러나 대학들뿐 아니라 그들 역시 얼마 가지 못해 침묵하기 시작했다.
그래서 글을 쓰는 저자들을 개인적으로 접촉했다. 그들은 독일의 지성인으로 자처해온 사람들이었으며 그들 중 많은 사람들은 자유와 현대 사회 속에서 자유가 차지하는 위치에 대한 문제들을 자주 제기해 왔다. 그러나 그들 역시 침묵 속으로 기어들어갔다.
교회만이 자유를 옹호하기 위해 히틀러가 일으킨 전쟁에 맞서 대항했다. 그 때까지 나는 교회에 전혀 관심이 없었다. 그러나 지금은 영적인 진리와 도덕적 자유를 위해 끊임없이 용감히 투쟁하는 교회에 진정한 매력을 느끼며 상당히 감탄하게 된다.

전에는 내가 전혀 중요하게 생각하지 않았던 것에 지금은 찬사를 보낸다고 고백하지 않을 수 없다.[1]

예수님은 이 땅에 사시는 동안 낮은 사람들과 함께 하셨다. 그리고 지금도 그들과 함께 계신다는 것은 그리 놀랄 일이 아니다. 마더 테레사는 이 사실을 캘커타의 한 노인의(존경을 표하는 의미에서의 노인) 이야기와 연결시켰다.

"마더 테레사의 그리스도라고 하는 분은 어떤 분이지?"
"어르신, 그분은 우리의 스승이시고, 주님이시며, 하나님이세요."
"어떤 하나님인데?"
"사랑의 하나님이세요. 우리 모두를 사랑하세요. 저와 어르신도요."
"날 어떻게 사랑할 수 있어? 날 알지도 못할텐데."
"어르신을 사랑하세요! 여기까지 어르신을 찾아 오셨잖아요. 그리고 그 자매들을 슬픔으로 보내셔서 어르신을 여기까지 데려오게 하셨잖아요. 그래도 어르신을 사랑하는 게 아닌가요?"
잠시 후 노인은 다시 말했다. "나도 그분을 사랑할 수 있다고 생각하지?"
"물론이에요. 그분을 사랑하는 건 어렵지 않아요. 우리 함께 그분을 사랑할 거예요. 그치만 어르신, 지금은 좀 주무세요. 내일 아침에 다시 이야기하기로 해요. 안녕히 주무세요. 어르신."[2]

마더 테레사는 가난한 사람들과 함께 일하는 것에 대해 이렇게 말했다. "우리는 이 일을 예수님을 위해서, 예수님과 함께, 예수님께 하고 있어요."[3] 병든 사람들을 돌보는 것은 예수님을 사랑하는 것이다. 예수님은 이렇게 말씀하셨다. "내가 주릴 때에 너희가 먹을 것을 주였고 목마를 때에 마시게 하였고 나그네 되었을 때에 영접하였고 벗었을 때에 옷을 입혔고 병들었을 때에 돌아보았고 옥에 갇혔을 때에 와서 보았느니라"(마 25:35~36).

마더 테레사와 그녀와 같이 예수님의 이름으로 사랑을 베푼 사람들은 종종 가장 인도주의적인 사람들로 보인다. 그러나 그렇지 않다. 마더 테레사와 인터뷰를 한 사람이 "그녀는 대통령과 수상에게 전화할 수 있는 사람이었다. 평화의 이름으로 말하기 때문이다"라고 칭찬하자 마더 테레사는 이렇게 대답했다. "예수님의 이름으로입니다. 그분 없이 전 아무것도 할 수 없습니다."[4]

사랑하기 위해 사랑하신다

예수님께서 이 세상을 떠나 아버지와 함께 계시려고 하늘로 돌아가시며 다시 오시겠다고 약속하셨다. 그리고 신부를 맞이하러 오는 신랑처럼 오실 것이라고 말씀하셨다. 신부인 제자들을 맞이하게 될 결혼식에서 예수님께서 하실 일을 말씀하셨다. "… 주인이 띠를 띠고 그 종들을 자리에 앉히고 나아와 수종하리라"(눅 12:37).

예수님은 자신의 결혼식에서도 섬기기 원하신다. 식탁을 차리고, 우리의 잔을 채워 주시고, 후식이 담긴 쟁반을 옮겨 주신다. 예수님은 변함이 없으시다. 마지막에조차도 예수님은 낮은 자리를 취하신다. 그분은 사랑하기 위해 사랑하신다.

열린 문

어떻게 할 것인가?

C. S. 루이스는 물었다.

"우리가 그리스도로 무엇을 할 것인가(What are we to make of Christ)? 우리가 그분을 가지고 무엇을 할 것인가라는 질문은 있을 수 없다. 이 질문은 전적으로 "그분께서 우리를 어떻게 하실 것인가?" 라고 묻는 것이다. 우리는 이 말을 받아들이거나 아니면 거절해야 할 것이다.

예수님께서 하신 말씀은 다른 사람들이 한 말과 전혀 다르다. 다른 사람들은 "이것이 우주의 진리다. 이 길로 가야 한다" 고 말했다. 그러나 예수님은 "내가 곧 진리요, 생명이요, 길이다" 라고 말씀하셨다. 그분은 "나를 통하지 않고는 그 누구도 진정한 실체에 이를 수 없다. 자신의 목숨을 유지하려 하면 결국은 잃게 될 것이다. 너 자신을 내게 주면 구원을 받게 될 것이다" 라고 말씀하신다. 또 "나를 부끄러워 하면, 또한 내가 부르는 소리를 듣고 다른 쪽으로 돌아선다면 내가 하나님으로 다시 올 때 나도 다른 쪽을 볼 것이다. 하나님과 내게서 멀어지게 하는 것이라면 그것이 무엇이건 던져버리라. 그것이 네 두 눈이라면 빼어버리라. 두 손이라면 베어버리라. 너 자신을 앞세우려 하면 마지막이 될 것이다. 무거운 짐을 지고 있는 사람들은 모두 내게로 오라. 내가 그것을 가볍게 해줄 것이다. 네 모든 죄를 용서하고 씻어내 버리고 가볍게 해줄 수 있다. 나는 부활이고 생명이다. 나를 먹고 나를 마시라. 나는 네 식량이다. 마지막으로 두려워하지 말라. 내가 온 세상을 이겼다"라고 말씀하셨다. 이것이 중요한 것이다.[1]

예수님이 살아 계신다면 이제 우리는 혈루증을 앓고 있던 여인처럼 무리들을 헤치고 나아가 예수님의 옷에 조용히 손을 댈 수 있다. 그리고 예수님께서는 우리를 무리 속에 그냥 두고 조용히 빠져나가지 않으실 것이다. 베스트셀러 작가인 앤 라무트(Anne Lamott)에게 하셨던 것처럼 우리를 외쳐 부르실 것이다.

아이를 유산한 그 주에는 벼룩시장에 나가지 않았다. 집에 남아 마약을 피우며 술에 취한 채 글을 조금 썼다. … 일주일째 되는 날 밤 몹시 취하긴 했지만 … 심하게 피를 흘리고 있다는 걸 알게 되었다. … 의사를 부르려고 했지만 … 유산을 하고 일 주일 동안 지독하게 술을 마셔댄 사실이 너무 역겨워서 누군가에게 전화를 걸어 도움을 구한다는 걸 용납할 수가 없었다. … 자리에 누워 몸을 떨며 너무 슬퍼서 술을 한잔 더 하거나 수면제를 찾아 먹을 수도 없었다. 담배를 물고 불을 당겼다. 잠시 후 누군가 와 있다는 느낌이 들었다. 한쪽 구석에 쭈그리고 앉아 있었다. … 그 느낌이 너무 강해서 나는 확인하려고 불을 켰다. 물론 아무도 없었다. 그러나 잠시 후 다시 어둠 속에서 나는 그분이 예수님이라는 것을 너무나 분명하게 알 수 있었다. 내가 이 글을 쓰는 동안 내 옆에 있는 우리 집 강아지를 느낄 수 있는 것처럼 그렇게 분명하게 그분을 느낄 수 있었다.

그리고 나는 오싹해졌다. 내 삶과 내 친구들의 화려한 성공을 생각해 보았다. 내가 그리스도인이 된다면 모두들 나를 어떻게 생각할 것인지를 생각해 보았다. 그런 일이 일어나서는 도저히 안 될 불가능한 일처럼 보였다. 나는 벽을 향해 돌아누우며 "차라리 죽는 게 나아"라고 큰 소리로 외쳤다.

그분은 그냥 내 방 한구석에 쪼그리고 앉아 소리 없는 사랑의 눈길로 나를 바라보며 기다리고 계셨다. 나는 두 눈을 가늘게 떠보았지만 도움이 되지 않았다. 그렇게 그분을 볼 수 있었던 것이 아니기 때문이었다. 결국 나는 잠에 떨어졌고 아침에 그분은 가고 안 계셨다.

그 경험은 내게 깊은 인상을 남겼지만 나는 그저 두려움과 자기 혐오와 술기운과 출혈 때문에 생긴 환영이라 생각했다. 그러나 그 후 어딜 가건 작은 고양이가 나를 따라다니며 안아 주기를 바라며, 문을 열어 주고 들어오게 해주기를 바라는 듯한 느낌을 받았다. 그러나 나는 무슨 일이 일어날지 잘 알고 있었다. 일단 고양이를 데려다 먹이게 되면 영원히 떠나지 않는다. 그래서 집을 떠날 때나 들어갈 때는 언제나 한 발자국 앞서 현관문을 닫아 버렸다.

일주일 후 교회로 갔을 때 나는 너무 기운이 없어서 찬양을 하기 위해 일어설 수가 없었지만, 설교를 듣기 위해 그냥 머물러 있었다. 현실을 넘어선 어떤 존재가 있다는 것을 누군가 내게 확인시켜 주려는 설교를 듣는다는 것 자체가 터무니없는 일이라 생각했다. 그러나 마지막 찬양이 너무 심오하고 생생하고 순수해서 나는 도망칠 수가 없었다. 사람들은 악보에 나타난 것 이상의 노래를 부르는 듯했고 그들의 목소리가, 아니면 어떤 무언가가 마치 겁에 질린 아이와 같은 나를 가슴에 품고 토닥거려 주는 듯한 느낌을 받으며 그 느낌에 흠뻑 젖어 들어갔다.

나는 울기 시작했다. … 그리고 집으로 달려갔고 내 발꿈치를 따라 뛰고 있는 작은 고양이를 느꼈다. 하나님의 꿈과 같은 푸른 하늘 아래 늘어선 화분들을 따라 부두로 걸어 내려갔다. 그리고 내가 집으로 쓰고 있던 요트의 문을 열고 일 분 정도 서 있었다. 그리고 머리를 떨구며 "내가 졌어요"라고 말했다. 깊은 숨을 들이마신 다음 큰 소리로 외쳤다. "좋아요. 들어오세요!"[2]

예수님은 삭개오의 삶 속에, 그리고 앤 라무트의 삶 속에 끼어 드셨다. 그리고 우리의 삶 속에도 끼어 드실 수 있다. 문둥병 환자를 만지고 고쳐 주셨다. 우리 삶의 문둥병 든 부분을 만지실 수 있으시다. 병든 사람들을 고쳐 주셨다. 우리의 욕망을 치유해 주실 수 있으시다. 목수의 강인한 팔을 뻗으시고 아이들을 맞이해 무릎에 앉히셨다. 우리 역시 그렇게 초청하신다. 그분은 목자와 같은 왕이셨다. 우리의 가장 깊은 두려움을 아시고 가장 사소한 필요까지도 채워 주시는 선한 목자와 같은 강력한 왕이시다. 탕자의 비유에 나오는 아버지처럼 멀리 내다보시며 기다리신다.

그리고 예수님은 또 솔직하신 분이시다. 베드로가 예수님을 부인했을 때처럼, 앤 라무트의 방에서 하셨던 것처럼 우리가 '우리 마음대로' 할 때 눈을 돌려 우리를 바라보신다. 그분의 눈은 모든 것을 본다. 선명하게 잘 볼 수 있는 낮은 자리로 내려오도록 우리를 초청하신다.

우리가 예수님을 초청할 때 우리의 온 집을 떠맡으신다. 왕이시다. 겸손하고 이해심 있는 분이셨지만 무조건적인 굴복을 요구하신다. 왕들은 "네 투표권을 원한다"라고 말하지 않는다. 대신 "와서 나를 따르라"고 말한다. 왕이 부를 때 사람들은 "싫어요"라고 대답하지 않는다. 예수님은 그분의 말씀을 듣고 따르는 자는 반석 위에 집을 짓는 사람처럼 지혜로운 사람이라고 말씀하셨다. 인생의 폭풍우가 몰아칠 때도 그 집은 견고하게 서 있다. 그러나 그분의 말씀을 듣지 않는 사람은 모래 위에 집을 세우는 사람처럼 어리석다. 인생의 폭풍우가 몰아칠 때 그 집은 날아가 버리기 때문이다(마 7:24~27). 그리고 폭풍우는 몰아칠 것이다.

예수님께서 지나가시며 "나를 따르라"(마 9:9)고 부르셨을 때 마태는 세리로 일하고 있었다. 그는 일어서서 자기 사무실을 떠났고 다시는 돌아가지 않았다. 예수님께서 지금 우리 곁을 지나시며 "나를 따르라"고 초청하신다. 우리는 소경 바디매오처럼 말할 수 있다. "다윗의 자손 예수여, 나를 불쌍히 여기소서." 또는 많은 재물 때문에 예수님을 따를 수 없었던 부자 청년처럼 그저 지나가 버릴 수도 있다. 사람들이 바디매오에게 "조용히 하라"고 했던 것처럼 말하는 내면의 소리를 듣게 될 때 우리는 큰 소리로 외칠 수 있다. "다윗의 자손 예수여, 나를 불쌍히 여기소서!"

탕자의 비유에서 예수님은 하나님이 계신 집으로 돌아가 할 말을 우리에게 말씀해 주셨다. 그 탕자처럼 우리는 하나님 아버지께 이렇게 말씀드릴 수 있다. "하나님의 세상에서 살면서 하나님을 무시했습니다. 제가 원하는 대로 해보았지만 헛수고였습니다. 예수님께서 사랑하신 것처럼 사랑하지 않았습니다. 괜찮은 것처럼 행동했지만 누구에게도 말할 수 없었던 은밀한 절망감에 싸여 있었습니다. 공허한 삶을 살았습니다. 그래서 이제 용서를 구하며 집으로 돌아옵니다. 제 삶을 아버지의 강한 팔에 맡깁니다. 항복합니다. 다시 받아주시고 환영해 주심을 감사드립니다."

사랑의 주님은 우리 가운데 다니실 뿐 아니라 우리 안에 거할 수 있다. 예수님은 거듭해서 사람들에게 말씀하셨다. "내 안에서 너의 가장 깊은 필요가 채워질 것이다. 너는 죄 사함과 사랑, 희망과 소속감, 그리고 목적을 필요로 한다. 네가 항상 찾았던 것이 바로 나다."

주(註)

들어가는 말_ 예수님은 어떤 분이신가?

1) Jaroslav Pelikan, *Jesus Through the Centuries: His Place in the History of Culture* (New Haven: Yale University Press, 1985), p.1.
2) George Viereck, "What Life Means to Einstein," *Saturday Evening Post* (Oct. 26, 1929), p.117.
3) Viereck, p.117.
4) C. S. Lewis, *God in the Dock* (Grand Rapids, MI: Eerdmans, 1994), p.158.

1부 사랑은 동정심이다

누군가로 꽉 찬 마음

1) Alfred Edersheim, *Sketches of Jewish Social Life: Updated Edition* (Peabody, MA: 1994), p.153.
2) Alfred Edersheim, *The Life and Times of Jesus the Messiah*, vol. 1 (Grand Rapids, MI: Eerdmans, 1971), pp.552~559.
3) Arnold Dallimore, *Spurgeon: A New Biography* (Edinburgh: Banner of Truth Trust, 1985), p.58.
4) Dallimore, p.58.

보는 것에 따라 달라지는 마음

1) Kenneth Bailey, *Poet and Peasant* (Grand Rapids, MI: Eerdmans, 1976), p.164.
2) Navin Chawla, *Mother Teresa* (Rockport, Mass: Element Books, 1996), p.203.
3) Kenneth Bailey, *Through Peasant Eyes* (Grand Rapids, MI: Eerdmans, 1980), p.52.
4) Jonathan Coleman, "Is Technology Making Us Intimate Strangers?" *Newsweek* (March 27, 2000), p.12.
5) Corrie ten Boom with Carole C. Carlson, *In My Father's House*, (Old Tappan, NJ: Fleming Revell, 1976), pp.82~84.

"네게 가장 좋은 것이 뭔지 알아"

1) D. A. Carson, *The Gospel According to John* (Grand Rapids, MI: InterVarsity, 1991), p.373.
2) Henry J. M. Nouwen, *The Way of the Heart* (San Francisco: Harper, 1991), p.35.

"내가 너보다 나아"

1) Kenneth E. Bailey, *Through Peasant Eyes* (Grand Rapids, MI:

Eerdmans, 1980), p. 8.
2) Bailey, p.8.
3) 우리 아버지(Jack Miller)는 "기운 내, 네가 생각하는 것보다 넌 훨씬 형편없는 녀석이야!" 라고 말씀하시곤 했다.

"아렇게만 해야 해"

1) Sigmund Freud and Oskar Pfister, *Psychoanalysis and Faith: The Letters of Sigmund Freud and Oskar Pfister*, trans. E. Mosbacher, ed. H. Men and E. L. Freud (New York: Basic, 1963), p.61.
2) D. A. Carson, Douglas J. Moo and Leon Morris, *An introduction to the Old Testament* (Grand Rapids, MI: Zondervan, 1992), p.129.
3) Jean-Paul Sartre, *Being and Nothingness*, trans. Hazel E. Barnes (New York: Philosophical Library, 1956), p.260.

2부 사랑은 솔직하다

정직한 분노

1) Robertson McQuilkin, "Muriel's Blessing," *Christianity Today*, (Feb 5, 1996), p.33.
2) Alfred Edersheim, *The Life and Times of Jesus the Messiah*, vol. 1 (Grand Rapids, MI: Eerdmans, 1971), p.435.
3) 누가복음 6장 6~7, 마태복음 12장 10~12, 마가복음 3장 3~6절을 합성한 내용.
4) Alfred Edersheim, *The Life and Times of Jesus the Messiah*, vol. 2 (Grand Rapids, MI: Eerdmans, 1971), p.377.
5) C. S. Lewis, *The Lion, the Witch, and the Wardrobe* (New York: Macmillan, 1950), pp.75~76.
6) Fydor Dostoevsky, *The Brothers Karamazov* (New York: Bantam Books, 1970), p.708.

침묵할 때

1) N. T. Wright, *Jesus and the Victory of God* (Minneapolis, MN: Fortress Press, 1996), p.290.

"얼마나 힘든지 알아 나도 그렇거든"

1) D. A. Carson, *The Gospel According to John* (Downers Grove, IL: InterVarsity, 1991), p.336, Raymond Brown, *The Gospel According to John*, vol. I (New York: Doubleday, 1966), p.337.

3부 사랑은 신뢰한다

사랑의 비밀

1) Robertson McQuilkin, "Muriel's Blessing," *Christianity Today* (Feb. 5, 1996), pp.33~34.

2) George Viereck, "What Life Means to Einstein," *Saturday Evening Post* (Oct. 26, 1929), p.117.

사랑하는 사람에게 "아니오" 라고 말하기
1) David M. May, "Mark 3:20~35 From the Perspective of Shame/Honor." *Biblical Theological Bulletin* 17 (July 1987), pp.83~87.
2) N. T. Wright, *Jesus and the Victory of God* (Minneapolis, MN: Fortress Press, 1996), p.453.

자만심을 거부하고 "아니오" 라고 말하기
1) 마태복음 5:37, 6:13, 9:4, 12:34, 누가복음 6:45, 11:13, 요한복음 17:15.
2) 헬라어 성경은 '만일 … 이라면' 이라는 표현을 나는 '… 이므로' 라고 번역했다.
3) Margaret Alter, *Resurrection Psychology* (Chicago: Loyola University Press, 1994), p.48.
4) Rabbi Eliezer, 그의 가르침에 도전하며 표적을 보이라는 요구를 받았을 때 그는 개 아카시아 나무를 옮겼고 물을 거꾸로 흐르게 만드는 통로를 만들었다 (Talmudic Tractate Babba Metsia 59b. 위에서 네 번째 줄).
5) Robertson McQuilkin, "Muriel's Blessing," *Christianity Today* (Feb. 5, 1996), p.33.
6) Robertson McQuilkin, "Living by Vows," *Christianity Today* (Oct. 1990), pp.38~40.
7) Robertson McQuilkin, "Muriel's blessing," p.33.
8) B. B. Warfield, *The Person and Work of Christ* (Philadelphia: Presbyterian & Reformed Publishing, 1950), p.208.

적절한 간섭에 "예" 라고 말하기
1) Anita Mathias, "The Holy Ground of Kalighat," *The Best Spiritual Writing 1999*, ed. Philip Zaleski (New York: HarperCollins, 1999), p.192.

4부 사랑은 믿음으로 강해진다

사랑할 수 있는 힘을 주는 믿음
1) "그 당시 유대 출신의 사람들이 세상을 다스리게 될 것이라는 오래된 민간 신앙이 동방 전역에 퍼져 있었다." Suetonius II, *The Lives of the Caesars, Book VIII*, ed. G. P. Goold (Cambridge: Harvard University Press, 1914), p.289.
2) N. T. Wright, *The New Testament and the People of God* (Minneapolis: Fortress Press, 1992), p.176.

주도권을 내어 드리는 믿음
1) 히브리어로 누구누구의 아들이란 말에는 '누구누구에게 속한' 이란 개념이 포함되어

있다. 따라서 하나님의 아들은 '이스라엘 사람', 다윗왕의 계보를 이은 왕, 또는 거룩한 사람 등을 뜻하는 폭넓은 의미가 될 수 있었다.
2) C. S. Lewis, *The Silver Chair* (New York: Macmillan, 1953), pp.16~17.

친근하게 다가온 낯선 사람
1) 현재 아랍의 아스칼(Askar) 지역인 듯하다.
2) Raymond Brown, *The Gospel According to John I-XII* (New York: Doubleday, 1966), p.173.
3) 나는 이 질문을 "무엇을 찾으십니까?"라고 번역했다.
4) Napoleon Bonaparte, "Conversations with General Bertrand at St. Helena," Anthology of Jesus, arr. and sel. Sir James Marchant, ed. Warren W. Werste (Grand Rapids: Kregel Publications, 1981), p.260.

연합
1) 요한은 헬라어로 기록하였지만 그가 사용한 단어의 의미는 독특하게 히브리 의미를 지니고 있다.
2) Jean-Paul Sartre, *Being and Nothingness* (New York: Pocket Books, 1984), p.478.
3) Kenneth Bailey, *Poet and Peasant* (Grand Rapids, MI: Eerdmans, 1976), p.165.
4) D. M. Baille, *God Was in Christ: An Essay on Incarnation and Atonement* (New York: Scribner's 1948), pp.205~206.
5) N. T. Wright, *Jesus and the Victory of God* (Minneapolis: Fortress Press, 1996), p.433.
6) Bailey, p.186.

5부 사랑은 죽음을 이긴다

겸손해지는 길
1) Henri J. M. Nouwen, *In the Name of Jesus* (New York: Crossroad, 1989), pp.10~11.
2) "팔각형으로 된 15세기 비잔틴 교회와 4세기 유대 그리스도인의 가정 회당 밑에서 일 세기 후반 종교적인 모임을 위한 강당으로 사용되었던 것으로 보이는 개인 주택의 잔재가 발견되었다. 초기 그리스도인 여행자들의 비문과 보고서들을 볼 때 그것은 베드로의 집이었을 것이라 추정할 수 있게 해준다." Ranier Riesner, "Archeology and Geography," *Dictionary of Jesus and the Disciples*, ed. Joel Green, Scot McKnight, and I. Howard Marshall (Downers Grove, IL: InterVarsity, 1992), p.39.
3) Nouwen, p.59.
4) Navin Chawla, *Mother Teresa* (Rockport, MA: Element Books, 1996), p.205.

슬픔을 포용하는 사랑

1) C. S. Lewis, *The Four Loves* (New York: Harcourt Brace & Company, 1988), p.121.
2) N. T. Wright, *Jesus and the Victory of God* (Minneapolis: Fortress Press, 1996), p.587.
3) Wright, p.333.
4) Thomas Cahill, *Desire of the Everlasting Hills* (New York: Doubleday, 1999), pp.60~61.

사랑의 심포니

1) 예수님과 동시대를 살았던 필로와 요세푸스를 통해 우리는 빌라도가 유대인들을 미워했음을 알 수 있다. Herold W. Hoehner, "Pilate," *Dictionary of Jesus and the Gospels* (Downers Grove, IL: InterVarsity, 1992), p.615.
2) 십자가 처형은 너무나 소름 끼치는 것이었다. 그래서 교회는 350년 동안(십자가 처형이 더 이상 가해지지 않은 후에도 오랫동안) 십자가를 교회의 상징으로 사용하지 않았다.

우리를 위한 예수님의 생명

1) Kenneth Bailey, *Poet and Peasant* (Grand Rapids, MI: Eerdmans, 1976), p.180.
2) Abraham Lincoln, "Second Inaugural Address," in *Abraham Lincoln* by Carl Sandburg (New York: Harcourt, Brace, and Co., 1967), p.664.
3) Aleksandr Solzhenitsyn, *The Gulag Archipelago: 1918~1965. An Experiment in Literary Investigation* (London: Book Club Associates, 1974), p.168.
4) J. K. Rowling, *Harry Potter and the Sorcerer's Stone* (New York: Scholastic Press, 1997), p.299.

희망의 탄생

1) Julius Rieger, *The Silent Church: The Problem of the German Confessional Witness* (London: S.C.M. Press Limited, 1944), p.90.
2) Mother Teresa, *In the Silence of the Heart: Meditations by Mother Teresa of Calcutta* (London: SPCK, 1983), p.43.
3) Navin Chawla, *Mother Teresa* (Rockport, MA: Element Books, 1996), p.208.
4) Chawla, p.202.

열린 문

1) C. S. Lewis, *God in the Dock*, ed. Walter Hooper (Grand Rapids, MI: Eerdmans, 1994), p.160.
2) Anne Lamott, *Traveling Mercies* (New York: Pantheon Books, 1999), pp.49~50.